op

30?

Tu

BARDOS

YR ATHRO J. E. CAERWYN WILLIAMS

BARDOS

PENODAU AR Y TRADDODIAD BARDDOL CYMREIG A CHELTAIDD

cyflwynedig i

J. E. CAERWYN WILLIAMS

M.A., B.D., HON. D.LITT. CELT., F.B.A.

golygwyd gan

R. Geraint Gruffydd

CAERDYDD

GWASG PRIFYSGOL CYMRU

1982

Manylion Catalogio Cyhoeddi (CIP) y Llyfrgell Brydeinig
Bardos
  1. Barddoniaeth Gymraeg—Hanes a beirniadaeth
  I. Gruffydd, R. Geraint
  II. Williams, J. E. Caerwyn
  891.6′61008   PB2281
  ISBN 0–7083–0799–X

Cyfieithwyd y Manylion Catalogio Cyhoeddi gan y Cyhoeddwyr

Argraffwyd yng Nghymru gan Gwmni Argraffu Qualitex Cyf., Caerdydd

CYNNWYS

I Gyfarch
Yr Athro J. E. Caerwyn Williams
ar ei ymddeoliad

Er yn llesg dy oriau'n llwyr—a dreuliaist
   Yn meistroli'n drylwyr
  Gamp a swyn a gwymp synnwyr
  Y doniau gynt, dyn a'i gŵyr.

Mwynhâ hoe! Ond mi wn i, —rhyw gellwair
   Yw gollwng y tresi;
  Diau'r dasg na fedri di,
  Yn d'egwyl, fydd diogi.

Derwyn Jones

RHAGAIR

Un o'm cyd-weithwyr yn Adran y Gymraeg, Coleg Prifysgol Cymru, a awgrymodd fod cyfrol yn cael ei pharatoi i'w chyflwyno i'r Athro J. E. Caerwyn Williams ar achlysur ei ymddeoliad o Gadair Wyddeleg y Coleg. Pan osodwyd y mater gerbron gweddill fy nghyd-weithwyr fe gytunasant yn frwd. Penderfynwyd ceisio thema ganolog i'r gyfrol a chytunwyd y byddai'r traddodiad barddol Cymreig a Cheltaidd yn thema addas o ystyried cyfraniad nodedig yr Athro Williams yn y maes. Heblaw aelodau staff Adrannau Cymraeg a Gwyddeleg Coleg Prifysgol Cymru ar y pryd, gwahoddwyd cyn-aelod clodfawr, yr Athro David Greene o Sefydliad Uwchastud-iaethau Dulyn, i gyfrannu i'r gyfrol,* a hefyd yr hynaf a'r ieuengaf o gyd-weithwyr yr Athro Williams yn Adran y Gymraeg, Coleg Prifysgol Gogledd Cymru, sef y Dr. John Gwilym Jones a'r Dr. Gwyn Thomas; y mae Mr. Eurys Rolant, ar y llaw arall, yn cynrychioli'r Cymrodyr Syr John Williams a fu'n cydweithio â'r Athro Williams yn y Coleg hwn. Cyfrannodd Mr. D. J. Bowen bennod nodedig o werth-fawr i'r gyfrol ar 'Y Cywyddwyr a'r Dirywiad' ond ysywaeth bu raid ei hepgor am ei bod yn rhy hir; bydd yn ymddangos yn B XXIX, Rhan III. Y mae'n ofid gennym fod y cyfyngu a fu arnom o ran gofod wedi ein gorfodi i ymatal rhag gwahodd llu o ysgolheigion Cymraeg a Cheltaidd eraill a fuasai'n ddiamau wedi hoffi bod â rhan yn y gyfrol. Ond rhaid oedd cael lle i'r llyfryddiaeth gynhwysfawr o gyhoeddiadau'r Athro Williams a baratowyd yn bennaf gan Mr. Gareth D. Watts o Adran Lyfrau Printiedig Llyfrgell Genedlaethol Cymru.

Wrth olygu'r cyfraniadau fe geisiais gysoni i raddau ddull-iau'r gwahanol gyfranwyr o gyfeirio at ffynonellau a hefyd safoni eu defnydd o fyrfoddau; ac eithrio hynny fe newidiwyd y cyfraniadau cyn lleied ag a oedd modd. Bu'r cyfranwyr yn nodedig o dirion tuag ataf, a bu Mrs. Mary Jones, Ysgrifen-yddes yr Adran, fel arfer yn hael ei chymwynas. Mrs. Mair Jones, gweddw'r Athro Thomas Jones, un o ysgolheigion Cymraeg mawr y ganrif a chyfaill cu i'r Athro Williams, a gyfieithodd bennod yr Athro Greene, a mawr yw fy niolch iddi. Cyfieithwyd pennod Mr. R. A. Q. Skerrett gan Mr. Rhisiart Hincks, a ymunodd â staff Adran Gymraeg Coleg Prifysgol

Cymru wedi i'r gyfrol gael ei chynllunio, a diolchaf yn gynnes iddo yntau. Yr wyf yn dra diolchgar hefyd i Gyfarwyddwr Gwasg Prifysgol Cymru, Mr. John Rhys, am ei amynedd a'i ofal hynod.

Cyflwynir y gyfrol i'r Athro Williams, gan gyplysu gyda'i enw ef enw ei wraig Gwen, fel arwydd bychan o barch difesur tuag ato fel ysgolhaig, fel Cymro ac fel dyn, a chan ddymuno iddynt ill dau nawnddydd teg a thoreithiog a bendithiol.

R.G.G.

28 Gorffennaf, 1979

* Er colled enfawr i ysgolheictod Celtaidd ac i'w lu cyfeillion, bu'r Athro Greene farw'n annhymig 13 Mehefin 1981.

J. E. CAERWYN WILLIAMS: YSGOLHAIG

R. Geraint Gruffydd

Yn sicr nid dyma'r fan (na'r dyn ychwaith) i adolygu gyrfa ysgolheigaidd yr Athro J. E. Caerwyn Williams yn drwyadl a therfynol, oherwydd ar ei hanner y mae'r yrfa honno o hyd, a gellir yn hyderus ddisgwyl, a Duw yn y blaen, lawer o gynhyrchion pwysig eto o'i law. Cipolwg byr felly ar weithgarwch yr Athro Williams hyd yma a geir yn yr ychydig sylwadau hyn, a hynny ym maes ysgolheictod yn unig.

Rhai ffeithiau moel i ddechrau. Fe aned yr Athro Williams ar Wauncaegurwen, sir Forgannwg, yn 1912. Fe'i haddysgwyd yn Ysgol Sir enwog Ystalyfera ac yna yng Ngholeg Prifysgol Gogledd Cymru, Bangor, lle y graddiodd gydag Anrhydedd mewn Lladin yn 1933 ac mewn Cymraeg (yn y Dosbarth Cyntaf) yn 1934; Athro'r Gymraeg ym Mangor bryd hynny, wrth gwrs, oedd Syr Ifor Williams. Wedi ymchwilio yn yr Adran Gymraeg am dair blynedd, gan ennill ei radd M.A. yn 1936, a darlithio ynddi am ddwy, fe aeth yr Athro Williams yn 1939 i Ddulyn ac aros yno, yng Ngholeg y Brifysgol a Choleg y Drindod, am ddwy flynedd. Dychwelodd i Gymru yn 1941 ac ymuno â'r Coleg Diwinyddol Unedig yn Aberystwyth, gan raddio'n B.D. oddi yno yn 1944 gyda rhagoriaeth mewn Groeg a Hanes Eglwysig; wedyn treuliodd flwyddyn yn dilyn y cwrs bugeiliol gorfodol yng Ngholeg y Bala. Yn 1945 fe'i penodwyd yn Ddarlithydd yn ei hen Adran ym Mangor a'i ddyrchafu'n Ddarlithydd Hynaf yn 1951, ddwy flynedd cyn ei godi i Gadair Thomas Parry, Ifor Williams a John Morris-Jones: gellir dweud yn ddiweniaith iddo fod yn gwbl deilwng o'r uchel olyniaeth honno. Wedi deuddeng mlynedd ym Mangor fe'i gwahoddwyd yn 1965 i Aberystwyth i fod yn Athro cyntaf yr Wyddeleg yng Ngholeg Prifysgol Cymru a bu yn y Gadair honno am bedair blynedd ar ddeg tra llewyrchus. Cafodd radd D.Litt.Celt. Er Anrhydedd gan Brifysgol Genedlaethol Iwerddon yn 1967 a'i ethol yn Gymrawd yr Academi Brydeinig yn 1978.

Ar 'Freuddwyd Pawl' a 'Phurdan Padrig', dau o destunau crefyddol Cymraeg yr Oesoedd Canol, y sgrifennodd yr Athro

Williams ei draethawd M.A., a bu'n cyhoeddi erthyglau
sylweddol yn y maes hwn ar hyd y blynyddoedd, yn destunau
golygedig ac yn ymdriniaethau cyffredinol. Priodol cyfeirio
yma at y papur gorchestol a ddarllenodd i'r Ail Gyngres
Astudiaethau Celtaidd Ryngwladol yng Nghaerdydd yn 1962
ac a gyhoeddwyd yn Nhrafodion y Gyngres honno yn 1966.
Byddai'n gymwynas fawr petai'r Athro'n crynhoi ei wybodaeth
ddihafal o'r maes hwn yn llyfr cyn hir.

Eithr nid ymgyfyngodd i'w gariad cyntaf fel ysgolhaig (yn
Academia rhinwedd yw hyn!). Yn niwedd y pumdegau fe
welwyd arwyddion ei fod yn dechrau ymddiddori ym mhrif
faes ei hen athro, Ifor Williams, sef y canu cynnar Cymraeg.
Erbyn heddiw fe'i cydnabyddir yn un o'n prif awdurdodau nid
yn unig ar y Cynfeirdd ond hefyd ar y Gogynfeirdd. Heblaw
ailolygu cerddi 'hanesyddol' Taliesin yn 1968, cyhoeddodd yn
ystod y saithdegau gyfres o ymdriniaethau safonol â Beirdd y
Tywysogion: gellir nodi'n arbennig ei erthyglau cynhwysfawr
yn *Llên Cymru* 1970 a 1974–9, a'r monograff Saesneg disglair a
ymddangosodd yn 1978. Denodd amryw fyfyrwyr ymchwil tra
galluog i weithio gydag ef yn y meysydd hyn a chyn hir y
mae gobaith am weld cyhoeddi cerddi 'anhanesyddol' Taliesin
a gwaith y Gogynfeirdd yn gyfan.

Hyd yma, gyrfa ysgolhaig canoloesol o uchel radd a ddis-
grifiwyd (ac er mwyn cwblhau'r darlun gellir nodi i'r Athro
Williams gyhoeddi amryw erthyglau ar y Cywyddwyr yn
ogystal). Ond nid dyna'r cwbl sydd i'w ddweud amdano, o
bell ffordd. Aeth hanes llenyddiaeth Cymru fodern â'i fryd
hefyd, a sgrifennodd yn helaeth ar bob canrif o'r ail ar bymtheg
hyd ein canrif ni. Efallai mai'r ganrif ddiwethaf a'r ganrif hon
a ddenodd ei serch fwyaf: yn y naill cyfrannodd ysgrifau
trymion ar Edward Jones o Faes-y-plwm, Robert Jones o
Ros-lan a John Morris-Jones a'i gylch, ymhlith eraill, ac yn y
llall ymdriniaethau golau a threiddgar ag amryw o'n prif
lenorion cyfoes, megis Syr Thomas Parry-Williams, Waldo
Williams, Saunders Lewis a John Gwilym Jones. Fel y dywed
John Gwilym Jones yn y bennod sy'n dilyn, y mae ganddo
ddiddordeb dwfn a deallus ym mhroblemau sylfaenol beirniad-
aeth lenyddol a theori llenyddiaeth, ac y mae'n amlwg y
gallai fod wedi tyfu'n brif awdurdod yn y maes hwn hefyd
petai wedi dymuno.

Eto nid yn unig nac yn bennaf am y gweithgarwch a amlinellwyd uchod—gweithgarwch hanesydd llenyddiaeth Gymraeg yn ymron ei holl gyfnodau—y dyfarnwyd i'r Athro Williams ei radd D.Litt.Celt. yn 1967. Fe'i gwelwyd gan awdurdodau Prifysgol Genedlaethol Iwerddon bryd hynny fel meistr mawr ar ieitheg Gymraeg a Cheltaidd yn ogystal. Nid syn i ddisgybl i Ifor Williams ymddiddori mewn geiriau a'u tarddiadau, a chyfrannodd yr Athro Williams lu o nodiadau yn esbonio geiriau ac ymadroddion anodd, mewn hen destunau ac yn yr iaith lafar, ers tua deng mlynedd ar hugain bellach. Ond yn wahanol i'w hen athro, y mae ffurfiant a chystrawen o leiaf cyn bwysiced yn ei olwg â geiriau a'u hystyron, a myfyriodd lawer ar y goleuni ar ffenomenau iaith a gynigir nid yn unig gan yr ieitheg gymharol draddodiadol ond hefyd gan ieithyddiaeth fodern yn ei hamryfal ganghennau.

Tua 1950 y dechreuodd yr Athro Williams gyhoeddi cyfieithiadau o storïau Llydaweg Diweddar; a bellach fe ymddangosodd dwy gyfrol o'r cyfieithiadau hyn, yn 1961 a 1972. Ond fe fynnodd hefyd feistroli'r iaith Lydaweg yn ei holl gyfnodau: er enghraifft, ef a ofalodd fod *French Loanwords in Middle Breton* J. R. F. Piette yn cael gweld golau dydd wedi marw annhymig yr ysgolhaig dyfnddysg hwnnw yn 1971 (er nad ymddengys hynny yn y Llyfryddiaeth). Fe'i cydnabyddir yn Llydaw megis yn Iwerddon yn un o ben-Celtegwyr yr oes hon.

I droi at Iwerddon, ynteu, a chofio mai fel Athro'r Wyddeleg y treuliodd y pedair blynedd ar ddeg diwethaf. Cyhoeddodd ddwy gyfrol o storïau byrion o'r Wyddeleg yn ogystal ag o'r Llydaweg, a hynny yn 1949 a 1954. Ond yn achos yr Wyddeleg aeth ymlaen i gyhoeddi nifer helaeth o erthyglau a chyfrolau pwysig ar wahanol agweddau ar yr iaith a'i llenyddiaeth. Digon yma fydd nodi'r gyfrol *Traddodiad Llenyddol Iwerddon* a ymddangosodd yn Gymraeg yn 1958 ac sydd newydd ei chyhoeddi mewn Gwyddeleg (disgwylir cyfieithiad Saesneg hefyd cyn hir); y pamffledyn bach pwysfawr *The court poet in medieval Ireland*, sef Darlith Rhŷs 1971; a'r gyfrol hyfryd *Y Storïwr Gwyddeleg a'i Chwedlau* (1972), a gychwynnodd ar ei rhawd fel Darlith Agoriadol.

Fel pe na bai hyn oll yn ddigon, rhaid sylwi'n olaf fod yr Athro Williams yn ystod y pymtheng mlynedd diwethaf wedi tyfu'n olygydd a ddeil ei gymharu ag unrhyw un o gewri golygyddol Cymru'r gorffennol. Yn 1965 fe gychwynnodd y gyfres dra phwysig *Ysgrifau Beirniadol*, y mae un gyfrol ar ddeg ohoni bellach wedi ymddangos. Yn 1965 hefyd ymgymerodd â chyd-olygyddiaeth *Y Traethodydd*, y parchusaf o'n chwarter-olion, a dod yn Brif Olygydd yn 1969. Yn 1966 derbyniodd wahoddiad gan y Bwrdd Gwybodau Celtaidd i fod yn olygydd cyntaf *Studia Celtica*, cylchgrawn ar gyfer ieithegwyr Celtaidd yn bennaf sydd bellach yn cymryd ei le'n rhwydd gyda'r *Zeitschrift für Celtische Philologie*, yr *Études Celtiques* a *Celtica*. Ac yn 1970 daeth yn Olygydd Ymgynghorol *Geiriadur Prifysgol Cymru*. Anodd dirnad maint y llafur anhunanol a olyga ymddangosiad rheolaidd a chyflwr graenus y cyfnodolion hyn, ac anodd hefyd orbrisio cyfraniad y llafur hwnnw i'n bywyd llenyddol a'n bywyd ysgolheigaidd fel ei gilydd.

Dylai fod yn amlwg bellach fod gennym yn ein plith gawr o ysgolhaig: meistr ar yr holl ieithoedd Celtaidd a'u llenydd-iaethau, gŵr hyddysg iawn yn yr ieithoedd clasurol a'r prif ieithoedd modern, diwinydd, hanesydd, beirniad llenyddol—gŵr, meddir, sy'n caru darllen yn ei wely esboniadau Almaeneg ar yr Hen Destament er mwyn cadw ei Almaeneg, ei Hebraeg a'i ysgolheictod Beiblaidd yn loyw'r un pryd! Gellid yn hawdd faddau i ŵr felly petai'n troi'n feudwy neu'n ymgorfforiad o sarugrwydd diamynedd tuag at feidrolion is eu cyraeddiadau a llai eu hymroddiad. Ond y gwrthwyneb i hynny yw'r gwir am yr Athro Williams. Ni fu neb erioed yn haws mynd ato, ac wrth feddwl am ei gymeriad, llinellau o englynion gan Robert Williams Parry sy'n mynnu dod i'm meddwl i: 'O'r addfwyn yr addfwynaf', 'Yn feunyddiol fonheddig'. Rhan fawr o'i gyfrinach yw cefnogaeth ddiwyro ei wraig Gwen. Drwy hindda a drycin fe safodd wrth ei ochr a chreu iddo gartref a'i galluogodd i dyfu'r hyn ydyw. Hebddi hi ni allai fod wedi cyflawni llawer o'r hyn a gyflawnodd, a chwbl amhriodol fyddai cloi'r sylwadau annigonol hyn ar ei yrfa ysgolheigaidd lachar heb nodi'r ffaith seml honno.

J. E. CAERWYN WILLIAMS: CYFAILL

John Gwilym Jones

Byr a phersonol iawn fydd fy nghyfraniad i i'r llyfr hwn. Bydd cymaint o 'fi' ynddo ag o'r gwrthrych, chwedl y cofiannau! Nid oes gennyf y cefndir angenrheidiol i fedru talu teyrnged i J. E. Caerwyn Williams fel ysgolhaig, ond ni faddeuwn i mi fy hun heb imi (ac 'r wy'n gwir werthfawrogi'r cyfle) daflu fy hatling i gyfrol mor amlwg o haeddiannol. 'R oedd ysgrifennu J. E. Caerwyn Williams bron yn gellweirus o chwithig i mi, gan mai, i mi, John ydyw, ac ar y gorau John Ellis, a hynny ar achlysuron anaml iawn. Ac ni fedraf fynegi fy moddhad bod cyfrol fel hon yn ymddangos i gydnabod un sydd wedi rhoi oes i gyfrannu mor hael, mor syfrdanol o fanwl a chydag egni mor ddyfalbarhaol, i Gymru a Chymry, ei ddiwylliant a'i wybodaeth, a hynny mor dawel a dirodres a diymhongar heb yr ymgais leiaf i dynnu sylw ato'i hun.

Bu i'w deulu ef a'm rhieni innau, pan oeddynt, fyw yn ymyl ei gilydd yn Y Groeslon am flynyddoedd bwy gilydd. Cafodd ei dad ei eni yn yr un rhes tai â mi—Rathbone Terrace ar ôl rhyw aelod seneddol neu'i gilydd. (Rhes Rathbone erbyn hyn, diolch i Gymdeithas yr Iaith.) Bu ei fodryb, i mi Mary Ann, iddo ef Anti Mari, farw yn ddiweddar dros ei phedwar ugain oed. 'R oedd hi'n byw ar un pen i'r rhes tai a minnau'n byw ar y pen arall, ein dau wedi ein geni yma ac yn ymhyfrydu mai dim ond ni ein dau oedd â gwir hawl i'n galw ein hunain yn frodorion y teras. Collodd ei nain ei gŵr yn ddyn ifanc a'i gadael, a hynny dan amgylchiadau creulon o anodd, efo tyaid o blant i'w magu, saith i gyd. A phob un ohonynt yn blant peniog a ddaeth, rai ohonynt, yn rhieni i blant anarferol o dalentog. Cof amwys iawn sydd gennyf am ei dad, ond gwn ei fod yn gyfaill agos iawn i'm rhieni, yn ôl pob sôn, yn treulio gyda'r nosau, yn ôl yr hen arfer, gyda hwy yn fy nghartref i sgwrsio a dadlau—diddanwch sydd erbyn hyn, ysywaeth, yn brin. Aeth i'r Sowth yn ifanc. Mae gennyf gerdyn post oddi wrtho i mi yn hogyn bach—cerdyn anarferol, dim llun ond 'Mae bys Meri Ann wedi brifo' wedi ei brintio arno. Priododd yn y Sowth, a deuthum i adnabod John gyntaf pan fyddai'n treulio ei wyliau ysgol efo'i nain yr oeddwn yn ymwelydd dyddiol bron â'i chartref. A chyda llaw, cadw'r arferiad ar hyd y blynyddoedd o ymweld â Mary Ann. Nid yw'r teras yr un fath hebddi.

Er nad oes gennyf gof byw o'r fraint, y fi a aeth â John yn fy llaw i'r ysgol y tro cyntaf, ysgol Penfforddelen. Ond os mai amwys yw'r cof hwn, mae fy nghof amdano, ac yntau erbyn hyn yn hogyn ysgol, tu ôl i gownter ei Ewyrth Ellis a oedd yn cadw siop drws nesaf i'w gartref, yn effro iawn. 'D wn i ddim faint o gynhorthwy oedd fel siopwr, canys bob tro yr awn i'r siop fe'i cawn yn plygu dros y cownter, ei ddau benelin ar y cownter, ei ben rhwng cledrau ei ddwylo a'i drwyn mewn llyfr. Darllen a darllen oedd ei fwyniant yr adeg honno, a darllen, mae'n amlwg, i bwrpas ehangu ei wybodaeth. A darllen a darllen yw ei wefr a'i alwedigaeth hyd y dydd heddiw. Mae'n amheus gennyf a oes neb yng Nghymru wedi darllen yn ehangach nac wedi gwneud amgenach defnydd o'r wybodaeth, y mae'n ei gario mor ddi-ffys ac ysgafn, o Ddiwinyddiaeth, o Athroniaeth, o Lenyddiaeth Cymru a'r Iwerddon, o Ladin a Groeg ac o'r ieithoedd Celtaidd, yn arbennig yr Wyddeleg. Ond yn amheuthun o berthnasol, fel y cyfeiriaf eto, yw'r eangfrydedd a'i rhyddhaodd o gyfyngderau gwybodaeth ieithyddol i gydnabod mai, wedi'r cwbl, sylfaen ydyw iaith i fynegi profiadau, mai cyfrwng marw ydyw heb y ddawn i'w gweddnewid yn wefrau creadigol.

Pan oedd ar ei wyliau aml efo'i nain, fe'i cawn ar y cychwyn yn anodd i'w ddeall yn siarad gan mai dyma fy nghydnabyddiaeth gyntaf ag acenion y De—y parablu sionc gwefusol a oedd mor wahanol i'm sŵn gyddfol gogleddol i. Ond dod yn araf i'w ddeall yn rhwydd, ac ennyn ynof, trwy drugaredd, atgasedd at y lol wirion bod gwahaniaeth sylfaenol rhwng De a Gogledd Cymru. Pan euthum i'r Coleg a chydletya â Deheuwyr, o'r un pentref â John gyda llaw, teimlwn yn hollol gartrefol fel un ohonynt. 'R oedd ymweliadau John â'r Groeslon wedi fy nghyflyru i weld Cymru fel undod. Iddo ef yn gymaint â neb y mae'r diolch am hyn.

Aeth blynyddoedd heibio heb i'r gyfathrach a fu unwaith yn agos gael ei hailgodi. Aeth ef i Ddulyn, i Aberystwyth a dod wedi hynny yn Ddarlithydd yn Adran y Gymraeg ym Mangor.

'R oeddwn i ar y pryd yn esgus fy mwynhau fy hun yn cyn-
hyrchu Dramâu Radio i'r Gorfforaeth Ddarlledu ym Mangor.
Cofiaf yn fyw f'ymweliad cyntaf â'i gartref ef a Gwen yn
Ffriddoedd. Ychydig iawn o gof sydd gennyf am ddim sgwrsio
a fu yno, ond awn ar fy llw mai hela straeon am yr hen amser
yn Y Groeslon oedd byrdwn y cwbl. Un peth a gofiaf yn fanwl,
y pryd bwyd amheuthun o flasus a gefais. 'Bu'n ddigon ffodus',
meddwn wrthyf fy hun, 'i briodi cogyddes heb ei bath.' Ond
nid cogyddes a dim arall yw Gwen o bell ffordd. Iechyd digon
bregus fu ei dynged ar hyd ei oes. Bu am gyfnod hir yn gorfod
gorwedd ar wastad ei gefn yn Llangwyfan, ac i ofal a chariad
Gwen y mae'r diolch mwyaf iddo lwyddo i ymgynnal a
gweithio mor anarferol o ddiwyd a chyson ar hyd y
blynyddoedd. Ers yr ymweliad hwnnw â'r Ffriddoedd 'r wyf
wedi mwynhau dwsinau o groeso yr un mor fân siaradus a
chynnes yn eu cartrefi yn y Borth ac Aberystwyth, a gwybod,
pan gyrhaeddaf, pa mor brysur bynnag y bydd John yn ei
stydi, y bydd y cwbl yn cael ei adael ac yntau'n dod wedi ei
wisgo, fel bob amser, fel pin mewn papur—mae, coeliwch neu
beidio, yn ymfalchïwr sartoraidd!—i roi'r byd yn ei le. Mae
stori am Einstein y byddai wrth ei fodd yn rhoi gwersi elfennol
mewn mathemateg i ferch fach y drws nesaf am ei fod yn
mwynhau'r da-da a gâi ganddi. Mae John yr un fath efo mi,
yn ymostwng—'r argian faith, na nid ymostwng yw'r gair
iawn o bell ffordd—ond yn hytrach yn toddi'n ddynol i'm
mympwyon innau.

Pan aeth Syr Thomas Parry—Tomos i mi—o'r Gadair
Gymraeg ym Mangor i fod yn Llyfrgellydd Cenedlaethol,
'r oedd gofyn penodi olynydd iddo. Fel y digwyddodd, yr un
diwrnod yn union yr ymddangosodd John o flaen y penodwyr
fel ymgeisydd am y Gadair a minnau, trwy ryw lwc an-
hygoel, fel ymgeisydd am swydd Darlithydd yn Adran y
Gymraeg. Ar ôl y cyfweliadau a ddilynai ei gilydd, y ddau
ohonom yn aros yn y coridor yn disgwyl y dyfarniad. Ni bu
gofyn i John aros bum munud cyn i'r cofrestrydd ei alw'n ôl
o flaen y penodwyr i ddweud iddo gael y swydd. Bûm i'n aros
dri chwarter awr a mwy, a John mor gydymdeimladol bryderus
o'm tynged â mi fy hun. A dweud y gwir, 'r oeddwn i wedi
anobeithio, ond o'r diwedd dyma fy ngalw'n ôl a'm hysbysu

fy mod wedi fy nerbyn, digwyddiad mwyaf anghredadwy
wefreiddiol fy mywyd. 'R oedd John mor falch ag oeddwn
innau. Nid anghofiaf hyn byth.

Dywedais mai yn fy llaw i yr aeth y tro cyntaf i'r ysgol. I'r
gwrthwyneb y bu ar ôl hyn. Byth er hynny ef sydd wedi cydio
yn fy llaw i i'm tywys gydag amynedd a charedigrwydd a
hynawsedd gwir gyfaill. Dyma'r pryd y sylweddolais yn glir
ehangder ei ddiddordebau ac eangfrydedd ei ddiwylliant. Nid
yw Ieitheg, fel y cyfryw, yn golygu fawr ddim i mi. Gweld
creadigaethau Cymraeg o'r Gododdin hyd y dydd heddiw yn
weithgareddau i'w mwynhau fel Llenyddiaeth yn unig a
fedraf i. Dim ond wrth ymdrin fel hyn â'm gwaith y gallwn
obeithio cyfrannu ychydig i'm myfyrwyr. Dweud hyn wrth
John, ac yntau, heb oedi eiliad, yn rhoi rhwydd hynt imi ddilyn
yr unig drywydd a fedrwn. A sylweddoli, mwyaf yn y byd yr
ymgynghorwn ag ef fel Pennaeth Adran y Gymraeg, fod ei holl
bwysau y tu ôl imi—sylweddoli, yn wir, fod ei ymwybod o
wefrau mynegiant mor synhwyrus â neb dyn, nad geiriau i
olrhain eu tarddiad, yr oedd yn gymaint meistr ar y gweith-
garwch, oedd ei briod ddiddordeb. Tyst o hyn, bellach, yw ei
feirniadaeth lenyddol sy'n profi trylwyredd ei wybodaeth o
weithiau llenyddol, ac yn fwy na dim, nid yn unig ei ymateb
byw synhwyrus i'r dulliau cyfrin sy'n rhoi gwerth parhaol i rai
gweithiau llenyddol ond hefyd ei ymwybod â'r diffygion sy'n
gomedd hynny i rai ysgrifenwyr, yn feirdd a rhyddieithwyr.
Mae'n feirniad cytbwys, teg a dewr.

Ni ellir cloi hyn o deyrnged heb sôn am ei lwyddiant
unigryw fel golygydd *Ysgrifau Beirniadol*, un o wyrthiau'r deng
mlynedd diwethaf. Mae'r cyfrolau hyn yn gyfraniad amhris-
iadwy i feirniadaeth yng Nghymru. Bob hyn a hyn byddaf yn
derbyn llythyr oddi wrtho—a chyda llaw, nid yw'r llythyrau
hyn yn rhai y bydd y Llyfrgell Genedlaethol yn ysu am gael
eu perchenogi rywbryd! Pytiau byr gorchmynnol ydynt yn fy
hysbysu y disgwylir erthygl erbyn y dyddiad a'r dyddiad. Ac
ni feiddiais erioed anufuddhau. Mae fy niolch yn fawr iddo am
fy hyrddio o'm diogi cynhenid.

A bellach, ac yntau'n ymddeol, fe hoffwn petai'n bosibl imi
ewyllysio iddo gyfran o'r diogi hwn, ac iddo yntau wneud dim
ond ei fwynhau ei hun heb falio am nac ysgolheictod na

dim arall, anghofio bod ganddo stydi a byw efo Gwen fywyd ysgafala yn dilyn dim ond ei fympwyon dibryder.

Ond beth bynnag a wna, 'r wy'n diolch iddo ef a Gwen am gyfeillgarwch mor agos a chroeso mor hael ac oriau mor ddifyr o hela straeon.

'MARWNAD CYNDDYLAN'[1]

R. Geraint Gruffydd

HEBLAW'R cerddi a briodolir i Daliesin ac Aneirin, y mae tair cerdd, neu dri darn cerdd, a ddyddir fel arfer i'r ganrif 575–675 (a siarad yn fras). Un yw 'Mawl Cadwallon', y gellir dadlau iddi gael ei chanu *c.* 634 pan oedd y brenin Cadwallon ap Cadfan o Wynedd yn milwrio'n fuddugoliaethus yn erbyn y brenin Edwin o Northumbria.[2] Yr ail yw 'Mawl Owain', sef chwe llinell er clod i'r brenin Owain ap Beli ap Nwython o Ystrad Clud ar gyfrif ei fuddugoliaeth ar Sgotiaid Dál Riada ym mrwydr Strathcarron yn 642.[3] A'r drydedd gerdd yw 'Marwnad Cynddylan', pwnc hyn o bennod.

Digwydd 'Marwnad Cynddylan' gyntaf yn llawysgrif LlGC 4973B, a ysgrifennwyd gan y Dr. John Davies o Fallwyd yn nhridegau'r ail ganrif ar bymtheg (i bob golwg). Fel y sylwodd Syr Ifor Williams,[4] fe ymddengys fod John Davies yn copïo o lawysgrif o'r drydedd ganrif ar ddeg lle y ceid *t* am *dd*, *w* am *f*, *u* am *w* ac *i* am *y*. (Yn wir fe haedda'r orgraff astudiaeth drwyadl ond ysywaeth nid oes ofod yma.) Awgrymwyd mai '[L]lyfr Mr Thomas Gruffydd arglwydd Llanbedr [Pont Steffan]' oedd y llawysgrif hon, ond am y gerdd nesaf yng nghasgliad John Davies y dywedir yn benodol ei bod wedi'i chodi o Lyfr Thomas Gruffydd, ac nid am 'Farwnad Cynddylan'. Codwyd copi John Davies gan Evan Evans 'Ieuan Fardd' i lawysgrif LlGC Panton 14. i (124ª–126) tua 1758, a chopi Ieuan Fardd gan William Morris o Fôn i lawysgrif BL Add. 14867 (134ᵇ–136ᵇ) yr un flwyddyn neu'r flwyddyn ddilynol. Tebyg mai'r copïau hyn oedd sail golygiad William Owen Pughe o'r gerdd yn *The Myvyrian Archaiology of Wales* yn 1801 (i, 159–60); ailargraffwyd hwn gan Weirydd ap Rhys yn 1870 (122ᵇ). Yn 1932 golygwyd y gerdd o'r newydd

[1] Dymunaf ddiolch i Dr. J. P. Brown, yr Athro Brynley F. Roberts, Miss Jenny Rowland, staff *Geiriadur Prifysgol Cymru* a staff Llyfrgell Genedlaethol Cymru am amryw gymwynasau. Er na ellais gytuno â phob awgrym o eiddo Dr. Brown yn ei gyfres 'Cynddylan Werydre', *Y Faner*, 8–29 Rhagfyr 1978, fe elwais lawer o ddarllen ei astudiaeth, a dymunaf gydnabod hynny yma.

[2] AAYH 25–34.

[3] CA 39, 302–3; GOSP 47–8, 98–9, 147.

[4] Ifor Williams, 'Marwnad Cynddylan', B, 6 (1931–3), 134–41.

ar sail copïau Ieuan Fardd a William Morris gan Syr Ifor Williams ym *Mwletin y Bwrdd Gwybodau Celtaidd* (6, 134), a chynhwysodd hefyd destun diweddaredig ohoni yn ei *Ganu Llywarch Hen* yn 1935. Mr. Gerald Morgan piau'r clod am ailddarganfod copi gwreiddiol John Davies, ac ym *Mwletin* 1963 (20, 95) fe gyhoeddodd ddisgrifiad o'r llawysgrif ynghyd â rhestr o'r mannau lle y methodd Ieuan Fardd wrth gopïo'r Farwnad.[5]

Y mae deg llinell a thrigain yn y gerdd fel y mae yng nghopi John Davies, ac y mae'n sicr fod o leiaf un llinell ar goll ar ei dechrau. Ar y mesur a adwaenwyd yn ddiweddarach fel Cyhydedd Naw Ban y canwyd hi, er ei bod yn bosibl fod un Traeanog tua'i chanol (ll. 44–5). Fel y sylwodd Syr Ifor, 'y mae'r iaith yn llawn adleisiau o hengerdd, o ran cystrawen a geirfa'.[6] Yr enghraifft fwyaf trawiadol, o bosibl, yw ll. 29, *Ni ddarfu yn neithiawr, ni bu priawd*, sy'n traethu *topos* a ddefnyddir fwy nag unwaith yn y 'Gododdin': yr oedd Madog yn 'ddi-ffun ymlaen bun', ac am Owain ap Marno a Hyfaidd Hir, gwell ganddynt hwythau oedd mynd i frwydr nag i neithior.[7]

Nid oes amheuaeth nad marwnad i ryw Gynddylan yw'r gerdd, a gellir tybio ei fod yn un o 'feibion Cyndrwynyn'. Eithr enwir ynddi hefyd chwech o'i gymdeithion: Rhiau, Rhirid, Rhiosedd, Rhigyfarch, Rhiadaf a *Morial—hwy, mae'n debyg, oedd 'brodyr' y bardd, sy'n eu galw'n '[g]enawon Arthur Fras'.[8] Heblaw canmol y croeso a gâi gynt yn ardaloedd Pwll ac Alun, sonia'r bardd hefyd am groesi Menai i Fôn a chael ei groesawu yno yng Nghemais ac Aberffro gan frenin Dogfeiling a oedd, fe ymddengys, yn elyn i'r Cadelling. Mae sôn am frwydrau ym Mhennawg, lle y lladdwyd Cynddylan; tra Thren, sef y tu hwnt i afon Tern yn sir Amwythig; ar Ddolau Taf; ac o flaen Caerlwytgoed, sef Wall ger Lichfield—fe ildiodd y ddau le diwethaf gryn ysbail,

[5] Gerald Morgan, 'Testun Barddoniaeth y Tywysogion yn Llsgr. N.L.W. 4973', B, 20 (1962–4), 95–103; hefyd *idem*, 'Nodiadau ar Destun Barddoniaeth y Tywysogion yn Llsgr. N.L.W. 4973', *ibid.*, 21 (1964–6), 149–50. Y mae darganfyddiad pwysig Mr. Morgan wedi rhwyddhau llawer ar dasg y sawl a fyn olygu'r gerdd.
[6] Ifor Williams, 'Marwnad Cynddylan', 134.
[7] CA 1, 3.
[8] Enwir Rhiadaf a Morfael yn feibion i Gyndrwyn yn y testun achyddol diweddar 'Bonedd yr Arwyr', EWGT 85.

gan gynnwys esgob o Gaerlwytgoed! Canmolir Cynddylan am ei barodrwydd i ymateb i her neu apêl rhyw Fab Pyd.

Ysywaeth, ni ellir troi at yr un llyfr hanes (megis eiddo Beda neu 'Ninnius') na chronicl na siarter nac ach frenhinol am help i leoli'r Cynddylan hwn. I gael gwybodaeth amdano rhaid dibynnu ar ffynonellau mwy traddodiadol, ac fe'n hatgoffwyd gan Dr. David N. Dumville yn ddiweddar mor serfyll yw sail o'r fath.[9] Ym 'Monedd y Saint' sonnir am Elhaearn, Llwchaearn a Chynhaearn yn feibion Hygarfael ap Cyndrwyn o Lystynwynnan, a chan fod Elhaearn yn ddisgybl i Feuno gellir 'dyddio' Cyndrwyn yn lled gynnar yn y seithfed ganrif;[10] yng Nghaereinion ym Mhowys yr oedd Llystyn-wynnan, er na wyddys yn sicr ymhle.[11] Cadarnheir 'dyddiad' Cyndrwyn gan un o Drioedd Ynys Prydain sy'n enwi Gwion ap Cyndrwyn yn un o Dri Phorthor Gwaith Perllan Fangor, sef Brwydr Caer 616, lle y gorchfygodd Aethelfrith o Northumbria Selyf ap Cynan o Bowys a'i ladd.[12] Trydedd ffynhonnell yw'r englynion cyfarwyddyd enwog yn Llyfr Coch Hergest (ac a geid unwaith hefyd yn Llyfr Gwyn Rhydderch) sy'n rhoi yng ngenau Heledd, chwaer Cynddylan Wyn ap Cyndrwyn, ymsonau ac ymddiddanion yn cwyno lladd ei brawd ac anrheithio ei diroedd gan wŷr Lloegr.[13] Yn yr englynion enwir saith o frodyr Cynddylan a gollwyd gydag ef, ynghyd â mab iddo (Caranfael), a phedwar arwr arall na ddywedir yn bendant eu bod yn feibion i Gyndrwyn; enwir hefyd Llemennig ap Mawan a oedd yn ŵyr i Frochwel Ysgithrog (sy'n gweddu'n burion i'r dyddiad a gynigiwyd uchod).[14] Y mae yn agos at ddeg ar hugain o enwau lleoedd yn yr englynion, yn ymestyn o Dren yn y Dwyrain hyd at afon Geirw ymhell i'r Gorllewin, ond gellir dweud mai i Ogledd Powys y perthyn y rhan fwyaf ohonynt; yr enw tyngedfennol yn eu plith yw *Maes Cogwy*, lle y dywedir fod Cynddylan yn 'gynhorthwy': dyma frwydr Maserfelth 'Old Oswestry' 643, lle y lladdwyd y brenin Oswallt o Northumbria gan y brenin

[9] David N. Dumville, 'Sub-Roman Britain: History and Legend', *History*, 62 (1977), 173–92.
[10] EWGT 60; cymh. CLlH xxxi–xxxiii.
[11] Dewi Machreth Ellis, AELISD, 367–9.
[12] TYP 163–5, 390–1.
[13] CLlH, caniad XI.
[14] TYP 419–20.

Penda o Mercia. Ar wahân i Gynddylan ei hun, yr unig enw person a all fod yn gyffredin i'r Farwnad a'r englynion yw *Morial*; a'r unig enw lle a all fod yn gyffredin yw *Trebwll*. Os gellir defnyddio'r englynion o gwbl i daflu goleuni ar y Farwnad—ac y mae'n amlwg mai'n betrus iawn y dylid gwneud hynny—gellir awgrymu fod y Cynddylan ap Cyndrwyn[yn] a goffeir yn y Farwnad yn frenin ar Bowys, neu efallai'n is-frenin ar ran o Bowys, tua chanol y seithfed ganrif a'i fod wedi colli'i fywyd a'i diriogaeth yn ymladd yn erbyn y Saeson. Gellir ychwanegu nad oes dim yn y Farwnad ei hun, nac ychwaith yn yr ychydig a wyddys am hanes Powys yn y seithfed ganrif, sy'n gwrthbrofi'r awgrym hwn.

Bydd yn werth manylu ychydig ar y pwynt olaf. Rhaid pwysleisio mai prin iawn yw ein gwybodaeth am hanes Powys yn y cyfnod dan sylw. (Dyna pam y gall dau hanesydd mor braff â Dr. David Dumville a Dr. David P. Kirby anghytuno'n bur sylfaenol yn eu dehongliad o'r hanes.)[15] Er enghraifft, ni wyddys yn iawn beth a ddigwyddodd i brif linach frenhinol Powys ar ôl 616, a lwyddodd meibion Selyf ap Cynan i ddal eu gafael yn y frenhiniaeth ai peidio. Ymddengys fod Buchedd Beuno'n dweud iddynt fethu â gwneud hynny, ond arall yw'r awgrym yn y *Liber Beati Germani* a briodolwyd i Run ab Urien ac a ddefnyddiwyd gan awdur yr *Historia Brittonum* (rhaid cyfaddef mai amheus dros ben yw statws y ddau dyst fel ei gilydd).[16] Ond a bwrw fod meibion Selyf wedi methu, gellid gweld sut y rhoddai hynny gyfle i Gyndrwyn neu ei fab Cynddylan i gipio'r frenhiniaeth am ysbaid (onid is-frenin ar ran o Bowys yn unig ydoedd). Sut bynnag y bu, nid oes amheuaeth nad oedd yr amseroedd yn argyfyngus, a hynny oblegid y gwrthdaro rhwng teyrnasoedd Lloegr a'i gilydd yn ogystal â'r gwrthdaro rhwng Cymro a Sais. Yn 634, fel y crybwyllwyd yn barod, fe orchfygodd Cadwallon o Wynedd Edwin o Northumbria a'i ladd ym mrwydr Hatfield (*Meigen* yn ôl y Cymry), gyda help Penda, frenin Mercia. Ymhen blwyddyn fe orchfygwyd Cadwallon a'i ladd gan Oswallt, frenin Northumbria, ym mrwydr Heavenfield (*Canysgol* yn ôl

---

15 David N. Dumville, 'Sub-Roman Britain', yn arb. 183–7; David P. Kirby, 'British Dynastic History in the Pre-Viking Period', B, 27 (1976–8), 81–114, yn arb. 101–11.
16 E 121; CM 176.

y Cymry), 635. Wyth mlynedd a gafodd Oswallt i fwynhau ei
fuddugoliaeth hyd nes y cafodd yntau ei drechu a'i ladd gan
Penda ym mrwydr Maserfelth (*Cogwy* yn ôl y Cymry), 643;
ac fel y gwelwyd uchod, yr oedd Cynddylan yn cynorthwyo
Penda yno. Ymhen tair blynedd ar ddeg, yn union wedi i Penda
ennill buddugoliaeth ysgubol yn erbyn Oswy, olynydd Oswallt,
yn ninas Iddau yn yr Hen Ogledd, fe lwyddodd Oswy i ddod
ar ei warthaf heb ei ddisgwyl a'i ladd ef a'r brenhinoedd
Brythonig a oedd yn gynghreiriaid iddo ym mrwydr Winwaed,
656; eithr cyn y frwydr fe ffoes Cadafael, frenin Gwynedd, a'i
fyddin ac ennill iddo'i hun y ffugenw eironig Cadafael
Cadomedd! Am dair blynedd bu Mercia at drugaredd
Northumbria hyd nes i fab Penda, Wulfhere, esgyn i'r orsedd
a theyrnasu'n llewyrchus hyd ei farw yn 675.[17]

Wedi ceisio awgrymu pwy oedd Cynddylan ac amlinellu
peth o'i gefndir hanesyddol posibl, gellir symud ymlaen i
ystyried rhai cwestiynau penodol sy'n codi o'r Farwnad.
I ddechrau, pwy oedd gelynion Cynddylan a sut y cafodd ei
ladd? Gallai'r cyfeiriad at *fab Pyd* yn ll. 28 fod at elyn neu
gyfaill, ond o gofio mai fel Panna fab Pyd yr enwid Penda yn
y traddodiad Cymraeg a chofio hefyd fod Penda a Chynddylan
yn gynghreiriaid ym Maes Cogwy, byddai'n hawdd credu mai
at Penda y cyfeirir yma a hynny'n gyfeillgar.[18] Tybed felly ai
yn y Winwaed ger Leeds y lladdwyd Cynddylan yntau, yn
ymladd wrth ochr Penda yn erbyn byddin Northumbria?
Dywed y Farwnad mai *pan amwyth alaf Pennawg* 'pan gipiodd
[neu, efallai, pan amddiffynnodd] wartheg Pennawg' y
collwyd Cynddylan; fe gofir hefyd mai *o odir Pennawg* y cludai
Llywarch Hen ben Urien wedi i hwnnw gael ei ladd yn Aber
Lleu gyferbyn ag Ynys Metgawdd neu Lindisfarne.[19] Byddai'n
ddymunol odiaeth pe darganfyddid rhyw *Pinnock* tua Leeds,
ond ofnaf fod hynny'n ddisgwyl gormod![20] Wrth gwrs, gallai
marwolaeth Cynddylan fod wedi digwydd nid yn y Winwaed

---

[17] Ceir arweiniad i'r hanes yn gyffredinol yn HW ac A-SE.
[18] BBCSG 134 (gthg. *ibid.*, 120); EWGT 91. Mae'n deg ychwanegu fod pob
golygydd a chyfieithydd arall wedi deall *pyd* fel enw cyffredin='cynllwyn,
perygl'.
[19] CLlH, III, 13ᵃ.
[20] Y mae *Pinnock* yn swydd Gaerloyw, ryw bedair milltir i'r dwyrain o
Winchcombe. Efallai fod yr un elfen unwaith yn *Pinhoe*, ychydig i'r gogledd
o Exeter, gw. CODEPN 367—braidd yn bell yw'r lle hwn, fodd bynnag. Rhy bell
yn sicr yw *St. Pinnock*, ryw dair milltir i'r gorllewin o Liskeard.

ei hun ond yn ystod y tair blynedd dywyll a ddilynodd, pan oedd byddinoedd Northumbria'n tramwy trwy'r tir. Gellid egluro hyd yn oed y cyfeiriadau at gyrchu tra Thren ac i Gaerlwytgoed ar y rhactyb mai gwŷr Northumbria a oedd yn meddiannu'r lleoedd hyn ar y pryd ac nid gwŷr Mercia. (Ynglŷn â'r cyrch i Ddolau Taf, ysywaeth, nid oes gyffelyb amwysedd: Cymry Glywysing fyddai'r gelyn yno.) Eto gwell ymbwyllo. Y ffordd naturiol o egluro'r cyfeiriadau at ymladd dros afon Tren a cherbron Caerlwytgoed yw trwy dybio mai â gwŷr Mercia yr ymleddid. Am ei werth, dyna awgrym yr englynion cyfarwyddyd hefyd: *Lloegrwys* a ddaw *drwy Dren* yw'r gelynion, heb sôn am na Deifr na Brynaich (gwir na ellir pwyso llawer ar hyn). Efallai wedi'r cwbl fod y cynghrair rhwng Powys a Mercia, a rhwng Cynddylan a Penda (neu Wulfhere), wedi troi'n elyniaeth rywbryd ar ôl Maes Cogwy ac mai gwŷr Mercia a fu'n angau i Gynddylan.[21]

Gwell aros ychydig gyda chyrch *Morial—un o gadfridogion Cynddylan, o bosibl—ar Gaerlwytgoed. (Ysywaeth rhaid gwrthod ymgais ddewr y diweddar Ddr. John Morris i gysylltu hwn â Morfael o Glastonbury, os yw Mr. P. C. Bartrum rywle o gwmpas ei le ynglŷn â dyddiadau hwnnw.)[22] Y broblem yw fod yno esgob a mynaich i'w hysbeilio. Pagan oedd Penda, ond dywed Beda ei fod wedi caniatáu pregethu yn ei deyrnas yn ystod dwy flynedd olaf ei oes:[23] yn wir, awgryma Mr. Jim Gould mai tua diwedd oes Penda y digwyddodd y cyrch, neu yn yr *interregnum* wedi'r Winwaed.[24] Yr oedd Wulfhere, ar y llaw arall, yn Gristion, ac yn ôl Beda eto bu pedwar esgob yn gwasanaethu ymhlith gwŷr Mercia cyn S. Chad, 669–72, er na ellir bod yn sicr fod pob un â'i sedd yn Lichfield megis Chad;[25] gall mai un o'r rhain a ysbeiliodd *Morial, ac fe awgrymai hynny ddyddio'r cyrch yn gynnar yn y chwedegau a marwolaeth Cynddylan *c.* 665. Fodd bynnag, y mae'n gwbl

---

[21] Ar y broblem gweler pennod David P. Kirby, 'Welsh bards and the Border', MS 31–42; perthnasol hefyd yw pennod H. P. R. Finberg, 'Mercians and Welsh', L 66–82.

[22] AA 243, 308; EWGT 12, 128. Os derbynnir mai *Morial* oedd ffurf yr enw yn y Farwnad, y mae dadl Dr. Morris yn mynd yn fwy annhebygol fyth.

[23] BEH 280–1.

[24] Jim Gould, 'Letocetum, Christianity and Lichfield (Staffs.)', SSAHST, 14 (1972–3), 30–1; cymharer damcaniaeth y diweddar Athro Melville Richards, 'The "Lichfield" Gospels (Book of "Saint Chad")', CLlGC, 18 (1973–4), 135–46, a hefyd eiddo Dr. Graham Webster, Co 123–4.

[25] BEH 280–1, 294–5, 336–47; cymh. LBW 32–3.

bosibl, fel y sylwodd Dr. David Kirby, mai Cymry oedd yr esgob a'r mynaich ysbeiliedig a'u bod yn cynrychioli hen sefydliad mynachaidd Celtaidd a gawsai lonydd gan Penda: os oedd yr heddwch rhwng Powys a Mercia wedi'i dorri, ni phetrusai Cynddylan a'i wŷr rhag ysbeilio rhyw led-fradwyr felly.[26] Golygai hynny y gallai'r cyrch, o ran damcaniaeth, fod wedi digwydd unrhyw adeg ar ôl 642.

Cwestiwn arall sy'n codi o'r Farwnad yw ble y câi'r bardd nawdd. Y tebyg yw mai ym Mhowys yr oedd *Pwll* ac *Alun*, a bod yr enwau'n cynrychioli dau o lysoedd Cynddylan. Gellir yn betrus gysylltu *Pwll* â *Threbwll* yr englynion cyfarwyddyd, sef o bosibl y 'Welsh *Pool*' neu'r Trallwng, ac *Alun* â Threfalun ym Maelor.[27] Fe welir y byddai'r naill lys tua chanol tiriogaeth Powys a'r llall tua'i ffin ogleddol. Ond pwy oedd brenin Dogfeiling a groesawai'r bardd dros Fenai i Gemais ac Aberffraw ac a oedd yn ormes a dychryn i'r Cadelling (sef prif linach frenhinol Powys a honnai ei bod yn disgyn o Gadell Ddyrnllwg)? Yr wyf yn ffyddiog mai fel hyn y dylid deall y llinellau, ac nid fel petaent yn cyfeirio at Gynddylan ei hun, er bod fy ngwell wedi dadlau'n wahanol! Y mae'n ymddangos i mi mai'r unig esboniad tebygol yw bod brenin teyrnas Dogfeiling yn Nyffryn Clwyd yr adeg hon ar orsedd Gwynedd a'i fod yn elyn i'r Cadelling. Gan nad oes unrhyw dystiolaeth fod Cynddylan yn Gadelling ni olygai hynny fod y brenin hwn yn elyn i Gynddylan. Y mae'r bardd yn ei enwi oherwydd ei fod bellach yn ei ystyried yn brif noddwr iddo, er ei fod ar y pryd yn coffáu noddwr arall—deuai enwi prif-noddwr fel hyn mewn cerdd i is-noddwr yn ddefod yn Iwerddon, ac i raddau llai yng Nghymru, yn ddiweddarach.[28] Gall y ffaith fod y bardd yn ystyried brenin Gwynedd yn brif-noddwr iddo awgrymu fod hwnnw wedi hawlio brenhin-

---

[26] David P. Kirby, 'Welsh bards and the Border', 37; hefyd Jim Gould, 'Letocetum, Christianity and Lichfield (Staffs.)'; ceir goleuni diddorol ar wleidyddiaeth eglwysig y cyfnod ym mhennod Eric John, 'The Social and Political Problem of the Early English Church', LCP 39–63.

[27] CLlH, XI, 14c (*Trebwll*). Y mae *Trefalun* bellach ym mhlwyf *Rossett*, ac fe hoffwn allu cysylltu'r lle hwnnw â'r *Rhosedd* a ddethlid gan y beirdd fel 'rhyw le enwog gynt am rwysg a moethau' chwedl Syr Ifor Williams, CA 353; ysywaeth, fe ymddengys fod y dystiolaeth dros darddu *Rossett* < *Yr Orsedd* (*Goch*) yn rhy gryf, gw. A. N. Palmer, 'A history of the old parish of Gresford . . .', AC 6, 5 (1905), 177–87—oni ellid dadlau mai ôl-ffurfiad 'dysgedig' yw *Yr Orsedd* < *Rhosedd*.

[28] R. Geraint Gruffydd, 'The Early Court Poetry of South West Wales', SC, 14 (i ymddangos).

iaeth Powys ar ôl marw Cynddylan ac efallai wedi rhwystro
un o'r Cadelling rhag ailesgyn i'r orsedd. Ond pwy oedd y
brenin pwerus hwn? Yn anffodus y mae ach Dogfeiling o
Ddogfael ap Cunedda yn dirwyn i ben tua 600 ac felly'n
ddiwerth at ein pwrpas ni.[29] Eto fe all hynny hefyd fod yn
arwyddocaol. Yn Nhrioedd Ynys Prydain enwir Cadafael ap
Cynfedw, sef (yn ôl pob tebyg) y gŵr a ffoes o'r Winwaed, yn
un o'r 'Tri Brenin a fuant o Feibion Eillion'.[30] Tybed a oedd
y mab aillt Cynfedw wedi cipio gorsedd Dogfeiling trwy drais
a bod hynny wedi rhoi rhyw fath o hawl i'w fab Cadafael i
gael ei ystyried yn ymgeisydd am orsedd Gwynedd wedi lladd
Cadwallon? Yn y cyswllt hwn mae'n ddiddorol sylwi fod
trefgordd o'r enw *Dincadfel* ym mhlwyf Llanefydd ychydig
i'r Gorllewin o Ddogfeiling, a bod *Murdduncadafael* yn
Llangadwaladr ym Môn (a *Bryncadafel* yn Llanallgo).[31]

Parthed y Cadelling, dylid yn sicr nodi yma fod Dr. David
Dumville yn gweld y cyfeiriad atynt yn y Farwnad yn awgrym
cryf ei bod yn ddiweddarach na'r seithfed ganrif (fe ddywedai
yn yr un modd am 'Drawsganu Cynan Garwyn fab Brochfael'
a briodolir i Daliesin ac sydd hefyd yn cynnwys cyfeiriad at y
Cadelling). Fe gred ef mai'n ddiweddar yn yr wythfed ganrif
y dyfeisiwyd y stori am Gadell ac y dechreuodd brenhinoedd
Powys olrhain eu tras iddo.[32] Rhaid cyfaddef fod problem
achyddol ddyrys ynglŷn â'r ddisgynyddiaeth o Gadell, ond fe
ymddengys i mi fod Dr. David Kirby wedi mynd beth o leiaf
o'r ffordd tuag at ei datrys drwy wahanu'r brenhinoedd a
honnai darddiad o Gadell oddi wrth y rhai a honnai darddiad
o Wrtheyrn.[33] Eto rhaid cytuno â Dr. Dumville y buasai'n dra
dymunol cael tystiolaeth sicrach i fodolaeth Cadell cyn *c.* 800.

Trydydd cwestiwn a godir gan y Farwnad yw pam fod
ynddi gyfeiriadau at arwyr eraill heblaw Cynddylan—chwech
ohonynt i gyd—a hefyd beth sy'n cyfrif am y nodyn personol
a geir ynddi. F'awgrym i ydyw mai gwaith bardd teulu yw'r
farwnad ac nid gwaith pencerdd, gwaith bardd tebyg i

---

[29] EWGT 49, 108–9.
[30] TYP 179–81, 289–90.
[31] SH 378672 (*Murdduncadafael*, bellach *Tycadafael*). Diolchaf i Mr. Thomas
Roberts, y Llyfrgell, Coleg Prifysgol Gogledd Cymru, Bangor am wybodaeth am y
ddeule ym Môn.
[32] David N. Dumville, 'Sub-Roman Britain', 185 n. 65.
[33] David P. Kirby, 'British Dynastic History in the Pre-Viking Period', 101–11.

Aneirin yn hytrach na bardd tebyg i Daliesin. Rhai o'r saith gan rhiallu a fu yn ysbyddawd Cynddylan yw'r chwe arwr, ac y maent hwythau wedi syrthio. Priodol felly oedd i fardd teulu eu coffáu gyda'u harglwydd, fel y coffaodd Cynddelw Brydydd Mawr deulu Llywelyn ap Madog ap Maredudd wrth ganu marwnad Llywelyn.[34] A chan fod y bardd teulu yn ôl y Gyfraith yn mynd gyda'r teulu ar gyrch, naturiol efallai fyddai disgwyl canu mwy personol ganddo na chan y pencerdd. Fe drewir yr un nodyn yn aml yn y 'Gododdin': 'cyfaillt a gollais, difflais oeddwn', meddai Aneirin am Wrol ap Cian.[35]

Y mae un mater arall y dylid ei grybwyll, er na ellir gobeithio ei setlo yma, sef a gafodd y Farwnad ryw ddylanwad ar yr englynion cyfarwyddyd a roir yng ngenau Heledd. Yn y cyswllt hwn, trawiadol yw sylwi fod Dr. John Davies wedi sgrifennu'r llythrennau 'eledd' ar ddiwedd y llinell gyntaf, eithr â bwlch rhyngddynt a gweddill y llinell fel petai'n ceisio codi hen deitl ymyl dalen. A roddwyd rhyw deitl megis 'Cwyn Heledd' i'r Farwnad, a hynny'n gynnar? Ac a barodd hynny fod y cyfarwydd a luniodd yr englynion yn y nawfed ganrif wedi cymryd y Farwnad yn fan cychwyn? Arbennig o awgrymog yw'r llinellau *Brodyr a'm bwyad, [oedd] gwell pan fythyn'* (cymharer *Canu Llywarch Hen*, XI, 99ª: *Brodyr a'm bwyad innau*, &c.), *Nid engis o'r ffosawd brawd ar ei chwaer*, a hefyd y cyfeiriad at bechod ar y diwedd. Nid amhriodol fyddai mynegi cyni Powys c. 850 drwy ddarlunio cyni tebyg ddwy ganrif ynghynt. Ac os aeth yr un cyfarwydd, o bosibl ar arch Rhodri Mawr, ymlaen wedyn i lunio cyfarwyddyd ar Lywarch Hen, tybed nad oedd y llinell o'r Farwnad, *Wyf coddedig wên, hen hiraethawg*, yn canu'n hir yn ei gof? Dyfalu pur yw hyn oll, wrth reswm.

Isod rhoir testun y Farwnad yn union fel y mae yn llawysgrif LlGC 4973, ynghyd â diweddariad ac aralleiriad. Ychwanegir ychydig nodiadau ar bwyntiau nas trinnir yn unman arall. Elwais yn drwm ar waith fy rhagflaenwyr, yn enwedig Syr Ifor Williams a'r Athro Thomas Jones.[36]

[34] Gog 42–3.
[35] CA 4.
[36] Yn Jim Gould, 'Letocetum [:] the name of the Roman Settlement at Wall, Staffs.', LSSAHST, 5 (1962–3), 51–4, ceir cyfieithiad cyflawn gan y diweddar Athro Thomas Jones; pleser arbennig oedd dod ar draws hwn yn annisgwyl a gallu manteisio ar ysgolheictod cyhyrog fy rhagflaenydd.

Gobeithio y bydd y golygiad hwn yn help i ddatguddio o'r newydd beth o ogoniant y gerdd. Oherwydd fe berthyn iddi ryw harddwch dieithr, nas ceir yn yr Hengerdd ar wahân iddi ond mewn rhai awdlau o'r 'Gododdin'. Sylwer yn arbennig ar yr ailadrodd fformwlaig trwm ar ddechrau a diwedd yr awdlau, a'r amrywio a geir ynddynt rhwng dathlu'r arwriaeth a'r haelioni a fu gynt a phwysleisio'r golled lem a gafwyd.

(a) Testun llsgr. LlGC 4973B, 108ᵃ–109ᵃ (ynghyd â'r diwygiadau testunol a awgrymir)

Dyhedd deon diechir by   eledd
Rhiau a Rhirid a Rhiosedd
a Rhygywarch lary lyw eirassedd
ef cvn iw mi wyf im derwin fedd
5   o leas Cynddylan yn ei fanred ─────────────────

Manred gymined a feddyliais ─────────────────
myned i Fenai cyn nim bai fais
carafi am eneirch o dir Kemeis ─────────────────
gwerling dogfeiling Cadelling trais───────────────
10 Ef cynnif mi wyf im derw llednais
o leas Cynddylan coled a nofiais

Manred gymined ei feddyliaw ─────────────
myned i Fenai cyn nim bai naw───────────────
carafi ameneirch o Aberffraw───────────────
15 gwerling dogfeiling Cadelling ffraw. ───────────
Ef cynnif mi wyf im derwin "taw   'ffaw
o leas Cynddylan a'i luyddaw.

Manred gymined gwin waretawg ─────────────
wyf coddedig wen hen hiraethawg
20 Collais pan amnith alaf penawg
gwr dewr diachor diarbedawg.
cyrchai drais tra thren tir trahawg   tra Thren
ef cynnif mi wyf yn naear foddawg
o leas Cynddylan clod Ceiriadawg.

25 Manred gym̄ined mor fu dafawd————————————
     a gafas Cynddylan cynrhan cyffrawd————————
     Saith gant rhiallu ni yspeidiawd |

[108ᵇ]   pan fynwys mab pyd mor fu parawd
     hy darfu yn neithawr ni bu priawd

30 gan dduw py amgen plwyf py du daearawd
     ef cynnif mi wyf in erwith wawd
     o leas Cynddylan clod addwyndawd.

————————Manred gym̄ined mor wyf gnodaw
————————pob pysg a milyn yd fydd teccaw
35————————i drais a gollais gwir echassaw
     Rhiau a Rhirid a Rhiadaw
————————a rhygyfarch lary lu pob eithaw.
     Dyrrynt eu preiddau a doleu taw
     caith cwynynt briwynt grydynt alaw
40 ef cynnif mi wyf in erv penylaw
————————o leas Cynddylan clod pob eithaw.

————————Manred gym̄ined a weli di hyn
     yd lysg fy nghalon fal ettewyn
              meuedd
     hoffais mewredd   eu gwyr ai gwragedd
45 ni ellynt fy nwyn brodir am buiad gwell ban vythin
     canawon artir wras dinas degyn

Caerluydd.   rhag Caer Luydd coed neus digonsyn
     crau y dan frain a chrai gychwyn
     briwynt calch ar gwyn feibion Cyndrwynyn
50 ef cynnif mi wyf yn nhir gwelyddyn
     o leas Cynddylan clodlawn vnbyn.

————————Manred gym̄ined mawr ysgafael
Caerluydd.   y rhag Caerluydd coed neus dug moriael
              o ffin
     pymtheccant muhyn a phum gwriael |

                          e
[109ᵃ] 55 pedwar vgeinmeirch a seirch cyhawaͺl
     pen esgob hunop ym mhedeirael ————————————
     nis noddes myneich llyfr afael
     a gwyddws yn eu creulan o gynrhan claer
     ni ddiengis or ffossawd brawd ar y chwaer

60 diengynt ai herchyll trewyll yn taer
                                f
    ef cynnif mi wyf in erv trawael
    o leas Cynddylan clodrydd pob hael

    Manred gymïnedd moroedd ercun————————
    gan fy mryd pan athreiddwn pwll ac Alun
65 irwrnn y dan fy nhraed hyd bryd cyntun
    plwde y danaf hyd ymhen fynghlun
    a chyn ethniwe yno im bro fy hun
    nid oes vn car neud adar iw warafun
    a chyn i m dyccer i dduw ir digfryn
70 ni ddigones neb o bechawd cyhawal imi hun.

DIWYGIADAU

1. by>bydedd.

4. cvn iw mi wyf>cuiniw ini uuiw (cymharer 10, 16, 23, 31, 40, 50, 61 cynnif mi wyf).

5. fanred>faured (cymharer 6, 12, 18, 25, 33, 42, 52, 63 Manred).

11. a nofiais>anofais.

12. ei>i.

15. ffraw>fraw.

20. amnith>amuith.

23. foddawg>fodawg.

27. yspeidiawd>yspydawd.

29. Hy>Ny.

30. daearawd>daerawd.

31. erwith>erwit.
    wawd>rawd.

37. lu>liu.

38. a>o.

44-5. Y mae'r testun yn llwgr yma. Awgrymodd Syr Ifor Williams ddiwygio i

> Hoffais i feuedd eu gwŷr a'u gwragedd,
>   Fy ngomedd ni ellyn'.
> Brodyr a'm bwyad, oedd gwell ban fythyn'.

Fe ffurfiai'r ddwy linell gyntaf Draeanog rheolaidd. Er mor ddisglair yr awgrym hwn, gwell cadw'n nes at eiriad y llawysgrif ar gyfer yr ail linell, ond newid y drefn (gwir fod hyn yn golygu colli'r odl fewnol):

> Fy niwyn ni ellyn'.

Rhy fentrus fyddai awgrymu fod *feuedd* y llinell gyntaf yn adlewyrchu hen ffurf ar *Wynedd*, er mor addas fyddai hynny.

47. rhag>Y rhag.

Caer Luydd coed>Caer Luytcoed (cymharer 53 Caerluydd coed).

52. ysgafael>ysgafal.

53. moriael>Morial.

54. gwriael>gwrial.

Os yw'r tri diwygiad uchod yn gywir, y mae'n dilyn fod yr odl yn newid o *-al* i *-ael* (*-aer*) yn ll. 56. Am batrwm odli tebyg gweler CA 288–91, 819–24, 1118–25; BBC 9.1–10.11, 76.10–77.12.

59. ni ddiengis>nid engis.

63. ercun>eitun.

65. irwrnn>iruruin.

66. plwde>plude.

67. ethuiwe>ethuiue.

69. im>nim.

70. imi>mi; y mae'r llinell i gyd yn rhy hir, er y gellid ei diwygio'n weddol rwydd pe newidid y ferf i *gwneuthur*.

(b) Testun diweddaredig

Dyhedd ddeon diechyr by[dedd]
Rhiau a Rhirid a Rhiosedd
A Rhigyfarch lary lyw eirasedd.
Ef cwynif oni fwyf i'm derwin fedd
5 O leas Cynddylan yn ei fawredd.

Mawredd gyminedd, a feddyliais
Myned i Fenai cyn ni'm bai fais?
Caraf i a'm ennairch o dir Cemais,
Gwerling Dogfeiling, Cadelling drais.
10 Ef cwynif oni fwyf i'm derw llednais
O leas Cynddylan, colled anofais.

Mawredd gyminedd, i feddyliaw
Myned i Fenai cyn ni'm bai naw!
Caraf i a'm ennairch o Aberffraw,
15 Gwerling Dogfeiling, Cadelling fraw.
Ef cwynif oni fwyf i'm derwin taw
O leas Cynddylan a'i luyddaw.

Mawredd gyminedd, gwin wareddawg,
Wyf coddedig wên, hen hiraethawg.
20 Collais pan amwyth alaf Pennawg
Gŵr dewr diachor diarbedawg.
Cyrchai drais tra Thren, tir trahäawg.
Ef cwynif oni fwyf yn naear fodawg
O leas Cynddylan, clod ceiriadawg.

25 Mawredd gyminedd, mor fu daffawd
A gafas Cynddylan, cynran cyffrawd!
Saith gant rhiallu'n ei ysbyddawd;
Pan fynnwys mab Pyd, mor fu parawd!
Ni ddarfu yn neithawr, ni bu priawd.
30 Gan Dduw py amgen blwyf, py ddu ddaerawd?
Ef cwynif oni fwyf yn erwydd rawd
O leas Cynddylan, clod addwyndawd.

Mawredd gyminedd, mor wyf gnodaf!
Pob pysg a milyn yd fydd tecaf.
35 I drais a gollais gwŷr echasaf,
Rhiau a Rhirid a Rhiadaf
A Rhigyfarch, lary lyw pob eithaf.
Dyrrynt eu preiddau o Ddolau Taf:
Caith cwynynt, briwynt, grydynt alaf.
40 Ef cwynif oni fwyf yn erw penylaf
O leas Cynddylan, clod pob eithaf.

Mawredd gyminedd, a weli di hyn?
Yd lysg fy nghalon fel etewyn.
Hoffais i feuedd eu gwŷr a'u gwragedd,
45a   Fy niwyn ni ellyn'.
45b Brodyr a'm bwyad, [oedd] gwell ban **fythyn'**,
Canawon Arthur Fras, dinas dengyn.
I rhag Caerlwytgoed neus digonsyn'
Crau i dan frain a chrai gychwyn.
Briwynt galch ar gwyn meibion **Cyndrwynyn.**

50 Ef cwynif oni fwyf yn nhir gwelyddyn
O leas Cynddylan, clodlawn unbyn.

Mawredd gyminedd, mawr ysgafal
I rhag Caerlwytgoed neus dug Morial.
Pymthecant muhyn o ffin gwrial,
55 Pedwar ugain meirch a seirch cyhafal,
Pen esgob hunob ym mhedeirael,
Nis noddes mynaich llyfyr afael;
A gwyddws yn eu creulan o gynran claer,
Nid engis o'r ffosawd frawd ar ei chwaer.
60 Dihengynt â'u herchyll trewyll yn nhaer.
Ef cwynif oni fwyf yn erw trawael
O leas Cynddylan, clodrydd pob hael.

Mawredd gyminedd, mor oedd eiddun
Gan fy mryd pan athreiddwn Pwll ac Alun!
65 Irfrwyn i dan fy nhraed hyd bryd cyntun,
Pludde i danaf hyd ym mhen fy nghlun!
A chyn ethwyf i yno i'm bro fy hun,
Nid oes un câr, neud adar i'w warafun.
A chyn ni'm dycer i Dduw i'r Digfryn,
70 Ni ddigones neb o bechawd cyhafal my hun.

(c) Aralleiriad
Arglwyddi rhyfel anorchfygol [drwy'r] bydoedd,
Rhiau a Rhirid a Rhiosedd
A Rhigyfarch, yr arglwydd haelfrydig [yn dwyn] ffaglau.
Cwynaf hyd oni fyddwyf yn fy medd o dderw
5 Oherwydd lladd Cynddylan yn ei fawredd.

Mawredd mewn brwydr! A feddyliais
Am fynd hyd at Fenai, er nad oedd rhyd imi?
Caraf y sawl sy'n f'annerch o dir Cemais,
Brenin Dogfeiling, gormes disgynyddion Cadell.
10 Cwynaf hyd oni fyddwyf yn fy [arch] dderw dawel
Oherwydd lladd Cynddylan, colled ddirfawr.

Mawredd mewn brwydr. I feddwl
Am fynd hyd at Fenai, er nad oedd gennyf [allu i] nofio!
Caraf y sawl sy'n fy annerch o Aberffro,
15 Brenin Dogfeiling, dychryn disgynyddion Cadell.
Cwynaf hyd oni fyddwyf yn fy [arch] dderw ddistaw
Oherwydd lladd Cynddylan, ac ymfyddino i'w erbyn

Mawredd mewn brwydr. [A minnau wedi fy] hyweddu
                                              â gwin
Yr wyf [bellach] yn ofidus fy ngweddi, yn hen a hiraethus.
20 Collais pan gipiodd wartheg Pennawg
Ŵr dewr di-ildio a didrugaredd.
Dygai gyrch dros Dren, y wlad falch.
Cwynaf hyd oni fyddwyf yn y ddaear ddi-syfl
Oherwydd lladd Cynddylan o enwogrwydd annwyl.

25 Mawredd mewn brwydr. Mor dda fu'r ffawd
A gafodd Cynddylan, yr arweinydd rhyfel!
Saith gan milwr dethol yn ei osgordd.
Pan fynnodd Mab Pyd, mor barod fu!
Ni ddaeth i neithior, ni bu'n briod.
30 Och Dduw, pa gwmni gwahanol [sydd eiddo], pa
                                              gladdiad trist?
Cwynaf hyd oni fyddwyf gyda llu'r ddaear
Oherwydd lladd Cynddylan, urddas enwogrwydd.

Mawredd mewn brwydr, mor gartrefol ydwyf!
Pob pysgodyn ac anifail a fydd o'r gorau.
35 Trwy rym y collais, filwyr gwych,
Rhiau a Rhirid a Rhiosedd
A Rhigyfarch, reolwr haelfrydig pob terfyn.
Gyrrent eu hysbail o Ddolau Taf.
Cwynai'r caethion, cloffai, brefai'r gwartheg.
40 Cwynaf hyd oni fyddwyf yn y llain gyfyngaf
Oherwydd lladd Cynddylan, enwogrwydd [pob] goror.

Mawredd mewn brwydr. A weli di hyn?
Fe lysg fy nghalon fel pentewyn.
Hoffais gyfoeth eu gwŷr a'u gwragedd,
45a Ni allent f'ad-dalu [ddigon]!
45b Brodyr a fyddai imi, yr oedd yn well pan oeddynt,
Llewod ifainc Arthur Fawr, yr amddiffynfa gadarn.
O flaen Caerlwytgoed y parasant
Waed dan frain ac ymosod llym.
Dryllient arfau yng nghweryl meibion Cyndrwynyn.
50 Cwynaf hyd oni fyddwyf yn nhir fy ngorweddle
Oherwydd lladd Cynddylan, [y gŵr] llawn enwogrwydd
                                              [ymhlith] penaethiaid.

Mawredd mewn brwydr. Eiddo helaeth
O flaen Caerlwytgoed a ddug Morial.

Pymtheg cant o wartheg o derfyn yr ymladd,
55   Pedwar ugain o feirch a harnais o'r un nifer,
Prif esgob truenus mewn mantell gonglog,
Nid amddiffynnodd ymaflyd mewn llyfr y mynaich.
O'r sawl a syrthiodd mewn brwydr oherwydd y tywysog
                               gwych
Ni ddihangodd o'r ymladd frawd at ei chwaer.
60   Dihangent â'u harchollion difaol yn y cythrwfl.
Cwynaf hyd oni fyddwyf yn y llain fwyaf salw
Oherwydd lladd Cynddylan, [yr un] llwyr ei
                       enwogrwydd [ymhlith] pob gŵr hael.

Mawredd mewn brwydr, mor ddymunol oedd
Yn fy meddwl pan ymwelwn â Phwll ac Alun!
65   Brwyn ffres dan fy nhraed hyd adeg cysgu,
Clustogau plu danaf hyd at ben fy nghlun!
Ac er imi fynd yno i'm bro fy hun
Nid oes [yno] yr un cyfaill, y mae adar yn ei rwystro.
Ac er imi beidio â chael fy nwyn at Dduw i Fryn y Farn
70   Ni wnaeth neb bechod tebyg i mi.

NODIADAU

Yn gyffredinol gweler G a GPC ynghyd â nodiadau Syr Ifor Williams a fynegeiwyd gan Syr Thomas Parry, *Mynegai i weithiau Ifor Williams*, a chan Mr. Alun Eirug Davies, SC 4.

Cyfeirir at y ffurfiau yn y testun diweddaredig.

1. *by*[*dedd*]: cymh. ClIH, III, 35[b].

9. *trais*: cymh. R 1390. 14 *koelyng dreis* (diolchaf i Miss Jenny Rowland am dynnu fy sylw at yr enghraifft hon); rhaid cydnabod, wrth gwrs, y gall *trais* fod ag ystyr dda yn ogystal ag ystyr ddrwg, gw. BWP 189.

13. *naw*: cymh. T 7. 22–3 *mal aruoll dillat heb law. Val ymsawd yn llyn heb naw.*

17. *luyddaw*: cymh. PKM 71. 13, RB 25. 22.

19. Gyda *coddedig*, sy'n eglur yng nghopi Dr. John Davies, gwell cymryd mai *gwên* 'gweddi' sydd yma yn hytrach na *gwên* 'edrychiad llawen'.

22. *trahäawg*: gw. TYP 41.

27. *ysbyddawd*: gw. PKM 220–1.

30. *ddaerawd*, llsgr. *daearawd*: gellir deall *daerawd* yma fel ff. 3 un. gorff. y f. **daeredaf: daeredu* a dehongli'r ymadrodd 'ymhle y syrthiodd?' (felly Syr Ifor Williams a'r Athro Thomas Jones); yn betrus y derbynnir awgrym G mai enw yw *daerawd* yma.

39. *briwynt*: awgryma Syr Ifor Williams ddiwygio i *brefynt* ond gan fod modd cael ystyr heb ddiwygio cedwir at ddarlleniad y llawysgrif.

40. *penylaf*: ans. o *pannwl?* Gw. ELl 28.

45a. *niwyn*: cys. *diwyn*, un o ferfenwau'r ferf *diwygiaf: diwygio*.

45b. Â'r llinell hon cymh. CLlH, IX, 85ª, 86ª, 99ª a hefyd AAYH 301–2.

47. *digonsyn'*: 3 ll. gorff. y f. *digonaf: digoni*, gw. GMW 151.

51. *unbyn*: ll. *unben*, gw. AP 29.

52. *ysgafal*: cymh. PKM 155; byddai'n dda cael enghraifft arall yn dwyn yr un ystyr.

55. *hunob*: ai bnth. Llad. *inops, inopis* 'gwan, tlawd, dirmygedig'? *mhedeirael*: cys. *pedeirael*, cymh. WM 455. 28–30, *llen borfor pedeir ael ymdanaw ac aual rudeur vrth pob ael iti.*

57. *afael*: cymerir mai ff. dreigledig berfenw'r ferf *gafaelaf: gafael* sydd yma ac nid ffurf ar enw Afel, sef brawd Cain; gallai'r mynaich fod yn gafael yn eu llyfrau fel petai ynddynt rym goruwchnaturiol i'w hamddiffyn. Ond rhaid cydnabod fod modd dehongli'r llinell hon a'r un o'i blaen mewn sawl ffordd: sylwer, er enghraifft, ar atalnodi a darlleniadau Syr Thomas Parry yn OBWV, rhif 5 (yn ôl y dehongliad hwn, fel y sylwa'r Athro Brynley F. Roberts wrthyf, rhaid deall *llyfr afael* fel ansoddair cyfansawdd yn disgrifio *mynaich*).

60. *herchyll*: cys. *erchyll*, ll. *archoll.*

trewyll: cymh. TYP 147 *nyt edewis na bvyt na diavt yn y llys nys trewyllyei* (darlleniad Llyfr Gwyn Rhydderch); diwygir *trewyllyei* yn *treulei* gan Dr. Bromwich ond gellid dadlau dros gadw'r ffurf hwyaf o'r ddwy ar y sail ei bod yn *lectio difficilior*. Gw. hefyd CA 224.

taer: cymh. CA 47 *yn dayr nyt oed wael men yt welet* a gw. y nodyn, t. 333.

61. *trawael*: amlwg mai *trauael* (neu o bosibl *trauail*) oedd darlleniad y llawysgrif y copïai Dr. John Davies ohoni. Os daw'r gair o *tra+gwael* anodd cyfrif am y treiglad. Byddai'r un gwrthwynebiad i *trafael* o *tra+mael* (< *maglos) fel ansoddair

yn golygu 'mawr, uchel' (y mae'r Athro Kenneth Jackson, LHEB 329, n. 1, yn gwrthod cynnig Syr Ifor Williams, BWP 23 a chymh. ELl 20, fod unwaith ansoddair Cymraeg *mael* 'anafus'). O Saesneg Canol neu Hen Ffrangeg, wrth gwrs, y daw *trafael* 'llafur, trafferth', gw. EEW 80. Posibilrwydd arall—tra gogleisiol—yw fod yma amrywiad ar yr elfen *trafal* a welir yn yr e. lle *Mathrafal*, gw., e.e., GPC d.g. *amrafael*; teg cydnabod, fodd bynnag, fod yr awgrym hwn yn groes i esboniad Syr Ifor Williams ar yr enw, ELl 44, ac nad oes iddo ateg yn y ffurfiau cynnar, AELlSD 375-7.

67. *ethwyf*: ff. 1 un. gorff. Myn. y f. *af: myned*.

ENGLYNION Y JUVENCUS

T. Arwyn Watkins

Dywed Kenneth Jackson (LHEB 52) mai'r ymdriniaethau mwyaf effeithiol ar englynion y Juvencus (J3 a J9) yw eiddo Syr Ifor Williams (IW) yn B 6, 101–10, 205–24. Nid oes amheuaeth nad yw hyn yn dal i fod yn wir, ond erbyn heddiw, heblaw yr erthyglau gwreiddiol, ceir cyfieithiadau Saesneg o'r ymdriniaethau yn *The Beginnings of Welsh Poetry* (BWP), 90–100 (J3) a 100–21 (J9). Nid yw'r fersiynau Saesneg yn union yr un fath â'r gwreiddiol, yn bennaf oherwydd cynnwys ynddynt rai sylwadau ac ychwanegiadau diweddarach gan wahanol ysgolheigion, naill ai mewn bachau petryal yng nghorff y cyfieithiadau neu mewn troednodiadau tudalen. Ond o ystyried bod deugain mlynedd rhwng cyhoeddi'r fersiynau Cymraeg a Saesneg, mae'n drawiadol cyn lleied o wybodaeth ychwanegol arwyddocaol a gafwyd am yr englynion. Mae'n bur amheus a oes digon o oleuni pellach i fentro ar ymdriniaethau newydd. Mae'r ffurfiau a oedd yn dywyll i IW gan mwyaf yn parhau felly hyd heddiw, ac y mae ein dehongliad cyffredinol o'r ddwy gyfres o englynion yn dal i fod wedi'i seilio ar ei ddyfaliadau treiddgar yntau arnynt. Mae'n wir ddarfod codi amheuon sylfaenol ynglŷn â rhai o'r dyfaliadau ond pur anaml y cafwyd dim i lenwi'r bylchau a adawyd gan yr amheuon hynny. Am y rheswm hwn daethpwyd i'r casgliad mai'r cyfraniad mwyaf gobeithiol y gellid ei wneud ar hyn o bryd tuag at gynnydd yn ein dealltwriaeth o'r englynion ydyw ystyried, mor fanwl â phosibl, oblygiadau ieithyddol dehongliadau IW. Hynny y ceisir dechrau ei wneud—yn bennaf mewn perthynas â'r orgraff—yn yr erthygl hon.

1. RHANIAD GEIRIAU

Ceir yr un system o fylchau rhwng ffurfiau yn y ddwy gyfres. Yn gyffredinol cyplysir ffurf broclytig yn orgraffyddol wrth y gair canolog y mae'n gysylltiedig ag ef; dosberthir yr enghreifftiau yn y rhestrau isod yn ôl swyddogaeth y gair canolog, a dosbarth (rhanymadrodd) y ffurf broclytig:

(a) berfol:

    (i) negydd:

        ni(t): niguorcosam, nicanā, niguardam, nicusam, nitarcup[1]; **nis**: nisacup, nisarcup[1]; **nam**: namercit.

    (ii) rhagferf:

        ri: riceus.

    (iii) cysylltair berfol:

        pan: pandibu[2]; **cet**: cettreidin[2].

    (iv) rhagenw goddrychol:

        un: unguetid; **ti**: tidicones.

    (v) rhagenw gwrthrychol:

        an: anguorit, anguoraut.

    (vi) rhagenw perthynol:

        ha: hamed[3].

(b) enwol:

    (i) rhagenw genidol:

        mi: mitelu, micoueidid; **ti**: t**erd*u*tou; **i** (ben.): icinimer; **i** (ben.): icomoid, imolaut; **an**: ancalaur, anpatel.

    (ii) cysylltair cydradd:

        ha: haguid, hamed[4], hapuil, haper.

    (iii) arddodiad:

        (h)a: harimed, aguirdou; **(h)i(n)**: hicouid, iciman, inhare*d*, inadaut, inungueid; **di**: dielimlu[5], ditrintaut, diraut; **is**: isnem.

---

[1] Ceir bwlch (yn anghywir) yn nhrawsgrifiad IW (BWP 90, 101), ond nid yn Bradshaw (EWS 52).

[2] Ceir bwlch (yn anghywir) gan IW ond nid gan Bradshaw.

[3] Yn ôl IW rhagenw perthynol yw'r *ha*, ond gw. t. 42 lle yr awgrymir mai cysylltair/arddodiad ydyw.

[4] Gw. nodyn 3 uchod.

[5] Dywed Rachel Bromwich (BWP 109) (gan gyfeirio at Caerwyn Williams (B 13, 3)) mai *di* 'from' sydd yn *dielimlu*. Ond hyd y gellir barnu nid yw Caerwyn Williams yn dweud y fath beth. Mae'n siŵr mai *di* 'to' yw pob enghraifft o'r ffurf yn yr englynion.

(iv) negydd:

    ni(t): nigu[6]* gnim, nitguorgnim.

(v) geiryn adferfol:

    int: intgroisauc[6], intcouer.

(vi) cyplad:

    is: isdiscirr[6], isabruid.

Nodir bwlch gan IW a Bradshaw ar ôl *gurd* (*gurd meint*) ac *uuc* (*uuc nem*). Maent yn ymddangos, felly, yn eithriadau i'r 'rheol' gyplysu. Mae'n sylwadwy fodd bynnag nad yw'r bwlch yn yr enghreifftiau hyn mor bendant o bell ffordd ag a geir fel rheol yn y ddau destun. Ceir bwlch ar ôl y ddwy enghraifft o *dam* (arddodiad cyfansawdd < *di am* yn ôl IW), ond yn y ddau achos mae gair proclytig sillafog arall (*an*) rhyngddo a'r gair canolog (*dam ancalaur, dam anpatel*). Mae'r 'amgylchiadau' felly yn wahanol ac nid yw'r rheol gyplysu o reidrwydd wedi'i thorri. Ceir bwlch ar ôl *it* yn y ddwy enghraifft o *it cluis* ond nid yn *ithumil* (er gwaethaf trawsgrifiadau IW a Bradshaw). Mae swyddogaeth yr *it* yma yn broblematig, gw. BWP 111, B 18, 302.[7] O safbwynt ystyr, geiryn adferfol (cyfystyr ag *int* yn *intgroisauc*[8]) fyddai'n gweddu orau. Gair gwahanol yw'r *it* yn *rit pucsaun, rit ercis*, sy'n 'marcio' berf gosodiad, gw. t. 41. O bosibl mai'r swyddogaeth arbennig hon sy'n egluro'r bwlch rhyngddo a'r ffurf ganolog. Tybed nad cymysgu rhwng *it* (gosodiad) ac *it* (adferfol) a barodd yr ansicrwydd ynglŷn â chyplysu'r olaf?

Nid oes bwlch rhwng elfennau geiriau cyfansawdd (*gurmaur, canlou, ungueid, guorgnim*[9]), oherwydd ffurfia morffemau gair cyfansawdd un grŵp acennol. Pwrpas bwlch yw gwahanu grwpiau 'acennol' yn hytrach na morffemau. Mae'n wir na cheir bwlch yn *nicanāniguardam* er bod yma ddau grŵp acennol,

[6] Ceir bwlch (yn anghywir) gan IW.
[7] Mae IW yn darllen [*it*] o flaen *dibann* (BWP 111–2); *inban* yw darlleniad Bradshaw. Hwyrach fod 'techneg' y darn yn ategu awgrym IW.
[8] Mae ystyr *groisauc* yn dywyll; prin y gellir cyfiawnhau awgrym IW ('parhaus') yn wyneb gwrthwynebiad Jackson, *Journal of Celtic Studies*, 1 (1949–50), 71. Ond nid oes unrhyw amheuaeth ynglŷn â statws yr *int* o'i flaen, sef geiryn adferfol.
[9] O englyn 9 (J9) y daw'r enghraifft hon. Yn englyn 5 ceir *gur gnim* IW (*guru gnim* Bradshaw). Rhaid ystyried y ddau ymadrodd yn ffonolegol wahanol. Ceir dwy ffurf ganolog (ac felly dwy brif acen) yn ymadrodd englyn 5, ond un brif acen (gan ei fod yn air cyfansawdd) yn ymadrodd englyn 9.

nicanā a *niguardam*. Ond mae'r absenoldeb bwlch yn ategiad i'r
hyn a ddywed IW am siâp hynod yr ail *a* yn *canā* (BWP 91).
Y tebygrwydd yw ddarfod ysgrifennu *nicam* yn wreiddiol (drwy
amryfusedd) yn lle *nicanam*, gan adael bwlch (yn gwbl gywir)
rhyngddo a'r grŵp nesaf *niguardam*. Yn ddiweddarach ceisiwyd
cywiro'r gwall drwy droi *m* yn *nā*. Canlyniad y cywiriad oedd
llenwi'r bwlch a ddylai fod yno.

Ni chyplysir geiriau enclytig â'r gair canolog mewn grŵp,
namercit mi, rit pucsaun mi, ac o bosibl *t**erdutou ti*, ac y mae hyn
yn awgrymu mai sillaf olaf donig grŵp geiriau sy'n marcio
lleoliad bwlch.

2. FFONEMAU AMLDDYNODIANT

Gall amlddynodiant ffonemig (dynodi'r un ffonem gan
wahanol symbolau) fod yn systematig neu'n ansystematig
mewn HG. Ceir yr enghreifftiau canlynol yn J3 a J9:

(a) Systematig:

/b/ (dechreuol-gysefin[10]);	*b*: *b*etid[11].
(terfynol);	*p*: arcu*p*, acu*p*, ma*p*.
/d/ (dechreuol-gysefin);	*d*: *d*iscirr, *d*ou, *d*icones pater.
(dechreuol-feddal);	*t* : di*t*rintaut, *t***erdutou *t*i
	guir****[12].
(canol a therfynol);	*t* : pa*t*el, gue*t*id, be*t*id, trin*t*aut,
	ni*t*, ce*t*, guori*t*, guorau*t*, ri*t*,
	i*t*, adau*t*.
/g/ (dechreuol-gysefin);	*g*: ni*g*uorcosam, nit*g*urmaur.
(dechreuol-feddal);	*c*: it *c*luis.
(canol);	*c*: ti di*c*ones.
/v̄/[13] (o flaen /r/);	*b*: a*b*ruid.
(safleoedd eraill);	*m*: *m*itelu, *m*icoueidid, namercit
	*m*i, gur*m*aur, ri*m*ed, eli*m*lu,
	re*m*edaut, cel*m*ed, gur gni*m*,
	moli*m*, ne*m*, guorgni*m*.

[10] Defnyddir y termau 'dechreuol-gysefin', 'dechreuol-feddal', 'dechreuol-laes',
'dechreuol-drwynol' i ddynodi'r ffurf briodol ar y gytsain ddechreuol a ddisgwylid
yn yr amodau gramadegol dan sylw.

[11] Digwydd *p*betid hefyd, gwall a drafodir ar d. 37.

[12] Saif *t**. . . am y rhagenw genidol 'dy', a . . .*t*i naill ai am y rhagenw genidol
'dy' neu'r rhagenw ategol 'di', gw. t. 38. Yn y ddau deip o ragenw mae'r
gytsain ddechreuol mewn safle feddal o'i chyferbynnu â'r safle gysefin yn y ffurf
annibynnol *ti* (fel y'i gwelir, er enghraifft, yn *tidicones*).

[13] Ffrithiol gwefusol (neu wefus-ddeintiol) trwynol-geneuol, gw. LHEB 481-2.

/-(γ)/ (dechreuol-feddal); *g*: int*g*roisauc.
   (safleoedd eraill);   -: telu( ), elimlu( ).
/f (ɸ)/ (dechreuol-gysefin); *f*: *f*ranc.
   (dechreuol-laes);   *p*: ha*p*uil, ha*p*er.

(b) Ansystematig

/y/; *i*: n*i*, n*i*t, bet*i*d, treid*i*n, cou*i*d, d*i*, elb*i*d, guor*i*t, hum*i*l,
     *i*comoid, *i*molaut.
    e[14]: c*e*t, celm*e*d.

/ə/; *i*: m*i*telu, *i*ben, *i*s, r*i*med, c*i*nimer, el*i*mlu, gu*i*rdou,
     *i*couid, *i*ciman, ceinm*i*cun, *i*t, r*i*t, *i*ntcoueir.
    e[14]: l*e*der, rem*e*daut.
    o[15]: c*o*moid, c*o*ueidid, c*o*uid, c*o*uer.

/ʉ/; *u*: arc*u*p, tel*u*, c*u*sam, *u*n, ac*u*p, eliml*u*, did*u*, *u*ngueid.
    uu: *uu*c[16].

/e/ (yn deillio o affeithiad y goben);
    e: l*e*guenid, *e*rcit, *e*lbid.
    o: gu*o*rit[17].

/ei/; *ei*: cou*ei*did, c*ei*nmicun, m*ei*nt, ungu*ei*d, m*ei*r.
    e: t*e*lu, har*e*d, guol*e*d, p*e*r, cou*e*r.

/w/ (canol)[18];
    gu: le*gu*enid.
    u: no*u*el, co*u*eidid, co*u*id, co*u*er.

3. GRAFFEMAU AMLDDYNODIANT

Mae amlddynodiant graffemig (un symbol yn dynodi mwy
nag un ffonem) yn ganlyniad cyffredin i gymhwyso gwyddor
un iaith at iaith arall. Cymhwysiad uniongyrchol neu anunion-
gyrchol o'r wyddor Ladin yw'r system orgraffyddol HG

[14] Ceir *e* am /y/ ac am /ə/ pan fo *e* arall (yn dynodi /e(-)/) yn digwydd naill ai
yn yr un gair neu yn yr un grŵp (celm*e*d, rem*e*daut; c*e*t ib*e*n, c*e*ttr*e*idin). Ond nid
yw'r nodwedd yn gwbl systematig, cymh. b*e*tid, r*i*med.
[15] Mae dau esboniad posibl ar *o* am /ə/ yn y geiriau hyn, (i) dylanwad orgraff
yr Wyddeleg (ceir *co*- yn y rhagdd. cytras), (ii) cymathiad â'r sain wefusol
ddilynol, /v̄, w/. Nid yw'r nodwedd yn systematig fodd bynnag pa esboniad
bynnag a dderbynnir, cymh. c*i*man, c*i*nimer.
[16] Crybwylla Jackson (LHEB 572) y posibilrwydd mai gwall am *ucc* sydd yma,
a'r *cc* yn dynodi /x/. Ond gan mai *c* sy'n cynrychioli pob enghraifft arall o /x/ yn
yr englynion (a'r nifer o enghreifftiau yn drawiadol o uchel), nid yw'r awgrym
yn dderbyniol. Gan mai un enghraifft o *uu* sy'n digwydd, mentrus fyddai ystyried
yr amrywiad yn systematig (*uu* am /ʉ/ o flaen /x/). Mae'n saffach tybied mai
llithriad ar ran y copïwr yw'r *uu*. Serch hynny mae'n gyd-ddigwyddiad
trawiadol fod y llithriad yn digwydd dan yr union amodau lle y datblygodd
/ʉ/ yn /ʉw/ yn ddiweddarach, sef deusain y byddid wedi ei dynodi mewn
HG gan *uu*.
[17] Am *guorit*, yr unig eithriad, gw. t. 39.
[18] Ar ddechrau gair dynodir /w/ yn systematig gan *gu* (a*gu*irdou, un*gu*eid).

(gw. LHEB 67–75, B 21, 135–41, SC 8–9, 18–32), ac y mae amlddynodiant yn gyffredin ynddi; ceir yr enghreifftiau canlynol yn J3 a J9:

i; /i/: m*i* (am franc), erc*i*t m*i*, t*i*d*i*cones, c*i*n*i*mer, etc.
/y/: n*i*(t), guet*i*d, cou*i*d, d*i*, etc.
/ə/: *i*ben, m*i*(telu), *i*s, r*i*med, c*i*nimer, etc.
/j/: *i*hu.
amheus: d*i*sc*i*rr[19], gu*i*r*****[20].

e; /e/: h*e*noid, m*e*d, b*e*tid, pr*e*s*e*n, led*e*r, etc.
/y/: c*e*t iben, c*e*ttreidin.
/ə/: l*e*der, r*e*medaut.
/ei/: t*e*lu, har*e*d, guol*e*d, p*e*r, etc.

o; /o/: gu*o*rcosam, dic*o*nes, m*o*lim, etc.
/ə/: c*o*moid[21], etc.
/e/: gu*o*rit[22].

u; /ʉ/: tel*u*, arc*u*p, h*u*mil, *u*n, etc.
/u/: g*u*r, ceinmic*u*n, g*u*rd, g*u*rmaur[23], etc.
/w/: g*u*orcosam, g*u*oled, g*u*orit, etc.

ei; /ei/: c*ei*nmicun, m*ei*nt, m*ei*r.
/ey/: tr*ei*din[24].

ou; /ow/: n*ou*el.
/əw/[21]: c*ou*eidid, c*ou*id, c*ou*er.
/ʉʉ/: d*ou*, canl*ou*, guird*ou*, pi*ou*boi.

p; /p/: *p*resen, *p*an, *p*iouboi, etc.
/b/: rit *p*ucsaun, ne*p*, ma*p*.
/f(φ)/: ha*p*uil, ha*p*er.

t; /t/: *t*idicones, molim *t*rintaut.
/d/: ni*t*, pa*t*el, erci*t*, etc.
/ŋ̩/: mi*t*elu.

c; /k/: *c*einmicun.
/g/: ri*c*eus, tidi*c*ones, gur di*c*ones, int*c*ouer, groisau*c*, it *c*luis, etc.
/x/: ni*c*anā, ni*c*usam, namer*c*it, di*c*ones pater, etc.

---

[19] Gw. tt. 38–9 am y posibiliadau.
[20] Gw. t. 38 am y posibiliadau.
[21] Gw. troednodyn 15, t. 33, lle yr awgrymir mai aloffon gron ([œ]) o'r ffonem /ə/ sydd yma, aloffon sy'n digwydd o flaen sain wefusol.
[22] /e/ < /o/ trwy affeithiad y goben, gw. t. 39.
[23] Hwyrach mai *guormaur* (cymh. *guorgnim*) a ddisgwylid, â'r *u* gyntaf yn cynrychioli /w/. Gall mai gwall sydd yma, ond os felly fe'i ceir hefyd yn *gur gnim*, gw. BWP 96. Dylid nodi fodd bynnag y ceir enghraifft arall mewn HG o *gu* lle disgwylid *guo*, *gutan* MP. Tybed nad yw'r hynodrwydd yn gysylltiedig â'r ffaith fod dadfathiad /wo/ (>/o/ neu /wa/) yn digwydd yn y cyfnod hwn.
[24] /ei/ sydd yma yn ôl IW (BWP 105) ond gw. t. 39.

/$\overset{\circ}{\eta}$/: mi*c*oueidid, hi*c*ouid, i*c*iman.

ansicr: ar*c*up[25], a*c*up[25].

b; /b/: *b*etid.

/v(β)/: i*b*en, a*b*ruid, di*b*u, el*b*id, di*b*ān, piou*b*oi.

d; /d/: is*d*iscirr, *d*icones pater, *d*icones ihu, ti*d*icones[26], etc.

/$\eth$/: guar*d*am, legueni*d*, coueidi*d*, gueti*d*, beti*d*, me*d*, etc.

/θ/: henoi*d*, coueidid, trei*d*in, *er*d*utou, le*d*er.

ansicr: guir*****[27].

g; /-(γ)/: int*g*roisauc.

ansicr: gur *g*nim, guorgnim[28].

gu; /gw/: nigu*or*cosam, an*g*uorit, an*g*uoraut, nit*g*uorgnim.

/gu/: *g*urd.

/w/: le*g*uenid, a*g*uirdou, un*g*ueid.

ansicr: nit*g*urmaur[29], ni*g*ur gnim[29].

m; /m/: *m*i a*m*franc, na*m*ercit, ci*m*an, *m*ap, etc.

/$\bar{v}$/[30]: guorcosa*m*, *m*itelu, namercit *m*i, moli*m*, etc.

ansicr: ne*m*heunaur[31], ha*m*ed[32].

n; /n/: *n*emheu*n*aur, *n*i(t), *n*ep, leguen*i*d, u*n*, etc.

/nn/: treidi*n*[33], prese*n*[33], dibā*n*[33], cima*n*[33], ra*n*.

l; /ł/: ca*l*aur, noue*l*, pate*l*, can*l*ou, gue*l*, etc.

/l/: te*l*u, e*l*im*l*u, mo*l*im, humi*l*.

h; /h/: *h*enoid.

/-/: *h*icouid, *h*arimed, *h*umil, in*h*ared, *h*apuil, *h*aper, *h*amed.

ansicr: nem*h*eunaur[31].

[25] Y ffurfiau yn J3 yw'r unig enghreifftiau o'r gair *arcup*. O safbwynt ystyr, synonym i *acup* (<Llad. *occupo*) fyddai'n gweddu orau, gw. BWP 108–9. Gellir awgrymu ymhellach fod /arxʉb~argʉb/, /axʉb~agʉb/ yn amrywio yn ôl y rheolau gramadegol a ddisgrifir ar d. 40–1. Os felly, ceir cyseinedd yn y llinell *nisacup nisarcup leder* yn englyn 3. Yr amrywiadau meddal, yn ôl y rheol, fyddai'n digwydd yn yr amodau hyn.

[26] Mae'r ferf *dicones* yn gyfansawdd ac yn ôl y rheol a ddisgrifir ar d. 40–1 mae'r rhagenw perthynol wedi'i fewnoli ar ôl *di-*. Nid oes unrhyw reswm dros gredu y ceid meddaliad yng nghytsain flaen berf gymhleth ar ôl goddrych yn y safle ddechreuol, gw. TC 371–3.

[27] *d* sy'n dilyn *r* yn ôl IW (BWP 106), felly /$\eth$/ a /θ/ yw'r ddau bosibilrwydd, gw. t. 38.

[28] Y posibiliadau yw /g/ neu /-(γ)/, yn dibynnu ar y rheol dreiglo ar ôl *gu(o)r* mewn HG.

[29] Y posibiliadau yw /gu/ neu (os oes gwall copïo) /gw/, gw. t. 34.

[30] Am werth seinegol y symbol gw. t. 32.

[31] Gw. t. 40.

[32] Gw. t. 42 am y ddau bosibilrwydd, sef /m/, /$\bar{v}$/.

[33] Mae'r dehongliad /nn/ yn rhagdybio parhad (yng nghyfnod yr englynion) y cyferbyniad rhwng /nn/ ac /n/ ar ddiwedd geiriau lluosill, ond gw. ymhellach B 25, 9–10 lle yr awgrymir bod y cyferbyniad wedi diflannu erbyn y cyfnod. Nid yw englynion J o help uniongyrchol i ddatrys y broblem gan na ddyblir *n* at unrhyw bwrpas ynddynt, cymh. ra*n*.

4. DYDDIAD Y TESTUN

Dyfynna IW ddyddiadau Lindsay, EWS 16 (BWP 100), sef y nawfed ganrif (J3) a'r ddegfed (J9), gan ychwanegu na wêl ef ei hun ryw lawer o wahaniaeth rhwng ffurf llythrennau'r ddwy gyfres. Dywed Jackson (LHEB 52) mai camddeall neu gamddyfynnu Bradshaw (*Collected Papers*) a wnaeth Lindsay, a barn gyhoeddedig Bradshaw (CP 454–5, 484) oedd mai nawfed ganrif yw'r cyfan. Dyna hefyd farn ddiweddarach IW (LEWP 28) a Jackson ei hun (LHEB 53). Ategir y dystiolaeth balaeograffig gan yr orgraff; mae tebygrwydd trawiadol systemau orgraff J3 a J9 yn tystio i'r un cyfnod ac o bosibl i'r un copïwr. Cyfeiriwyd eisoes at unffurfiaeth y systemau bylchau; rhestrir isod nodweddion sy'n neilltuol i J3 a J9 ond yn eu cyferbynnu â thestunau HG eraill, gan gynnwys Glosau Juvencus (GJ):

(i) Yn y testunau HG eraill ceir yn gyffredin iawn symbolau deugraff yn dynodi'r ffritholion dilais /x/, /θ/ a hefyd (yn fewnol a therfynol) /f(φ)/, cymh. er*ch*im Chad 2, hi *ch*et Chad 4, ni *ch*oilam MP, cir*ch*inn GJ; hei*th*am MP, ci*th*remmet MC, gui*th*ennou GJ; gre*ph*iou MC, ce*ph*itor Comp. Yn J3 a J9 symbolau sengl a geir yn ddieithriad, cymh. ni *c*anā, er*c*it; couei*d*id, le*d*er, ha*p*uil, ha*p*er.

(ii) Dynodir /θ/ fewnol a therfynol fel rheol gan *t* neu *th* mewn HG. Mae *d* yn digwydd (luir*d*, pe*d* (cyf. ci*th*remmet, i*th*r) MC; frui*d*lonai*d* (cyf. mor*th*ol, ger*th*i) Ox 2), ond mae'n drawiadol o brin ac nid oes un enghraifft yn GJ, cymh. bri*th*, gui*th*laun. Mewn cyferbyniad *d* a geir yn ddieithriad yn J3 a J9, mewn rhif uchel o enghreifftiau, gw. t. 35.

(iii) Mewn cyferbyniad â thestunau HG eraill ni ddynodir /nn/ byth gan *nn*. Cyferbynner mi*nn* Chad 2, la*nn* Chad 6, le*nn* GJ, eteri*nn* MP, itla*nn* GJ, scribe*nn* MC, â'r enghreifftiau o'r englynion a roddir ar d. 35. Mae'r methiant i ddynodi'r cyferbyniad mewn cyfuniad cytseiniol yn peri ansicrwydd ystyr yn achos y gair *canlou*. Ffafria IW *cân* + *llou*, ond gall fod *cann* 'white, clear, bright' yn cydymffurfio'n addasach â chrefft-waith cyffredinol yr englynion gyda'u defnydd mynych o elfennau synonym, cymh. *elimlu*, etc.

(iv) Dynodir /ł/ fewnol a therfynol fel rheol gan y ddeugraff *ll* mewn HG, cymh. ce*ll*fin Chad 6, pou*ll*oraur MC, o*ll* Comp;

cannui*ll* Ox 2, stebi*ll* GJ. J3 a J9 yw'r unig destunau lle y
ceir *l* yn ddieithriad. Mae'r nodwedd yn enghraifft ychwanegol
o ymwrthod â symbolau deugraff.

5. AMRYWIADAU GRAFFEMIG

(i) Dynodi ffrwydrolion lleisiol

Mae'n amlwg mai llithriad am *betid* yw'r ffurf *pbetid* a'r
copïwr yn rhoi *p* (yn lle *b*) ar ddechrau'r gair ond yn cywiro'i
hunan ar unwaith. Mae'r math hwn o wall yn cadarnhau'r
ddamcaniaeth mai system gyfoes (yn nhermau Cymraeg
Cynnar neu HG) yw orgraff HG, ac nid un draddodiadol
(h.y. un wedi'i hetifeddu o'r Frythoneg), gw. LHEB 67–75,
B 21, 135–41. Llithriad 'anseinegol' a geir yma (ysgrifennu *p*
er mai [b] a glywid). Rhaid ei fod yn deillio felly o ymwybydd-
iaeth o ddewis wedi'i seilio ar reolau gramadegol ac nid
rheolau sain. Petai'r system HG wedi ei seilio ar draddodiad,
llithriadau 'seinegol' (e.e. ysgrifennu *b* am [b] mewn mannau
lle yr hawliai'r system *p*) y byddid yn eu disgwyl.

(ii) Dynodi llaesion

Am drafodaeth ynglŷn â ffynhonnell uniongyrchol orgraff
HG gw. B 21, 135–41 a SC 8–9, 18–32. Mae'r defnydd cyson o
p, *c* am /f(< p)/ a /x/ yn ategiad posibl i'r ddamcaniaeth mai
Hen Wyddeleg yw'r ffynhonnell. Dyblu ('gemination') (a
ddynodid gan *p*, *c*) a geid yn y safleoedd cytras mewn Hen
Wyddeleg. Yn nhermau Hen Wyddeleg mae'r system yn
seinegol ond nid yn nhermau HG. O ystyried fod y symbolau
deugraff *ph*, *ch*, *(th)* ar gael mae'n anodd esbonio'r defnydd
HG ond fel benthyciad o Wyddeleg. Mae'n ffaith fodd bynnag
fod dylanwad yr orgraff Wyddeleg yn arbennig o drwm ar
englynion J. Tyst i hynny yw'r defnydd cyson o *d* am /θ/,
a mynychder cymharol *e* am /ei/, gw. B 21, 140.

(iii) Dynodi /v̄/

Dynodir /v̄/ yn y dull rheolaidd HG sef gan *m* (ri*m*ed,
moli*m*, guarda*m*, etc.). Ceir dau eithriad, *canā* (a esboniwyd
ar d. 32) ac a*b*ruid. Mae'r ffurf olaf yn ategu awgrym
Jackson (LHEB 484) fod /v̄/ wedi dad-drwynoli o flaen /r/ yn
gynnar iawn. Canlyniad y datblygiad oedd uniaethu'r sain â

/v/ (cymh. *abruid* Comp). Mae cysondeb y nodwedd orgraff-
yddol yn awgrymu fod y cyfnewid yn blaenddyddio'r system
orgraff.

Mae cwestiwn dynodi /v̄/ yn gysylltiedig â dwy ffurf arall,
sef *guir****** a *dibān*. Barn IW (BWP 106) yw mai rhannau
gwaelod y llythrennau *dou* a welir yn y safleoedd sy'n union
ddilyn *guir* yn y ffurf gyntaf. Gan fod yr odl yn gofyn am /yð/
ei ddehongliad o'r cyfan yw *guirdouid* 'gwirddofydd'. Ond
/v̄/ a fyddai yn y gair 'dofydd' yn y cyfnod hwn a *domid* a
ddisgwylid yn ysgrifenedig. Os yw'r darlleniad *dou* yn gywir
felly, rhaid bod dehongliad IW yn anghywir. Ac ar wahân i'r
gwrthwynebiad ar dir orgraff gellir awgrymu fod y syniad
'gwir arglwydd' yn anacronistaidd. Mae chwilio am esboniad
arall fodd bynnag yn broblematig. Byddai darllen *ti guirdou*
'dy wyrthiau' (i gydbwyso â *t*[*ib*]*erdutou* 'dy ryfeddodau') yn
cydfynd â naws a chrefftwaith y darn (gweir defnydd aml o
synonymau). Byddai hefyd yn cydfynd â dehongliad IW o'r
llythrennau. Ond y mae dwy broblem. Y gyntaf yw'r bwlch
rhwng *ti* a *guir****** (yn ôl y rheol ni cheir bwlch rhwng
rhagenw genidol a ffurf ganolog, cymh. *mitelu*). Yr ail yw
ceisio dyfalu morffem yn /-yð/ i ddilyn *guirdou*.

Yn ôl IW (BWP 111–2) *di* + *man* 'spot' sydd yn y gair *dibān*.
Ond os felly (am yr un rheswm â 'dofydd' uchod), *dimān* a
ddisgwylid. Gan hynny, y posibilrwydd yw mai *ban* 'uchel'
yw'r ail elfen. Golyga hyn (os 'hyglyw' yw ystyr *cluis*,
BWP 111) fod gennym naill ai synonymau (*di* cryfhaol + *ban*,
'yn hyglyw, yn uchel') neu antonymau (*di* negyddol + *ban*, 'yn
hyglyw (ond) yn isel'). Byddai'r naill neu'r llall yn cydfynd â
naws a chrefftwaith y darn.

(iv) Cyferbyniad hyd

Cyfeiriwyd uchod, t. 36, at y ffaith na ddynodir cyferbyniad
rhwng /nn/ ac /n/ yn J3 a J9; h.y. ni ddyblir *n*.[34] Yr unig
enghreifftiau o ddyblu orgraffyddol yn yr englynion yw *uu*
(yn *uuc*), a esboniwyd ar d. 33 fel llithriad, a *discirr*. Esbonnir
y gair olaf gan IW (BWP 97–8) fel cytras *dóescair* 'common,
mean, vulgar' neu *díscir* 'fierce' mewn Gwyddeleg, gan

---

[34] Mae'n wir y gallai'r symbol ‾ uwchben *a* fod yn arwydd dyblu'r *n* ddilynol.
Ond mae'r ffaith mai yma yn unig y ceir ‾, yn taflu amheuaeth ar ei ddilysrwydd.

ffafrio'r gyfatebiaeth gyntaf ar dir ystyr gyffredinol y darn. Gwrthyd Jackson hynny, yn gwbl gywir, ar sail ffonolegol, gw. *Journal of Celtic Studies*, 1, 70. Er hynny ni raid gwrthod yr ystyr 'mean, vile, vulgar'. Yn ôl y dystiolaeth eiriadurol ddiweddaraf ceir yr ystyron hyn yn gysylltiedig â *discir* hefyd, ffurf sy'n ffonolegol dderbyniol fel cytras, gw. BWP 97. Erys problem y dilyniant terfynol fodd bynnag. Mae hwn yn anfoddhaol o safbwynt cyfatebiaeth Cymraeg-Gwyddeleg (hir yn y ffurf Gymraeg, byr yn y cytrasau Gwyddeleg), ac yn anfoddhaol o safbwynt yr orgraff (hon yw'r unig enghraifft o ddyblu cytsain). Mae siâp y llythyren sy'n dynodi'r ail gnewyllyn yn ychwanegu at broblem dehongli—yn orgraff Hen Wyddeleg defnyddir y symbol yn achlysurol i ddynodi *ui* (BWP 91–2).

6. AMRYWIADAU MORFFO-FFONEMIG

(i) Affeithiad y goben

Rhaid bod y cynaniad /treiθyn/ ar *treidin* a awgrymir gan IW (BWP 105) yn anghywir. Y ddeusain sy'n deillio o affeithiad /y/ ar /aːy/ yw /ey/, felly /treyθyn/, cymh. *meysydd, ceyrydd*.

Fel canlyniad i affeithiad /y/ ar /o/, disgwylid *guerit* nid *guorit*. Hon yw'r unig enghraifft yn yr englynion o beidio â dangos affeithiad y goben, ac yn ôl Howells (SC 2, 138) dylid felly ddiwygio i *guoret*. Ond prin y gellir cyfiawnhau hynny, yn arbennig gan mai *gweryt* yn unig (GMW 116) sy'n digwydd mewn CC. Ymgais ymwybodol i gadw cyseinedd (*guorit, guoraut*) sy'n esbonio'r ffurf, a gall hynny awgrymu cyfnod cyfansoddi sy'n blaenddyddio affeithiad y goben.

(ii) Trwynoliad

Wrth drafod *mitelu* mae IW (BWP 95) yn dilyn damcaniaeth Morris-Jones (WG 172) na cheir trwynoliad gwreiddiol yn y Gymraeg i'r ffrwydrolion dilais ar ôl y rhagenw blaen cyntaf unigol; a dyry *myg kynnelw* BT 45. 24 fel enghraifft ategiadol. Nid absenoldeb trwynoliad sydd yn yr olaf ond dull rheolaidd CC o ddynodi trwynoliad /k/. Mae *micoueidid, icouid, icomoid* (ac o bosibl *icinimer*) yn adlewyrchu dull HG o ddynodi'r un trwynoliad, a *mitelu* ddull gwreiddiol HG o ddynodi trwynoliad /t/, gw. B 17, 137–58, B 23, 7–13.

Mae'r ffurf *nemheunaur* yn broblematig, a'r esboniad a ffefrir (yn y pen draw) gan IW (ffurf negyddol o ryw fath + *unaur* 'even for one hour' (BWP 93–4)) yn annerbyniol. Hwyrach fod y dadansoddiad *nep* + *mewn* + *awr* yn fwy tebygol, syniad a drafodir ymhellach gan Brinley Rees (B 20, 125). Os felly mae'r ffurf yn cynnwys yr un math o drwynoliad ag a geir yn *Amheredydd,* a'r *mh* yn adlewyrchu dull HG o ddynodi trwynoliad mewnol (o'i gyferbynnu â thrwynoliad dechreuol).

(iii) Llaes dechreuol

Ceir llaesiad dechreuol yn *icomoid* (a ffurf gysefin yn *imolaut*) ar ôl y rhagenw blaen 3ydd un. ben. *i* /y/ (sy'n cyfeirio at *trintaut*). Os rhagenw blaen yw'r *i* gyntaf yn *icinimer* (fel sy'n bur debyg) mae'n cyfeirio at *rimed* ac felly, ar sail *modfedd, troedfedd,* etc., yn fenywaidd ac yn peri llaesiad. Mae posibilrwydd fodd bynnag mai'r ardd. *i(n)* 'yn' sydd yma ac felly trwynoliad, gw. t. 39.

7. AMRYWIADAU GRAMADEGOL

(i) Annibynnol a chysylltiol

Am ymdriniaethau diweddar â tharddiad y cyferbyniad hwn mewn Cymraeg a Gwyddeleg gw. D. S. Evans (GMW 118–9, 120–1, 123), D. Howells (SC 2, 131–46), W. Cowgill (*Ériu* 26, 27–32). Yn hanesyddol yn y Gymraeg mae'n ymddangos bod olion cyferbyniad rhwng cystrawennau a elwir (yn gamarweiniol) 'annibynnol' a 'chysylltiol'. Mae'r system yn gysylltiedig â phroses 'marcio' datganiad neu osodiad (mewn cyferbyniad â mathau eraill o frawddeg megis gorchymyn, eidduniad, gofyniad) drwy roi elfen ddatganiadol (-)*s* ar ôl gair cyntaf y gosodiad, boed ferf neu ragferf. Yn achos berf 3ydd un. pres. myn. esgorodd y ddau leoliad gwahanol **ar** ddwy ffurf ferfol wahanol: *tyfid* ('annibynnol') < **tumīt(-)s* (berf yn elfen gyntaf) a *(ni) thyf* ('cysylltiol') < *(ne(-s))* *tumīt* (negydd yn elfen gyntaf). Mae'r ddihareb *tyuit maban ny thyf y gadachan* yn adlewyrchu y 'rheol' ynglŷn â defnydd cystrawennol y ddwy ffurf. Ceir ffurfiau 'deublyg' cyfatebol (ond o gyfansoddiad gwahanol) yn y gorffennol 3 un. (*rodesit, rodes*) a'r amhers. pres. (*cephitor*, *ceffir*). Yn J9 mae *nitarcup* (negydd yn gyntaf) a *dicones* (*pater*) (rhagddodiad yn gyntaf) yn adlewyrchu'r gystrawen gysylltiol, ond ni cheir sefyllfa ddilys a fyddai'n esgor ar y gystrawen annibynnol. Mae'n bosibl fodd bynnag fod *rit erchis* yn adlewyrchu ffurf gynnar ar ddull arall o 'farcio' gosodiad, sef drwy roi'r geiryn *it* mewn safle ragferfol. Lledodd y dull hwn ar draul y llall, a hynny'n esbonio pam mai'r ffurf 'gysylltiol' a etifeddwyd bron yn ddieithriad yn y Gymraeg yn y personau berfol hyn.

(ii) Perthynol rhywiog

Nodir cymal perthynol rhywiog mewn HG (o'i gyferbynnu â chymalau eraill) drwy gyfrwng rhagenw perthynol. Dewisir un o dair ffurf ar y rhagenw yn ôl rheolau sy'n gysylltiedig â ffurf ferfol y cymal. Pan fo'r ffurf ferfol yn gymhleth (yn cynnwys un neu fwy o ragferfau) ceir rhagenw perthynol mewnol, a leolir ar ôl y rhagferf gyntaf. Ffurf lafarog sydd i'r rhagenw ac y mae hyn yn esbonio'r meddaliad cyson a geir i ail elfen berf gyfansawdd mewn cymal perthynol.[35] Pan fo'r ffurf ferfol yn syml ac yn 3ydd un. pres. myn. ceir amrywiad olddodiadol ar y rhagenw, sef *ydd*.[36] Digwydd y drydedd ffurf, sef y rhagferf (*h*)*a*(*i*) mewn cysylltiad â ffurfiau rhediadol eraill berf syml.

Ceir ôl y ffurf fewnol ar y rhagenw perthynol yn *dou nam riceus* [rǝgeus], *tidicones* [digones], *gur dicones* [digones] lle y mae'r ail elfen yn feddal. Cyferbynner â hyn *niguorcosam* [guorxosav̄], *nicanā* [xanav̄], *nicusam* [xʉsav̄], *dicones pater* [dixones], *dicones ihu* [dixones] gan y parodd yr elfen ddatganiadol ffurf gysefin /b, d, g/ a ffurf laes /p, t, k/ yn yr ail elfen mewn prif gymal. Mae *tidicones* wedi ei gamgyfieithu gan IW (BWP 102) fel '. . . thou hast made . . .' yn lle '. . . thou who (hast) made'.

---

[35] Mae 'ansawdd' seinegol y rhagenw perthynol yn broblematig. Gan fod y rhan fwyaf o ragferfau yn gorffen mewn llafariad ymdodda'r rhagenw yn y rhagferf. Ceir yr unig awgrym o'i ffurf yn *emmiguollig* 'a rwystra' Comp. sy'n cynnwys rhagferf ddechreuol (*emm*) a orffenna mewn cytsain.

[36] Am yr anhawster ynglŷn â'r ffurfiau yn -*ydd* gw. Howells, SC 2, 134–6. At y bôn berfol yr ychwanegir -*ydd* ac nid at y ffurf 3ydd un. pres. myn. Yr unig eithriad yw *ysydd*. Haera Howells ymhellach y digwydd un enghraifft o -*ydd* mewn cymal nad yw'n berthynol, *haccet nitegid* . . . Comp. Ond prin y gellir derbyn hyn. Y tebygrwydd yma yw fod rhagflaenydd y perthynol wedi'i ddileu, *haccet* [*loyr*] *nitegid* . . . cymh. cyfieithiad IW (B 3, 257) 'And so [the moon] goes not . . .'

Un enghraifft o'r perthynol olddodiadol sydd yn yr englynion sef *unguetid*. Mae'r frawddeg yn adlewyrchu cyferbyniad rhwng defnydd y perthynol yn y Gymraeg a'r Saesneg. Yn y sefyllfa ddatganiadol hon mae'r perthynol yn ganiatadwy (neu yn rheidiol) yn y Gymraeg, ond (fel y dengys cyfieithiad IW (BWP 90)) nis caniateir yn Saesneg: 'dau arglwydd a all siarad, (ond) un a draetha', 'two lords can talk, one speaks'.

Yn ôl IW (BWP 120) ceir enghraifft o'r perthynol rhag-ddodiadol yn *un hamed* . . . 'one who possesses . . .'. Ond mae mwy nag un gwrthwynebiad i'r dehongliad hwn. Mae'r cyntaf yn ymwneud â'r dechneg. I gydbwyso o ran crefftwaith â'r ymadroddion *hapuil haper* disgwylid cysylltair + enw nid rhag-enw perthynol + berf. Mae'r ail, a'r pwysicaf, yn ramadegol. Gan fod y ferf yn syml a 3ydd un. pres. myn., *unmedid* a ddisgwylid os 'one who possesses' yw'r ystyr. Awgrymwn felly mai'r arddodiad *ha* + enw *med* 'medd' ('cynllun, modd', cymh. *arfedd*) sydd yma; 'yr un â modd, a doethineb ac arglwyddiaeth'.

(iii) Perthynol afrywiog

Yr unig enghraifft o berthynol traws yn yr englynion yw *piouboi* (gw. Simon Evans, GMW 80–1 am yr esboniad tebygol ar gyfansoddiad y ffurf). Ynglŷn â gwerth seinegol y *b* dyfynna IW (BWP 116–7) Morris-Jones: 'WG cites *pyefo* (where *f=ff*, it is claimed . . .) from AL 1. 196 . . .', a cheir *ff* e.e. yn *pieiffo* LlB 115. 29. Mae'n sicr fodd bynnag mai caledaid drwy gydweddiad â'r dibynnol rheolaidd a barodd i *ff* ddatblygu. Yn y ffurf HG *piouboi* gellir tybio nad oedd y cyfnewid hwn wedi digwydd ac mai cynrychioli /v/ (yn ôl arfer yr orgraff) y mae'r *b*. Mae cyfieithiad IW o'r frawddeg sy'n cynnwys *piouboi*, sef 'He has required of the host . . . that belong to him . . .' (BWP 102) yn awgrymu iddo gamddehongli cyflwr neu swyddogaeth y rhagenw perthynol *pi* a modd y ferf *boi*. Cyfeirir at y pwynt gan Henry Lewis (B 13, 205). Awgrym yr olaf yw y dylid ystyried *piouboi* yn oddrych *ercis*, a *raut* yn oddrych *piouboi*. Yna, gan farnu mai ystyr ddyfodol sydd i'r presennol dibynnol (*boi*), dyry'r aralleiriad, 'y mae [yr hwn] y bydd [y llu] yn eiddo iddo byth wedi erchi i'r llu . . .'. Mae hyn yn ddianghenraid o gymhleth a dibwynt. Llawer gwell ystyried fod goddrych *piouboi* yn rhagenw (yn cyfeirio at y Duwdod) sy'n gynwysedig yn nherfyniad y ferf, ac ystyr y

ferf, fel ei ffurf, yn ddibynnol. Ystyr y frawddeg yn syml yw,
'He has asked the host in the present world for whom He may
exist . . .'. Hynny yw, mae'r Duwdod wedi gofyn i'r rhai yn y
byd a fo yn cydnabod Ei fodolaeth yn ?barhaus gyda'i gilydd
foli'r Drindod.

(iv) Gwrthrych rhagenwol

Mae'r ffurfiau *rymgoruc* 'a'm gwnaeth', *dymkyueirch* 'a'm
cyfeirch', *erythgwynant* 'fe'th gwynant', *gorythyolaf* 'fe'th folaf',
handythuagwyd 'fe'th fagwyd', *kyu-ym-goluch* 'a'm mola' a ddyfyn-
nir yn LP 206, yn adlewyrchu system wreiddiol o realeiddio
rhagenw personol yn gweithredu fel gwrthrych berf gymhleth.
Diflannodd y system yn bur gynnar, ac y mae'n arwyddocaol
fod pob enghraifft a geir uchod yn dod o'r cyfrwng mwyaf
ceidwadol o safbwynt ieithyddol—barddoniaeth. Mae'n ym-
ddangos, yn ôl tystiolaeth *anguorit, anguoraut* J9 (yn hytrach na
*guonrit, *guonraut) fod y system wedi dechrau dadfeilio erbyn
y nawfed ganrif. Mae dau beth fodd bynnag ynglŷn â ffurfiau
J9 yn peri i ni bwyllo. Yn gyntaf ffurfiau rhagenwol lluosog a
geir yn J9 a ffurfiau unigol 1 a 2 a ddyfynnir yn LP; gall fod
rhif a pherson rhagenw yn rhan o'r 'rheol' fewnoli (fel er
enghraifft yn achos y rhagenw genidol). Yn ail—ac yn
bwysicach hwyrach—mae pob enghraifft o fewnoli yn LP
yn digwydd gyda berfau yn cynnwys mwy na dwy sillaf;
ffurfiau deusill, ar y llaw arall, sydd yn J9. Mae'n bosibl o'r
herwydd fod rhwystr o ryw fath i fewnoli mewn berfau deusill
(ond nid mewn berfau o fwy na dwy sillaf). Pa rwystr?
Posibilrwydd cryf yw cyferbyniad acennol. Mewn berfau
deusill gallai fod pwysedd ar y goben (h.y. ar yr elfen
ragddodiadol), a hynny'n rhwystro gwahanu'r rhagddodiad
oddi wrth weddill y ferf at bwrpas mewnoli. Mewn berf o fwy
na dwy sillaf byddai'r rhagddodiad cyntaf yn ddibwysedd a
chan hynny yn ffonolegol wahaniadol oddi wrth weddill y ferf
(a mewnoli yn bosibl). Y tebygrwydd yw felly fod mewnoli
wedi para'n hwy mewn berfau trisill (neu fwy) nag mewn
berfau deusill. Os oes sail i'r ddamcaniaeth hon mae'n ategiad
i'r hyn a faentumir yn B 25, 1–11, sef fod pwysedd eisoes wedi
datblygu ar y goben yn y Gymraeg erbyn y nawfed ganrif.

'WEDI ELWCH . . .'

EURYS ROLANT

Y LLAWYSGRIFAU

ARGREFFIR isod destun Llyfr Coch Hergest o'r gerdd, gydag amrywiadau o lawysgrifau eraill yn dilyn pob pennill. Defnyddiwyd testun cyhoeddedig Gwenogvryn Evans o'r Llyfr Coch (R), ac ni wnaed yma ond trefnu'r englynion yn llinellau.

Codwyd yr amrywiadau o lawysgrifau John Dafis o Fallwyd (LlGC 4973), Tomas Wiliems o Drefriw (BL Addl 31055), a John Jones Gellilyfdy (Peniarth 111). Yr wyf yn dra diolchgar i Geraint Gruffydd am gopïo'r testunau hyn a'u hanfon imi.

Nid yw llinell 4c yn yr un o'r prif lawysgrifau hyn a ddefnyddiwyd nac mewn llsgr. ddiweddarach, ond fe'i ceir yn HE, 38, ac yn MA[1].

Dynodir ffynonellau'r darlleniadau amrywiol fel y canlyn:

A   LlGC 4973, 185r–185v.
B   LlGC 4973, 131v–132r.
C   BL Addl 31055, 214r–214v.
D   Peniarth 111, 165–167.

Y mae llythyren fach, 'a', ar ôl y briflythyren symboli yn arwyddo darlleniad amrywiol yn y llawysgrif ei hun.

R 1041   Tawel awel tu hirglyw.
odit auo molediw.
mam vryen ken ny diw.
   b molet liw C.
   c namyn A, nam BCD; nid iw ABC.

Llawer ki geilic ahebawc wyrennic
alithiwyt ary llawr:
kynn bu erlleon llawedrawr.
   a A llawer BCD.
   b lawr C.
   c ir lleon ll wedrawr BCD.

Y TESTUN GOLYGEDIG

Mater hawdd a didrafferth yw cyflwyno cywyddau diwedd
yr Oesoedd Canol mewn orgraff ddiweddar, ond nid felly, yn
aml, gyda hengerdd, er mai rhyfeddod yw bod cyn lleied o
newid wedi bod yn hanfodion yr iaith er yr Oesoedd Tywyll.
Y mae'r gerdd hon yn nodedig am fod heb beri dim trafferth
wrth ddiweddaru, er ei bod yn rhaid cofio na wnaed unrhyw
ymgais i gyflwyno'r testun golygedig mewn ffordd a fyddai'n
cyfleu union ffurfiau a ffonoleg y nawfed ganrif, pryd y
cyfansoddwyd y gerdd yn ôl pob tebyg. Ond wrth ddiwygio
bu raid weithiau roi ystyriaeth i hanes ffurfiau a hanes orgraff
yng nghyfnod Hen Gymraeg, ac fe drafodir hynny yn y
mannau perthnasol.

Diweddarwyd yr orgraff yn llwyr, ac fe wnaed rhai
diwygiadau lle'r oeddid yn barnu fod testunau'r llawysgrifau
yn llwgr. Gan fod y testun gwreiddiol gyferbyn, nid arbenig-
wyd mewn unrhyw fodd y diwygiadau wrth argraffu'r testun
golygedig.

1.   Tawel a wêl, tu hir-glyw:
    odid a fo molediw
    namyn Urien cy-ni ddiw.

2.   Llawer ci geilig a hebawg gwyrennig
    a lithiwyd ar ei llawr
    cyn bu'r lle hon llawedrawr.

Yraelwyt honn aegoglyt gawr.
mwy gordyfnassei ary llawr.
med ameduon eiriawl.

Yraelwyt honn neus kud dynat.
tra vu vyw y gwercheitwat.

MA¹, i, 106*b*   [Mwy gorddyvnasai eirchiad]
   c Heb fod yn R, ABCD.

R 1041   Yraelwyt honn neuscud glessin:
ym myw owein ac elphin:
berwassei y pheir breiddin.
   c breidd din AaBCD.

Yraelwyt honn neuscud kallawdyr llwyt.
mwy gordyfnassei am ybwyt:
cledyfual dyual diarswyt.
   c dywal ABC.

Yraelwyt honn neuscud kein vieri coet:
kynneuawc oed idi:
gordyfnassei reget rodi
   a neus cudd ceñ [*dim mwy*] BCD.
   b cynnefawd A; *Heb fod yn* BCD.
   c Heb fod yn BCD.

Yraelwyt honn neus cud drein:
mwy gordyfnassei ychyngrein:
kymwynas kyweithas owein.
   b ych yngrein B, ych ygrain CD.
   c Vy mwynas BCD.

Yraelwyt hoñ neuscud myr:
mwy gordyfnassei babir:
gloew a chyuedeu kywir.

Yraelwyt honn neus cud tauawl.
mwy y gordyfnassei aryllawr:
med amedwon eiryawl.

Yraelwyt honn neus cladhwch.
mwy gordyfnassei elwch:
gwyr ac amgyrn kyuedwch.

3.   Yr aelwyd hon a'i goglyd gawr,
mwy gorddyfnasai ar ei llawr
medd, a meddwon yn eiriawl.

4.   Yr aelwyd hon, neus cudd dynad:
tra fu fyw ei gwarcheidwad
mwy gorddyfnasai ganiad.

5.   Yr aelwyd hon, neus cudd glesin:
ym myw Owain ac Elffin
berwasai ei phair breiddin.

6.   Yr aelwyd hon, neus cudd llawdr llwyd:
mwy gorddyfnasai am ei bwyd
cleddyfal dywal diarswyd.

7.   Yr aelwyd hon, neus cudd cenni:
coed cyneuawg oedd iddi.
Gorddyfnasai reg a ruddi.

8.   Yr aelwyd hon, neus cudd drain:
mwy gorddyfnasai ei chyngrain
cymwynas cyweithas Owain.

9.   Yr aelwyd hon, neus cudd myr:
mwy gorddyfnasai babir
gloyw, a chyfeddau cywir.

10.   Yr aelwyd hon, neus cudd tafawl:
mwy gorddyfnasai ar ei llawr
medd, a meddwon yn eiriawl.

11.   Yr aelwyd hon, neus cladd hwch:
mwy gorddyfnasai elwch
gwŷr, ac am gyrn gyfeddwch.

Yraelwyt honn neusclad kywen.
nys eidigauei anghen:
ym myw owein ac vryen.
    a cynen BCD.
    b eiddiganai ABCD.

Yrystwffwl hwnn arhwnn draw:
mwy gordyfnassei amdanaw:
elwch llu allwybyr arnaw.
    a Yr ystwffwl ar hwn draw A.
    b a lloegr arnaw A.

NODIADAU

1*a*. Y mae'r gerdd yn dechrau gydag amwysedd gwrth-gyferbynnus tawel ond perffaith, a lwyr ddifethwyd gan gamddeongliadau modern lle na werthfawrogwyd mo bwysig-rwydd ystyr nac addaster sain yn yr hen ganu englynol. Sylwer ar y gwir ystyron sy'n gwbl allweddol os ydys am ddeall crefft a gwerthfawrogi celfyddyd fawr y gerdd hon yn ei chyfanrwydd:
    (i) 'Y mae'r hwn sy'n gweld Aelwyd Rheged yn dawel ddifoliant: y mae ei fron yn hir-deimlo gwayw (oherwydd nad oes iddo darian).'
    (ii) 'Bydd y sawl a wêl ochr amddiffynnol corff hir y glyw ('brenin') yn dawel ddiddolefain.'
Ynghylch (i), sylwer ar berffeithrwydd gwrthbwynt y defnydd o *tawel* a *clyw*. A gwrthgyferbynner â 'Gwaeddwyf a welwyf', CT 9. Ynghylch (ii), cofier am ystyr *tu* yng nghyd-destun ymladd, gw. f'ymdriniaeth â'r llinell ddiwygiedig ganlynol o *Ymddiddan Gwên a Llywarch*:
    Fy sgwyd ys tenau ar asau fy nhu. gw. CLlH 22 (V, 10*a*).
Cymh. *tu rhag bron* gan Iolo Goch: gw. CS 125, 141 n. 4, am yr awgrym yr wyf bellach yn sicr sy'n gywir mai'r ystyr yw 'side [*neu* flank] against breast' wrth ddisgrifio osgo wrth ymladd: ystyrier yr ymadrodd Llad. *latus dare*. Arbennig o bwysig yw sylwi ar y defnydd o *tu* yn y llinell ddiwygiedig ganlynol (gw. nod. CLlH 194): *Tu a rodeist yr twrwf Trenn*, 'Tu a roddaist ar ran torf Tren', h.y. yr oedd Cynddylan pan oedd yn fyw wedi bod yn amddiffynfa i wir ddeiliaid gwlad Tren, yn ôl pob tebyg drwy fod yn 'llawr' o geimiad yn cynrychioli milwyr Tren.

12. Yr aelwyd hon, neus cladd cywen:
    nis eiddigafai angen
    ym myw Owain ac Urien.

13. Y stwffwl hwn, a'r hwn draw,
    mwy gorddyfnasai amdanaw
    elwch llu—a llwybr arnaw.

Y mae amwysedd y testun yn cydglymu'n berffaith fynegiant o'r cof a'r hiraeth a'r angen am 'du asau' Urien a mynegiant o'r gwayw yng nghalon y bardd.

1*b*. **odid**: 'eithriad(ol)'. Yn y testun yr ystyr yw nad oes neb arall yn foladwy.

1*c*. **namyn**: cwbl argyhoeddiadol yw dadl Ifor Williams (CLlH 141) o blaid darllen y ffurf *namyn*, yn enwedig gan fod hynny mor anochel o ran mydr ac ystyr.

cy-ni ddiw: y mae *keni, cyn ny*, etc., yn amrywiadau cyffredin ar y cyfansoddair sy'n cynnwys y cysylltair *cy(d)*, Saes. 'though, although', a'r negydd *ni(d)*, — ar hyn gw. GMW 235-6; GPC 658*a*.

Trafodwyd *diw/dyw* yn fanwl yn f'ymdriniaeth ag *Ymddiddan Gwên a Llywarch* (gw. nod. yno 30*c, ni ddiw*) lle dangoswyd mai amrywiad yw'r gair ar *daw*, gyda'r ystyron 'will come, will come to pass'. Sylwer felly ar berffeithrwydd y cyferbynnu rhwng yr *a wêl* positif a'r *cy-ni ddiw* ('er na ddaw') terfynol-drist negyddol.

2*a*. **geilig**: anhawster wrth drafod y gair hwn, ar wahân i brinder yr enghreifftiau, sydd hefyd yn anodd eu deall, yw bod ansicrwydd ai gair gwahanol, *eilig*, sydd yn rhai o'r enghreifftiau a ddyfynnwyd yn CLlH 142; G 524*b*; a GPC. Ond y mae'n debyg bod dadl gyd-destunol o blaid cymryd fod rhai o'r ystyron a gynigiwyd i'r gair megis 'nwyfus' yn debyg o fod yn gywir. Gan hynny, rhesymol disgwyl mai tarddair o *gâl* ydyw, fel y daliodd Loth (RC, 27, 165) ond bod anhawster ieithegol fel y nododd Ifor Williams (gw. CLlH 142); a daliodd John Lloyd-Jones (G 524*b*) fod ei ystyr yn ymddangos 'yn nes i'r Wydd. *gel* (geal, gealach) ["gwyn, ariannaid"] nag i *gâl'*— ond byddai'r anhawster ieithegol yn aros.

Hyd y gallaf weld, yr unig ffordd i gael tarddiad o *gal- yw cymryd fod *geilig* yn ffurf luosog ar air yn cynnwys y terfyniad -(*i*)*wg* sydd i'w weld mewn ychydig enwau lleoedd. Pe cymerid mai ystyr *Morgannwg* yn wreiddiol oedd '(gwlad) feddianedig gan Forgan' efallai y gellid wedyn ddal mai ystyr Bryth. *galıuci > *geiliyg > geilig fyddai 'rhai meddianedig gan wres/angerdd/nwyf'. Hefyd, gellir dehongli'r enghreifftiau, hyd y gellir barnu, drwy gymryd fod *geilig* yn lluosog neu'n hytrach yn dorfol. Yn y testun gellir cymryd fod *ci geilig* yn gystrawennol yn golygu, nid 'ci ffyrnigdaer' yn syml, ond 'ci yn perthyn i gnud (o helgwn) ffyrnigdaer'.

gwyrennig: GPC, 'grymus . . . egnïol . . . hoenus . . .'.

2c. **cyn bu**: ar beidio â chynnwys geiryn rhagferfol mewn rhai cystrawennau mewn Hen Gymraeg gw. CLlH 60; GMW 64.

y lle hon: fel y nododd Ifor Williams (CLlH 142) yr oedd *lle* gynt yn fenywaidd. Ac ystyried yr enghreifftiau, tebyg gennyf i *lle* + *hon* ar un adeg ffurfio cyfansoddair afrywiog clwm, (*y*) *lleon*, i raddau ar ddelw (*e*)*felly* < (*ha*)*fal hyn*: ond tebyg na fyddai'n gyfansoddair o'r fath yn y nawfed ganrif pryd y cyfansoddwyd y gerdd hon yn ôl pob tebyg.

llawedrawr: am drafodaeth ar y tebygolrwydd fod y gair hwn yn golygu 'tomennydd', ac yn cyfeirio at adfeilion gwasgaredig y llys, gw. CLlH 142. Yn ôl Thomas Jones, gw. B 16, 275, gwall am yr ansoddair *llawedrawc* yw *llawedrawr*. Os felly rhaid cymryd fod *hawg* a *llawedrawg* yn lled-odli â *llawr*, er nad yw yn 'odl Wyddelig' gywir.

3a. **a'i goglyd gawr**: o nifer o awgrymiadau gan Ifor Williams (CLlH 143) ni ellir derbyn ond y dehongliad 'with its (? grey) covering'. Y mae, mi gredaf, yn rhesymol gweld yma yr ystyr 'gorchudd' i *goglyd*, a hefyd gymryd mai enw lliw yw *gawr*, er efallai y byddai'n well deall mai 'gwyrdd' neu 'lwydwyrdd' yw'r ystyr yn hytrach na 'llwyd'.

Fodd bynnag, y mae'n bwysig cymryd fod yr ymadrodd yn amwys yma, gan gofio, e.e., fod *goglyd* yn medru golygu 'amddiffyn' ac 'amddiffynfa, amddiffyniad', a *gawr* 'bloedd ryfel' a 'dolef'. Nid amherthnasol o gwbl fyddai darllen 'Ai goglyd gawr?'.

3b. **mwy gorddyfnasai**: ynghylch hepgor y geiryn rhagferfol gw. nod. *2c* uchod ar *cyn bu*.

Ystyr *gorddyfnu* yw 'arfer (â), bod yn gynefin (â)'.

ar ei llawr: sef llawr aelwyd Rheged. Y mae *ar* yn medru golygu 'o flaen, rhag (gerbron)'.

3c. **medd**: ynghylch peidio â threiglo ar ddechrau llinell gw. TC 196; a 486 (*Mynegai* dan *Gorffwysfa*).

meddwon yn eiriawl: fel y nododd Ifor Williams (CLlH 143) rhaid adfer *yn* i'r testun. Fel y sylwodd P. K. Ford (PLlH 115) nid oes ystyr ddrwg i *meddwon* yn y testun. Yr hyn y mae'r gair yn ei olygu yw 'yfwyr medd' (er bod hir draddodiad Celtaidd o yfed gormod), ac yr oedd nifer o gysylltiadau arwyddocaol i hynny yn yr hen gymdeithas, yn enwedig mewn cyswllt â'r osgordd.

4a. **neus**: geiryn rhagferfol cryfhaol *neu* + rhag. pers. gwrthrychol 3ydd unigol -*s*. Ar *neu(d)* gw. GMW 169–70, a sylwer yn arbennig ar y gosodiad 'The original meaning may have been "now" . . .'.

dynad: ffurf amrywiol (sy'n fyw o hyd mewn rhai tafodieithoedd yn y De) ar *danadl*.

4c. **mwy gorddyfnasai**: rhesymol tybio y byddai'r ymadrodd hwn yn digwydd yn y llinell a gollwyd o'r Llyfr Coch gan ei fod i'w gael yn y rhan fwyaf o'r englynion.

caniad: yr wyf yn tybio mai ymgais i lenwi bwlch testunol sy'n cyfrif am y darlleniad *eirchiad* yn MA[1]. Y mae'n amlwg, os oes cyfeirio at fynychwyr y llys gynt, mai dim ond enw lluosog neu dorfol—fel yn *3c*, *8b*, *9c*, *10c*, *11c*, a *13c*—a fyddai'n atebol: nid yw'r gair unigol *eirchiad* yn gweddu o gwbl. Gan hynny yr wyf yn awgrymu darllen *caniad*, sy'n gweddu'n dda iawn yn gyd-destunol, gan fod y gair yn yr ystyr 'cân' yn adleisio llinell 1*a*; ond, yn bwysicach, yn yr ystyr 'caniatâd' (neu 'drwydded'—term a oedd yn bwysig iawn mewn defodaeth lys) y mae'n rhoi chwerwder grymus yn y cyfeiriad at y *dynad* didrwydded. Sylwer mai'r cyfeiriad hwnnw yw'r un penodol cyntaf at y tyfiant ar safle'r llys adfeiliedig.

5a. **glesin**: enw cysylltiedig â gwahanol blanhigion, gw. CLlH 143–4; GPC. Yn wreiddiol, yn ôl pob tebyg, nid oedd yn enw ond ar y planhigyn a elwir yn Saes. 'woad'; ac felly yma yn sicr. Nid yw'n ymddangos i mi fod tystiolaeth dderbyniol fod y gair hefyd yn medru golygu 'tonnen werdd, tywyrch'.

Ynghylch y defnydd o lesin i lifo wynebau a chyrff yn y cyfnod Brythonig cynnar, gw. ymdriniaeth gan Ifor Williams, TCHSG, 9 (1948), 102.

5*b*. **Owain ac Elffin**: meibion i Urien, glyw Rheged.

5*c*. **preiddin**: ans. yn sefyll am enw lluosog neu dorfol' 'anifeiliaid wedi'u cymryd yn anrhaith'.

O blaid cadw'n nes at y llawysgrifau a darllen *praidd din* yn lle *preiddin* y mae'r ystyriaeth y byddai'r llinell wedyn yn pwysleisio fod anrhaith wedi bod yn cael ei ddwyn i gynnal llys Urien ond nad oedd dim yn cael ei ddwyn oddi yno, o ddiogelwch 'dinas' *Dinrheged lle'r oedd llys Urien yn ôl pob tebyg. Am drafodaeth ar *Dunragit* a *Dún Reichet* gw. CT xxvi–xxvii; CPNS 156, 168.

Tebyg mai'r pwynt arbennig i'r englyn yw nad oedd glesin yn cael cyfle i ledaenu ger llys Urien yn y cyfnod pryd yr oedd milwyr dan arweiniad Owain ac Elffin yn cyson ymgyrchu i anrheithio, ac wedi ymlasu at y pwrpas.

Fel y dywedodd Myles Dillon am y gymdeithas a oedd yn Iwerddon yn ystod yr un cyfnod ac wedyn:

> Hunting and cattle-raiding were the chief employment of the nobles. CR 103.

Dylid yn sicr ddarllen *Yspeil Taliessin*, CT 9, er mwyn gwerthfawrogi holl ysbryd a chynnwys y gerdd hon.

6*a*. **llawdr llwyd**: yr oeddwn yn tybio gyntaf fod rhaid dileu'n llwyr y darlleniad *callawdr* o'r testun er mwyn cywiro'r mydr, gan na ellir derbyn fod naw sillaf yn dderbyniol mewn llinell o englyn milwr. Bellach yr wyf yn credu fod *callawdr* wedi disodli gair cyfystyr, neu agosystyr, *llawdr* (nid yn unig yn y testun ond hefyd yn yr iaith yn gyffredinol). Y mae darllen *llawdr* yn lle *callawdr* yn cywiro'r mydr, yn rhoi cyseinedd, ac, mi gredaf, yn perffeithio ystyr yr englyn.

Ar ystyron *callawdr* gw. CLlH 144; GPC 396*a*; G 99*b*. Ni wn sut y daeth i'r gair yr ystyron 'cen, mwsogl', os dilys. Yr wyf yn awgrymu mai 'cyrs, corsennau' yw'r ystyr wreiddiol, a bod y gair yn gyfansoddair o *cál 'peth pigfain' (+ -*yn* = *celyn*, cf. *gâl/gelyn*) + *llawdr*, yr un gair â *llawdr* 'trowsys', yn cyfleu tyfiant hir, coesiog, h.y. hesg neu frwyn.

Y mae hyn yn codi cwestiynau diddorol ynglŷn â tharddiad
a semanteg y gair *llawdr*, ac yn ôl T. G. E. Powell:

> Strabo explicitly states that the *bracae* [trousers] were tight
> and close fitting, but it seems that the looser forms were also
> in use, at least in his own time [1st. c. B.C.] in Gaul. Now
> the use of trousers by the Celts raises some interesting
> questions as these are garments that do not seem to have
> originated in temperate Europe, and were quite foreign to
> Mediterranean dress . . . It is on the Eurasian steppes that
> trousers were . . . a principal male garment. Derived
> probably from dwellers in sub-Arctic regions farther to the
> north, trousers had obvious advantages for horsemen, and in
> this way they were widely propagated . . .
>
> So far as the Celts in Northern Italy are concerned, it is
> noteworthy that trousers were evidently appropriate to the
> warrior class . . . even if wearing them was a departure from
> the more archaic custom of going naked into battle. This
> point emphasizes a problem in Irish literary evidence . . .
> The Irish aristocratic dress consisted of two garments, a
> tunic or shirt . . . and a cloak . . .
>
> It is not known what word, if any, was used in Ireland for
> trousers prior to the introduction, through a Teutonic
> medium, of the word *bróc*. This together with the fact that
> trousers are only mentioned in connection with the costume
> of servants—charioteers, however, included—would make it
> seem that they never formed part of the original equipage of
> migrant Celtic warriors in the west, or that they were early
> abandoned . . .
>
> > *The Celts*, 69–71.

Y mae'r posibilrwydd mai gwisg yn fwyaf penodol ar gyfer
gweision, ac efallai hefyd wisg marchogaeth, oedd *llawdr*
('llodrau') i'r Brythoniaid (a chofier hefyd am ddylanwadau
Rhufeinig), yn awgrymu ar unwaith fod y gair yn gytras â'r
Groeg λατρεύς 'hired servant', Llad. *latro* 'a hired servant,
hireling, mercenary . . .; robber, bandit, brigand . . .'. O fod
yn enw ar y sawl a oedd yn ei wisgo, daeth yn enw ar y wisg
nodweddiadol (neu fel arall); ac yna hefyd, drwy ddefnydd
trosiadol, yn enw ar blanhigyn.

Y mae ystyried hyn yn dangos pa mor gyfoethog yw
delweddaeth yr englyn. Brwyn llwyd sy'n cuddio'r aelwyd lle
bu gosgordd o filwyr, a'r rheini yn ôl pob tebyg yn arfer
gwisgo llawdr llwyd—ond, wrth fynd i ymladd ac anrheithio

neu i hela: nid yn y llys ei hun yn ddiau. Sylwer yn arbennig ar y disgrifiadau o wisgoedd Arawn yn chwedl *Pwyll*:

> ... ef a welei uarchauc ... y ar uarch erchlas mawr ... a gwisc o urethyn *llwytlei* [gw. B, 13, 196] amdanaw yn wisc hela ...

> ... Kyrchu y llys a oruc ynteu ... Ac y'r neuad y gyrchwys ... Deu uarchauc a doeth i waret i wisc hela y amdanaw, ac y wiscaw eurwisc o bali amdanaw.
>
> PKM 2; 4.

6*b*. am ei bwyd: gw. nod. 5*c* uchod ar *preiddin*.

6*c*. cleddyfal: ynghylch gwrthsefyll treiglo gw. nod. 3*c* uchod· 'Ergyd â chleddau' yw ystyr *cleddyfal* yn ôl yr egluro arferol, ond diau mai 'ergydio [mewn ystyr enwol] â chleddau'. O ystyried yr englyn cyfan, cofier yn arbennig am y geiriau arwrol 'mal brwyn gomynei gwyr', CA 2.

dywal: 'ffyrnig, creulon, erchyll' yn ôl GPC. Tebyg bod darllen hyn gryn dipyn yn well na darllen *dyfal*, nid yn unig o ran cyplysiad arferol y geiriau, gw. CLlH 144 (dadl a orddefnyddiwyd ar brydiau gan Ifor Williams), ond o ran ystyr. Gellir cymryd *dywal* yn ansoddair gyda *cleddyfal*, ond y brif ystyr, gellir credu, yw bod y gair yn epithet yn sefyll am Urien, neu am Owain.

7*a*. cenni: ffurf luosog awgrymedig i *cen*. Y mae ystyried mesur, ac ystyr hefyd, yn dangos mai amhosibl derbyn y darlleniad *cain fieri*. Gan mai rhwydd mewn hen lawysgrifau oedd camgymryd *u* am *n*, hawdd gweld y buasai copïydd yn medru deall *kenni* fel *ken ui* a llunio'r darlleniad *kein uieri* o dybio fod diwedd y llinell wedi'i cholli. Datblygiad cyffredin, wrth gwrs, yw camgopïo *e* fel *ei*, gw. CLlH lxxviii.

7*b*. coed cyneuawg: naill ai (i) y mae gwrthgyferbynnu coed yn llosgi ar yr aelwyd gynt â choed yr adfeilion yn pydru (gw. llin. 2*c*); neu (ii) cynhwysir yma gyfeiriad chwerw at losgi'r llys. Gan fod y farddoniaeth gymaint gwell o ddarllen *coed cyneuawg* nid wyf yn credu fod angen ystyried yr awgrym yn B, 16, 276, y dylid darllen *coeth kynneuawt* 'coeth gynefod'.

**7*c*. Nododd Ifor Williams fod 'yr odlau *mieri, idi,* a *rodi* yn ymddangos yn ddiweddar'. Pwynt y sylw hwn yw mai *rhoddif* fyddai'r berfenw yn y nawfed ganrif (gw. nod. CLlH 60, ar *mudif*). Hefyd, yr wyf yn methu gweld unrhyw ystyr resymol i'r llinell heb ddiwygio, hyd yn oed pe cymerid, yn ôl awgrym

Ifor Williams, fod *Reget* yn gallu cynrychioli 'gwŷr Rheged', yr hyn yr wyf yn ei amau braidd.

Er mwyn cywiro'r odl yr hyn sy'n rhaid ei wneud yw cymryd nad berfenw ond berf ffinedig gyda'r terfyniad 3ydd un. gorff. rhagrediadol -*i* yw *rhoddi*, ac ar y terf. hwnnw gw. CLlH 196 (*ladei*), 208 (*gorelwi*); WG 324; GMW 121. Y mae hynny'n golygu mai rhaid cynnwys y rhag. perth. *a* o flaen y ferf. Felly, er mwyn cywirdeb mydr, rhaid darllen *reg* yn lle *Reget*; ac y mae'r ymadrodd 'anrheg Urien' ymhell iawn o fod yn ddiarwyddocâd yn hanes diwylliant Cymru.

A chymryd mai *rhoddi* yw'r ferf, yna'r ystyr fyddai 'Yr oedd (yr aelwyd hon) wedi bod yn fwy cynefin ag anrheg yr un a oedd yn rhoddi (sef Urien)'. Fodd bynnag, byddai darlleniad felly yn dawtologaidd anghydnaws â'r gweddill o'r gerdd. Y mae englynion 5–8 yn pwysleisio gwrthgyferbyniadau celfydd rhwng cyflwr presennol yr aelwyd a'i chyflwr gynt pan oedd milwriaeth lwyddiannus yn dyfod ag ysbail i roi lluniaeth. Os yw englyn 7 i fod yn rhan o'r patrwm hwn, yna rhaid darllen *a ruddi* = 'a ruddai'. Y mae'r ferf hon yn cysylltu â delweddaeth y *cen* rhudd a'r *coed cyneuawg*. Y mae'n cysylltu hefyd â'r syniad o iechyd gruddgoch (y brenin a'i ddeiliaid). Ystyrier, e.e., y dyfyniad canlynol i'r gwrthwyneb:

> Nyt angeu Ffreuer . . .
> a'm gwna grudyeu melyn . . .
>> gw. CLlH 40 (xi, 61).

ac ystyrier hefyd y sylwadau hyn gan Robert Graves:

> Red dye was used to colour the faces of male fertility images . . . and of sacral kings . . .; at Rome this custom survived in the reddening of the triumphant general's face . . .
>> Gr M, i, 111.

Sylwer hefyd pa mor berthnasol yn y cyswllt hwn yw dechrau cywydd o waith Gwilym ab Ieuan Hen:

> Bywyd hir i vab y tad
> a wisg eirlond ysgarlad
> morys nerth wytt mars i ni
> mab rhobert wyneb rhywbi
> iachûs yw dy liw vchel
> oed dwy ddar itti a ddel
> gras dyn oedd gael gwres dwyneb
> gwrid tan o wres sidan sieb
>> Brog. 2, 440v.

Y mae *rhuddo*, wrth gwrs, yn cyfeirio yn ogystal at y lladd wrth anrheithio—ac felly, o ddarllen *a ruddi*, nid yn unig fe gyfoethogir y farddoniaeth yn fawr, ond fe gysylltir ergyd y llinell hon â'r hyn sydd hefyd yn 5*c*, 6*c*, ac 8*c*, gan wneud y pedwar englyn yn gadwyn greiddiol i'r gerdd.

8*b*. **cyngrain**: ffurf luosog *cyngran* 'rhyfelwr'.

8*c*. **cyweithas**: ynghylch gwrthsefyll treiglo gw. nod. 3*c* uchod. Yn ôl GPC, *'cyweithas . . . eg.b. . . .* Cymdeithas, cwmni . . . mintai, gosgordd . . . Fel *a.* Cymdeithasgar; mwyn, tirion, caredig . . .'.

Nid amherthnasol cofio fod 'branes' Owain ab Urien yn bwysig mewn chwedloniaeth a delweddaeth ganoloesol. Am chwedl branes Owain a gweision Arthur gw. *Br Rhon* 12–17. Pwysig yn y cyd-destun yw'r hyn sy'n chwedl *Iarlles y Ffynnon*:

> Ac Owein a trigywys yn llys Arthur o hynny allan yn pennteulu, ac yn annwyl idaw, yny aeth ar y gyuoeth e hun, sef oed hynny trychant cledyf Kenuerchyn ar vranhes.[1]
>
> gw. *Owein* 30.

Cofier bod 'llithio brain' yn thema aruthrol bwysig yn nelweddaeth barddoniaeth lys Cymru, ac ar hynny gw. THSC, 1946–7, 285–9.

Rhwng popeth, y mae'n fwy na thebygol fod yn yr englyn chwarae ar wrthgyferbyniad rhwng pigau'r *drain* a phigau'r 'franes'.

9*a*. **myr**: nid oes wrth reswm angen darllen *mir i odli, gan fod proest yn hollol dderbyniol. Y mae cwestiwn bai 'trwm ac ysgafn' yn codi, fodd bynnag, gw. GP 13, 53; LlC, 6, 242. Y mae'r odlau 'trwm ac ysgafn'—a bwrw fod y term yn berthnasol—sy'n yr englynion canlynol yn dangos nad oes angen gwrthod y darlleniad *myr*: CLlH 22 (V, 8), 39 (XI, 48), 40 (XI, 61), 42 (XI, 72), 50 (XII, 8). Ni ellir bod yn siŵr am arwyddocâd tystiolaeth y canlynol: CLlH 4 (I, 23), 28 (VII, 13), 45 (XI, 88), 49 (XII, 3). Hollol bendant yw'r

---

[1] Darllenwyd *a'r vranhes* gan R. L. Thomson, ac meddai:
Eurys I. Rowlands . . . (*Llên Cymru*, 6, 246) . . . prefers the preposition, interpreting it as 'as a Flight of Ravens', but here there is neither a possessive nor an ordinal number, the two marks of his analogous construction.
Owein 62.
Yr wyf yn meddwl fy mod yn deall fy iaith fy hun yn well nag y mae Thomson yn deall ei iaith ef: ystyr 'analogous' yw bod yn gyfatebol neu gyfochrog, nid bod yn hollol yr un fath (neu gyda'r un 'marks' a defnyddio'r gair cant).

dystiolaeth a geir o gymharu'r ddau englyn canlynol: CLlH 41 (XI, 65) a 47 (XI, 108).

Dangosodd Ifor Williams (CLlH 145) fod *myr* yn golygu 'morgrug', ac y mae hynny'n ddigon addas yn y cyd-destun. Ond awgrymodd hefyd y gallasai'r gair fod wedi tarddu o'r Llad. *myrrhis* yn golygu 'cegiden wen'. Byddai hynny'n arbennig o addas yn y cyd-destun gyda'r sôn am *babir*, 'canhwyllau brwyn', gynt i oleuo.

cyfeddau: fel y nododd Ifor Williams gall *cyfedd* olygu (i) 'gwledd' a (ii) 'cydymaith (mewn gwledd)'. Y mae'r naill ystyr fel y llall yn ddigon derbyniol yn gyd-destunol, ond sylwer fod ystyr (ii) yn cyfleu darlun artistig-wrthgyferbyniol i'r un o'r morgrug aflonydd, chwit-chwat.

Yn fy marn i nid ansicrwydd ynglŷn â sut i ddehongli yw'r hyn y dylem ei ganfod yn yr englyn, ond enghraifft nodedig arall o allu mawr beirdd cynnar Cymru i gyfleu môr o ystyron pwrpasol drwy gyfrwng celfyddyd eiriol sy'n berffeithrwydd o symlder cymhleth.

10*a*. **tafawl**: 'dail tafol (dock leaves)'.

Ni ddylid ar unrhyw gyfrif gymryd mai amrywiad diystyr ar englyn 3 (heb sôn am fod yn ymarferiad disgybl) yw'r englyn hwn. Yn hytrach, y mae englynion 3–10 yn gadwyn sydd o fewn cadwyn allanol y gân gyfan. Y mae'n glir pam y mae englyn 3 yn ddechreuad i fewn-gadwyn o ystyried fel y mae islais 'cawr goglyd' yn llinell 3*a* yn adleisio islais 'tu hir glyw' yn llinell 1*a* yn yr agoriad i'r gerdd gyfan, fel y mae *elwch* yn englyn 11 yn cydio wrth *elwch* ar ddiwedd y gerdd gyfan.

11*b*. **elwch**: 'llawenydd, gorfoledd, twrf llawen', CA 90.

11*c*. **am gyrn**: 'o gwmpas y cyrn yfed', CLlH 146.
cyfeddwch: 'cyfeddach, gwledd, cyd-yfed'.

12*b*. **nis eiddigafai**: 'nid oedd (angen) yn ei niweidio-hi, sef yr aelwyd'. Ond ni ddylid anghofio fod y bardd yn cyfleu'r syniad fod digonedd o friwsion i'r gywen gynt hyd lawr y neuadd; yn hollol fel mai pwrpasol yw'r sôn am hwch yn yr englyn blaenorol: yr oedd honno'n cael ei helwch mewn budreddi lle bu gynt elwch gwŷr yn gwledda—yn ôl pob tebyg ar gig mochyn, yr hoff saig Geltaidd, gw. *The Celts*, lll; cf. 'Aniueileit bychein, guell eu kic no chic eidon', PKM 68.
angen: (i) 'eisiau', (ii) 'brwydr'.

13*a*. **stwffwl**: mewn ymdriniaeth gennyf ag *Ymddiddan Gwên a Llywarch* (gw. nod. 22*a*, *sgwyd*, yno) cyflwynwyd dadl lawn yn erbyn defnyddio ffurfiau gydag *y*- brosthetig wrth olygu Englynion Powys.

Yn ôl CLlH 147, *ystwffwl*, 'post, colofn', ac, yn y testun, 'un o'r pyst fu gynt yn cynnal y llys'. Ni allaf dderbyn y dehongliad hwn. Ystyrier y chwedl am Beredur:

> Ystyffwl hayarn mawr oed yn llawr y neuad, amgyffret milwr ymdanaw.

> 'Kymer,' heb y gwr wrth Peredur, 'y cledyf racco, a tharaw yr ystyffwl hayarn.'

> Peredur a gyfodes y uynyd a'r ystyffwl a trewis hyny uu yn deudryll a'r cledyf yn deudryll . . .

HPVE 19.

Rhaid sylwi yn arbennig mai lleoliad y stwffwl oedd 'llawr y neuad', nid fel lleoliad y gŵr gwynllwyd a oedd yn eistedd 'ar ystlys y neuad', HPVE 18. Hefyd, ni chwympodd y llys wedi torri'r stwffwl. Dylid cymryd felly, yn y ddau achos, mai ystyr *stwffwl* yw 'pentanfaen'.

Sylwer ar yr hyn a ddywedodd Iorwerth Peate:

> It is necessary here to notice briefly the importance of the fire and the hearth in the Laws. [T.P.] Ellis has pointed out that 'the centre of social life was the hearth'. [According to J. E. Lloyd] 'the central couple [of crucks], having between them the open hearth, divided the hall.' Here was placed the *pentanfaen* (fireback stone), and once it was placed in position it was an offence to remove it. [According to WTLC, ii, 164] 'The house itself might be destroyed, the owners might desert the site . . . but the *pentanfaen* was never removed. It stood as a perpetual sign that the site where it stood was the site of an occupied homestead.'

WH 123.

> The fireback stone was a large slab placed on edge . . . The central hearth in Keltic Britain was three-sided only— a front, two flanks and a solid stone back.

Antiquity, 16, 66.

Y mae'n amlwg o ddisgrifiad Peate, ac o ddarlun enghreifftiol ganddo, fod y *pentanfaen* nodweddiadol heb deilyngu'r enw 'stwffwl' oherwydd ei fod yn rhy fyr ac isel. F'awgrym yw bod pentanfaen llys mor eithriadol bwysig â llys Urien Rheged yn bentanfaen arbennig, yn faen hir (ac, yn gyffelyb, yn llys gŵr gwynllwyd chwedl *Peredur*, yn golofn haearn).

Fe wyddys bod i dân yr aelwyd bwysigrwydd symbolaidd
aruthrol yn yr hen gymdeithas (pwnc yr wyf yn ei drafod yn
llawnach yn f'ymdriniaeth â'r canu i Faen fab Llywarch);
a *dadannudd*, 'dadorchuddio tân', oedd y term canoloesol am y
broses o adfeddiannu treftadaeth. Rhaid cysylltu cerdd y testun
â'r syniadaeth hon. Wedi'r gŵyn hir am gyflwr 'yr aelwyd
hon', dyma'r englyn diwethaf yn troi i gyfeirio at yr hyn a
oedd yn gefn i'r aelwyd, sef y stwffwl o bentanfaen. Nid cwbl
amherthnasol yw ystyried agwedd ar hen grefydd gyntefig
gwlad Canaan:

> In the high place of Gezer no altar was found, but a
> hollowed block of stone standing near one of the pillars may
> have been used to receive blood or offerings.
>
> ERE, III, 186*b*.

Ym Mhrydain gynt yr oedd yn sicr berthynas sagrafennol
rhwng y glyw a'i dud, ac yr oedd y pentanfaen a'r garreg
aelwyd yn delweddu'r berthynas.

a'r hwn: 'a'r un (arall)'.

13*b*. **amdanaw**: 'o'i gwmpas, o'i herwydd'.

elwch: gw. nod. 11*a* a *b* uchod am ystyr y gair a'i arwyddocâd
cadwynol o ran celfyddyd y gerdd.

13*c*. **a llwybr arnaw**: dyma glo celfyddydol berffaith ond
tyngedfennol drist i'r gerdd. Wedi'r holl fanylu ar gyflwr
adfydus 'yr aelwyd hon' y cyfan sy'n cael ei ddweud am
'y stwffwl hwn', a fu gynt mor union ei blaniad, yw 'a llwybr
arnaw'. Ac nid oedd mwyach yn Rheged 'du hir' i oglyd ei
bobl; nid oedd gan Reged mwyach ben i fod yn bont i'w lu:
dros y cawr alltudbell o dân diffoddedig nid oedd ond llwybr
yn ddrysi'r anniwyll.

Fel y gwelwyd, y mae yn y gerdd hon fawredd goludog,
eithriadol gelfyddydol, o gyfleadau amwys-wrthgyferbynnus.
A oes, yn y dadansoddiad terfynol—ac yn wahanol i ganu
Llywarch Hen ym Mhowys—gyflead nid yn unig o eithafedd
o ddigalondid anobeithiol, os urddasol, ond hefyd o obaith
anniffodd?

DWY AWDL HYWEL FOEL AP GRIFFRI

Brynley F. Roberts

Y DDWY awdl a argreffir isod yw unig gynnyrch y bardd
Hywel Foel ap Griffri ap Pwyll Wyddel sydd wedi goroesi dan
ei enw. Ni wyddys dim amdano[1] ond canwyd y ddwy gerdd i'r
un gwrthrych, Owain ap Gruffudd ap Llywelyn Fawr, a than
amgylchiadau tebyg.

'Nid oes ddadl nad Owain [Goch] oedd y dioddefwr mwyaf
oblegid ymgyrch y ddau Lywelyn yn erbyn yr arfer o rannu
tiroedd yn gyfartal rhwng etifeddion', meddai T. Jones Pierce[2]
am wrthrych y ddwy awdl. Gruffudd, mab Tangwystyl, oedd
mab hynaf Llywelyn ab Iorwerth, ond yn ymgyrch y tywysog
i drosglwyddo teyrnas unedig i'w olynydd, anwybyddwyd ei
hawliau ef a chydnabod, yn hytrach, Ddafydd, mab priodas
Llywelyn a Siwan, yn unig etifedd. Ni allai na chodai aml
gynnwrf oherwydd y gwrthdaro anorfod rhwng polisi pender-
fynol Llywelyn a natur danllyd Gruffudd. Rhoddwyd iddo
lywodraeth Meirionydd ac Ardudwy, ond amddifadwyd ef
ohonynt oherwydd ei wrthryfel yn 1221. Carcharwyd ef yn
Negannwy yn 1228, ond pan ryddhawyd ef yn 1234 rhoddwyd
iddo hanner cantref Llŷn, ac erbyn 1238 yr oedd yn dal
cantref Llŷn yn gyfan a rhannau helaeth o Bowys.[3] Ond
cadarnhawyd safle arbennig Dafydd yn Ystrad Fflur y
flwyddyn honno, ac un o weithredoedd cyntaf ei awdurdod
newydd oedd carcharu'i frawd a'i fab Owain Goch yng
nghastell Cricieth. Trosglwyddwyd hwy i ddwylo Harri III
yn 1241, yn rhan o gytundeb a wnaed rhyngddo a Senena,
gwraig Gruffudd, ond er gorfodi Dafydd i blygu i'r brenin, ni
ryddhawyd ef, a pharhau'n garcharor, yn Nhŵr Llundain y
tro hwn, fu ei hanes ef a'i fab, yn wystlon yn y chwarae

---

[1] Enw anghyffredin yw Pwyll: yr unig enghreifftiau y deuthum ar eu traws yw
Pwyll, pendefig Dyfed, *Pedeir Keinc y Mabinogi*, a Pwyll ap Peredur Beiswyn,
'Arglwydd Ceredigion Uchaf', P. Bartrum, *Welsh Genealogies*, I [49]. Y mae nifer
o enghreifftiau o ddefnyddio *Gwyddel(es)* gydag enw priod, ac fel arfer rhaid
cymryd mai cyfeirio at genedl person a wneir, e.e. Eurbre Gwydel o Iwe[r]don,
EWGT 42, cf. Eurbre de Hibernia, ibid., 17; Ethni Wydeles, ibid., 62; Ffynnod
Wyddeles, mam Hywel ab Owain Gwynedd, ibid., 97; ar Serygei Wydel gw.
TYP 508.

[2] BC, s.n. Gwall yn ddiau yw Owain *Lawgoch* yn yr ymdriniaeth honno.

[3] Gw. J. E. Lloyd, HW, II, 686–7, 692–3.

gwleidyddol rhwng Dafydd a Harri. Lladdwyd Gruffudd pan gwympodd wrth geisio dianc o'r Tŵr 1 Mawrth, 1244, a rhyddhawyd Owain yn y gobaith y gallai ef, fab ei dad poblogaidd, ddenu teyrngarwch newydd tywysogion Cymru oddi wrth Ddafydd.[4]

Chwalwyd cynlluniau a gobeithion Llywelyn pan fu farw Dafydd yn ddietifedd yn 1246, yn anterth rhyfel y brenin yn erbyn Gwynedd. Rhannwyd ei deyrnas yn gyfartal rhwng dau o'i neiaint, Owain a Llywelyn, meibion Gruffudd. (Ymddengys mai Môn ac Arfon a ddaeth yn rhan Owain.) Yr oedd eu hamgylchiadau, eu diffyg profiad, a grym y gelyn, a dramwyai trwy Feirion ac Ardudwy a Chonwy hyd at Ddegannwy, yn drech na hwy, fel y gorfodwyd hwy i ymostwng i Harri III yn Woodstock yn 1247. Collwyd pedwar cantref y Berfeddwlad i'r brenin a rhannwyd Gwynedd Uwch Conwy rhwng y ddau frawd.[5] Er iddynt gydlywodraethu'n effeithiol am gyfnod, dichon nad oedd gan Owain yr un bersonoliaeth anturus a grymus â'i frawd. Cododd anghytundeb ynghylch rhannu'r tiroedd, Owain a brawd iau, Dafydd[6], yn gwrthwynebu Llywelyn. Trechwyd hwy ganddo ef ym mrwydr Bwlch Derwin yn 1255: ffoes Dafydd, carcharwyd Owain,[7] a dechreuodd Llywelyn ar y cynnydd a oedd i ennill iddo deitl *Princeps Wallie*. Carcharor fu Owain trwy gydol blynyddoedd llwyddiant ei frawd, ond pan ymddarostyngodd Llywelyn i Edward I a cholli llawer o'i ddylanwad yn ôl telerau cytundeb Aberconwy yn 1277, rhyddhawyd Owain ac adfer iddo gantref Llŷn.[8] Ni wyddys dim o'i hanes wedyn, ond cesglir o awdl Bleddyn Fardd i'r tri meib ei fod wedi marw erbyn 1283.

Canodd Bleddyn Fardd gadwyn o englynion marwnad a hefyd awdl farwnad i Owain. Lluniodd awdlau i'w ddau frawd Dafydd a Llywelyn,[9] ac yna gwnaeth awdl i'r tri

---

[4] Ibid., 697–702.
[5] Gw. CHC, 2, 45–51.
[6] Yr oedd hefyd bedwerydd mab, Rhodri, HW, II, 742, a gw. J. Goronwy Edwards, *Littere Wallie*, xxxviii–ix.
[7] Yn ôl y traddodiad, yng nghastell Dolbadarn y carcharwyd Owain Goch, er na ellir olrhain yr honiad hwn ymhellach na Leland. Gw. *Inventory of the Ancient Monuments in Caernarvonshire*, H.M.S.O., 1960, II, 165b–68b.
[8] HW, II, 715, 759; THSC, 1899–1900, 46.
[9] Gw. J. Lloyd-Jones, *The Court Poets of the Welsh Princes*, 1948, 9, ar englynion ac awdl farwnad gan fardd i'r un gwrthrych ac am yr awgrym fod Bleddyn Fardd yn dynwared Cynddelw.

ohonynt ar y cyd. Owain a enwir gyntaf yn hon, yna Llywelyn, a Dafydd yn olaf, arwydd go glir mai yn y drefn honno y'u collwyd.[10] Yr unig fardd arall a ganodd i Owain Goch oedd Y Prydydd Bychan. Y gyfres wyth englyn i Owain yw'r unig gerdd sydd ganddo i un o dywysogion Gwynedd, oblegid disgynyddion yr Arglwydd Rhys ac arglwyddi Deheubarth yw gwrthrychau crynswth ei ganu ef.

Lluniwyd y gerdd i Owain Goch[11] ar adeg pan oedd yn ŵr rhydd. Yn yr englyn olaf cyferchir ef *gwawr Llundein*, cyfeiriad at ei gyfnod yn Llundain, a chan mai ef yw *gorvolet y Bervetwlad* yn yr englyn cyntaf, ac y bydd yn ailennill Degannwy, *caer daer terwynwalch Gymro/Dygant yth vetyant ath vo* (y trydydd englyn), rhaid fod y gerdd yn perthyn i'r cyfnod rhwng ei ryddhau o Lundain yn 1244 a'i garcharu gan Lywelyn yn 1255. Mae'n bosibl mai tua 1245 y canwyd y gerdd, yn gân o groeso i'r tywysog i'w deyrnas; *Gwynet . . . nyth arllut*, meddir yn y llinell gyntaf, ac yna

> Bo gwalch bro breint teyrnas
> drwy rad y rwyf cad nyd cas
> yn ddiofyn ehofyn ehangblas arglwyt
> oe eurglet ry cafas.

ner Gwendyd ydyw yn ôl geiriau olaf y gerdd. Ei fabolgamp fydd ailsefydlu'i awdurdod yn y Berfeddwlad ac adennill Degannwy, lle'r oedd y brenin yn codi castell a fyddai 'megis draenen yn llygad' y Cymry.[12]

Perthyn dwy awdl Hywel Foel i gyfnod ail garchariad Owain, 1255–77, fel y dengys y cyfeiriad at Lywelyn yn yr ail, ond anodd bod yn fwy pendant na hyn gan na wyddys pa amgylchiadau arbennig—os bu rhai—a symbylodd y canu. Nid y rhain yw'r unig gerddi a ganwyd i noddwr yn y carchar, a gwyddys am awdlau Gwilym Ddu i Syr Gruffydd Llwyd yng ngharchar Rhuddlan.[13] Cwyno y mae Gwilym Ddu fod ei

---

[10] Gw. ibid., 18 lle'r awgrymir dylanwad Dafydd Benfras yn esboniad ar yr awdl farwnad gyfun hon. Ceir awdlau ac englynion Bleddyn Fardd yn H 64–5, 66–7, 67–8, 70–1, 78–80, a gw. ymdriniaeth J. Vendryes, RC 49, 189–264.
[11] H 233–4, ac ymdriniaeth J. Vendryes, EC 3, 326–34.
[12] Gw. HW, II, 705; *Inventory*, II, 152b–55a.
[13] R 1225–27, MA² 276–7, a gw. J. Beverley Smith, B, 26, 467, am y dyddiad, 1316–18.

arglwydd yng ngharchar Saeson, ond yn ei awdl gyntaf ef, ar
Dduw y geilw Hywel Foel i ryddhau Owain. Molir y tywysog
am ei haelioni, ei ddewrder a'i gyfiawnder, eithr heb ei
noddwr y mae'r bardd yn amddifad, fel pe bai ei arglwydd
wedi marw. *Difro wyf hep rwyf hep rotyon*, meddai Hywel Foel,
yn union fel y canasai Cynddelw yn ei farwnad i Owain
Gwynedd, *yssef wyf wedy rwyf rodrwyt/Bart diuro dyuryd heb
arglwyt* (H 91. 1–2). Caiff fynegiant mwy grymus i'r un syniad
fod carcharu arglwydd megis ei golli yn yr angau trwy
ddefnyddio myth yn symbol, *diffrwythws daear oe uod ygharchar*,
gan ddwyn ar gof hen gred fod lles a ffrwythlondeb teyrnas
ynghlwm wrth iechyd a bywyd y brenin sydd wedi ymbriodi
â hi.[14] Pan fo'r brenin yn anghymwys, trwy ryw nam yn ei
gymeriad neu'i gorff, pan alltudir ef neu'i ladd, pan na fo
'teithïawg', mae'r deyrnas yn ddiffrwyth. Er bod yr hud wedi
disgyn ar Ddyfed cyn colli Pryderi a Rhiannon, ar ôl ei
garcharu ef yn y gaer y dywed Manawydan 'nyt kyfle yn
trigyaw yma. Yn cwn a gollyssam ac ymborth ny allwn'
(PKM 57–8). Wedi eu hadfer, 'ef a welei yr holl wlat yn
gyuanhed, ac yn gyweir o'y holl alauoed a'y hanedeu'
(PKM 65). Yn yr un modd, diffeithwch yw tir Brenin
Bysgotwr chwedl y Greal oherwydd ei glwyf ac ni fydd
ymwared nes ei iacháu ef. Yr un syniad a fynegir gan Hywel
Foel yn y llinell hon, ond yn yr un nesaf mae fel pe bai'n ei
gryfhau, *aed ae car gan wyllon*, ebychiad ar i'w ddilynwyr
hwythau (y sawl a'i câr) fynd gyda'r cythreuliaid, hynny yw,
i ddistryw neu i Annwfn. Ymddengys mai ymadrodd llafar
oedd hwn gan fod llinell debyg, eithr yn mynegi penderfyniad
i beidio ag ildio, ym marwnad Dafydd Benfras i dri mab
Llywelyn Fawr,

> Herwydd trymfryd byd bod tan Saeson
> Wedi treisynt gynt ar y goron
> Trydeydd rhyfedd llyfr llefesigion
> Nid a gwyr Gwynedd gan y gwyllion.

MA² 222,ª 25–8.

---

[14] Gw. trafodaeth Rhian Andrews, B, 27, 23–30, yn fwyaf arbennig 27–9, lle
y dyfynnir enghreifftiau eraill o'r un syniad, eithr heb gael ei fynegi mor groyw
â chan Hywel Foel. Gw. hefyd J. E. Caerwyn Williams, LlC, 11, 28–30, Proinsias
Mac Cana, *Celtic Mythology*, London, 1970, 117–21.

Y mae'r ail awdl yn fwy angerddol ac yn ddwysach ei hapêl, fel y mae'n naturiol credu ei bod yn dilyn y llall yn ôl amser megis yn ôl trefn. Molir Owain am ei haelioni, ei ddewrder a'i allu milwrol. Oni bai ei fod yng ngharchar Llywelyn buasai'n ymladd; a phe bai ef yn rhydd, *ny adei loegyr y losgi y deruyn*, awgrym, fe ddichon, mai dyna sy'n digwydd yn awr a bod y carcharor yn well milwr na'r sawl sy'n ei garcharu. Ond nid gweddi ar i Dduw ryddhau Owain sydd yn yr awdl hon eithr apêl uniongyrchol at Lywelyn, a honno'n datgan egwyddor foesol. Os yw Duw wedi dioddef ac eto wedi maddau, pam na faddau brawd, oblegid Duw'n unig a fedd yr hawl i ddifeddiannu dyn? Nid cwyn syml sydd yn yr awdl, na chred obeithiol, ond gosodiad moesol sy'n enghraifft drawiadol o hawl bardd i geryddu'i frenin pan fo'n methu yn ei ddyletswydd.[15]

Cyferchir Llywelyn yn *llyw kedw[e]li*. Yr oedd 1257 yn flwyddyn lwyddiannus iawn iddo. Wedi brwydr Cymerau yr oedd ei afael ar Ddeheubarth yn sicr, ac yntau wedi meddiannu Llansteffan, Arberth, Cemaes, ac yn derbyn ufudd-dod deiliaid Cymreig Cydweli.[16] Lladdwyd Patrick Chaworth, arglwydd Cydweli, mewn cyrch a ddifaodd ei arglwyddiaeth ym Medi 1258, a'i wraig Hawise a ddaliai'i diroedd hyd tua 1270 pan ddaeth eu mab Payn i'w oed.[17] Ond ym mis Awst 1257 codasai Harri III allan o Gaer gan fwriadu ymosod ar Wynedd. Llwyddodd i adennill cestyll Diserth a Degannwy, a bu yn Negannwy o 26 Awst hyd 4 Medi. Ciliodd drachefn i Gaer ac ym Mehefin 1258 lluniwyd cytundeb a ganiatâi iddo sicrhau bwyd i'r ddau gastell gwarchaeëdig a arhosodd yn ei feddiant hyd 1263.[18] Perthyn yr ail awdl i gyfnod pan oedd Harri'n ymosod, ac er ein bod ni'n gallu gweld na lwyddodd ei ymdrechion, ni wyddom sut yr ymddangosai'r amgylchiadau

---

[15] Ar berthynas bardd â'i arglwydd a'i hawl i'w geryddu a'i gynghori gw. D. Myrddin Lloyd yn A. J. Roderick, *Wales through the Ages*, Llandybïe, 1959, I, 97–8, A. O. H. Jarman a Gwilym Rees Hughes, *A Guide to Welsh Literature*, Swansea, 1976, I, 157–8.

[16] Cf. Prydydd y Moch, *yn agwrt dramwy dref gedweli*, H 278. 22; *Kynnyd llywelyn mab gruffudd* Dafydd Benfras, *Seithuet getweli seithgat wyllosgi. o ystrad tywi tew y haerua*, R 1382, 5/6; Llygad Gŵr, *o bwlffort osgort ysgwyd gochi hydyr hyd eithaf kedweli*, H 216. 27/28.

[17] Gw. J. E. Lloyd, *History of Carmarthen*, I, 187–92, C. A. Ralegh Radford, *Kidwelly Castle*, H.M.S.O., 1978, 5–6.

[18] Gw. HW, II, 719–23.

ar y pryd na pha effaith a gafodd adennill castell Degannwy ar feddwl y wlad. Ceisiodd Harri godi'r gwarchae ar y castell hwnnw yn 1262: tybed ai dyma'r llosgi ar y terfynau?[19]

Ceir y ddwy awdl, y naill yn dilyn y llall, yn Llawysgrif Hendregadredd, LlGC 6680B, f. 23ᵛ, *Howel voel vap Griffri ap pwyll gwydel A gant yr Awdyl honn.* Er bod pum copi arall ohonynt, y llawysgrif hon yw'r ffynhonnell eithaf iddynt oll. Gwnaed copi o lawysgrif Hendregadredd yn 1617 gan Dr. John Davies yn BL 14869, llawysgrif a fu'n eiddo William Morris, ac yno ceir y ddwy awdl eithr gyda phenawdau llawnach, f. 22, *Howel voel vap Griffri ap pwyll gwyddel a gant yr awdyl hon J Owein goz ap gr. ap lln. yr hwn oedd yngharchar gan ei frawd llywelyn ac a ollyngwyd yn rhydd Aᵒ dni 1277,*† ac ar waelod y ddalen, †*Ef a garcharwyd Aᵒ 1254:* yn dilyn, yn llaw William Morris, *bu yn garcharor 23 blynedd*; f. 23, *Howel voel ap Griffri ap pwyll gwydel a gant yr awdyl hon i'r un gwr.* Gwnaeth William Morris gopi cyflawn o'r llawysgrif hon a'i anfon yn gasgliadau o ddail rhydd i Lewis Morris yn ystod 1756–7, er bod hwnnw wedi honni mewn nodyn ar glawr yr adysgrif, sef BL 14877, mai copi o hen lyfr Gwern Eigron (sef llawysgrif Hendregadredd ei hun) ydyw. Pennawd yr awdl gyntaf yn yr adysgrif, f. 47ᵛ, yw, *Hywel Voel ap Griffri ap pwyll gwytel a Gant yr Awdyl hon y Owein Goch ap Griff. ap Llywelyn yr hwn yr oet yg karchar gan y frawd Llywelyn yr hwn ac a Garcharwyd 1254 ac a ollyngwyd yn rhyt yn y ulwytyn 1277.* Fel y gwelir, ceisiwyd cynnwys troednodyn John Davies yn y pennawd. Gwnaed copi arall o BL 14869 gan Ieuan Fardd yn Panton 12, f. 110ᵛ, sy'n cadw pennawd John Davies ond yn ychwanegu'r troednodyn yn frawddeg newydd, *Ef a garcharwyd A:D: 1254.* Llawysgrif John Davies ei hun oedd sail testun y *Myvyrian Archaiology* o'r awdlau, fel y tystia'r golygyddion, *O L. D. D.*, ac fel y dengys y pennawd sy'n cynnwys y ddau droednodyn, un John Davies ac un William Morris. Copïau eraill o BL 14869 yw Peniarth 119, f. 282, 283, gan un o gyd-weithwyr Edward Lhuyd, a Llansteffan 31, td. 50, 51, yn llaw William Maurice, Cefn-y-braich. Ceir, yn ogystal, ddetholion o rai o

---

[19] Gw. HW, II, 729, am dystiolaeth fod y brenin yn 1262 wedi ystyried effaith rhyddhau Owain pe bai Llywelyn yn marw.

awdlau llawysgrif John Davies yn LlGC 5274D, yn eu plith, f. 18, ddeuddeg llinell gyntaf yr awdl gyntaf.

Llawysgrif Hendregadredd yw'r unig destun annibynnol o'r awdlau hyn, ac adysgrif John Davies yw sail pob copi arall. Y mae pob copi yn cynnwys y gwall *kedwli* yn yr ail awdl ac eithrio Llansteffan 31 sy'n ei gywiro. Sylwodd John Davies arno a thanlinellodd yr *w*, arwydd a gadwyd gan William Morris a Ieuan Fardd. Mwy pwysig yw fod John Davies wedi camddarllen un gair yn yr awdl gyntaf yn ei ffynhonnell, sef *gwych* yn hytrach na *gwyth* yn *dilwfyr gwyth gweithfutic dragon*, gwall a ddigwydd, felly, ymhob copi o'r awdl ac eithrio llawysgrif Hendregadredd.

Er mwyn hwylustod, rhestrir yr holl gopïau yma:

> LlGC 6680B (Hendregadredd), f. 23^v, 24: XV ganrif.
> LlGC 5274D, f. 18, rhan o'r awdl gyntaf: XVII ganrif.
> BL 14869, f. 22, 23: John Davies, 1617.
> Peniarth 119, f. 282, 283: XVII ganrif.
> Llansteffan 31, td. 50, 51: William Maurice, XVII ganrif.
> Panton 19 (LlGC 1981B), f. 110^v, 111^v: Ieuan Fardd, XVIII ganrif.
> BL 14877, f. 47^v, 48: William Morris, 1756–7.
> *Myvyrian Archaiology* (1870), 266–7 (Anwyl, *Poetry of the Gogynfeirdd*, 1909, 154–5).
> Arthur Hughes, *Gemau'r Gogynfeirdd*, 1910, 38–9, pedair llinell o'r awdl gyntaf, a deuddeg o'r ail.

I

```
 1      Duw mawr amerawdyr dynyadon.
        dillwg dy walch terrwynualch tirion.
        Dewr ewein deurutliw fion.
        dur goch bar llachar llawch deon.
 5      Dinegyf neges rodolyon.
        di galed am ged am geinnyon.
        diffrwythws daear oe uod ygharchar
             aed ae car gan wyllon.
        dilwfyr gwyth gweithfutic dragon.
10      digrawn eur digrifwch dynyon.
        diafyrdwl yn aer yn aruon.   diwet.
             rwyf gwynet rwysc lleon.
        difro wyf hep rwyf hep rotyon.
        hep ewein hebawc kynnreinion.
```

15   diarsswyd ysgwyd ysgyryon ygnif
       ysgwthyr llif llid dryon.
     digart hart y uart ae uaon.
     ae uyrteu ae uyrt aruogyon.
     digabyl wawr gwryawr ual gwron.
20   gwreit bleit bliant arwyton.
   dilut but ual nut y netuon.   mordaf.
       pryd adaf prif haelon.
     diofyn cad kedeyrn doruogyon.
     difefyl ner fyryfder faraon.
25   dinam hael o hil eryron.
     dinac dreic dinas kertoryon.

Dduw mawr, ymherodr dynion,
gollwng dy walch ffyrnigfalch tirion,
Dewr Owain, deurudd liw'r ffion,
gwaywffon gadarn goch lachar, nodda wyrda.
Ni wrthyd gais beirdd,
digrintach am rodd, am dlysau.
Aeth y ddaear yn ddiffrwyth o'i fod yng ngharchar,
aed y sawl a'i câr gyda'r cythreuliaid,
eofn, dicllon, arweinydd buddugol,
llifeiriol ei aur, difyrrwch dynion,
gorfoleddus mewn brwydr yn niwedd Arfon,
arglwydd Gwynedd, rhwysg Lleon.
Unig ydwyf heb arglwydd, heb roddion,
heb Owain, hebog rhyfelwyr,
tarian ddi-ofn, gwaywffon mewn trin,
llifeiriant yn torri, llid Dreon:
rhagorol, hardd, i'w fardd a'i bobl,
a'i fyrddau a'i fyrdd o arfogion:
di-fai bennaeth ymladd megis gwron,
blaidd gwrol a baneri lliain:
budd di-ludd megis Nudd yn null Mordaf,
tegwch Adda, blaenaf haelion:
di-ofn mewn byddin o lu cedyrn,
arglwydd perffaith, cryfder Ffaraon,
di-nam, hael, o hil eryron,
pennaeth di-nag, noddfa cerddorion.

NODIADAU

Mesur: Tri chwpled o gyhydedd fer, ac yna bedwar toddaid
byr a chwpled neu ddau o gyhydedd fer yn dilyn pob un, sef y

mesur a elwir byr-a-thoddaid (CD 334–6). Y brif odl yw *-on* ond y mae gwant y toddaid cyntaf yn ddi-odl, ll. 7; gw. CD 314, HGC 171. Cymeriad dechreuol drwodd.

1. amerawdyr dynyadon: ar ddefnyddio *amerawdyr* yn deitl ar Dduw gw. J. E. Caerwyn Williams, *Canu Crefyddol y Gogynfeirdd*, 1977, 23.

2. walch: ar *gwalch* 'milwr campus, ymladdwr dewr, pendefig urddasol', gw. G.

2. terrwynualch tirion: ar *terrwyn*, 'dewr, ffyrnig, cadarn', gw. CA 377, CLlH 241. Mae'n ansodd. cyffredin yn awdlau'r Gogynfeirdd, a chyda'r ffurf gyfansawdd hon gellir cymharu *terrwyngad ywein*, H 18. 7; *terrwynwalch gymro*, H 234. 1 (englynion y Prydydd Bychan i Owain Goch); *yn eurdud terrwyndrud tirion*, H 266. 28.

3. deurutliw fion: *ffion*, 'rhosyn, bysedd y cŵn', ac fel ansodd. 'coch, gwritgoch, gwridog', GPC. Cyffredin yw ei ddefnydd gyda *grudd*, e.e. *gwanngein riein rud ffion*, R 1243. 35–6; *wenhwyvar rud ffion*, R 1352. 19; *Dyred ffion ei deurudd/I fyny o'r pridd-dy prudd*, DGG 166; *Oed kochach y deu rud nor fion*, WM 476. 12–13; er mai at wraig y cyfeirir gan amlaf. Coch oedd lliw delfrydol wyneb arwr a merch yn llenyddol (*Pryt Chyarlymaen oed gwr tec gwedus, wyneb coch*, YCM 38); yn Ffrangeg, yn ogystal â *coloré, vermeil*, ceir *rose, rosin* i ddisgrifio gwedd gwŷr, e.e. *et sa face rose novele, Cligès*, ll. 27. Gw. Alice M. Colby, *The Portrait in Twelfth Century French Literature*, Genève, 1965, 43–6.

4. dur goch bar: cf. *gwelet y darget ae lafyn durgoch*, R 1277. 13. Ar *dur*, 'caled', gw. G, ac ar *par*, 'gwaywffon', CLlH 102.

4. llawch: 3 un. pres. myn. *llochi*, 'mwytho, rhoi moethau, anwesu', CLlH 212, ond yn fynych, wrth sôn am arglwydd a bardd neu westai, 'noddi', e.e. *llawch eirchyad*, H 25. 26; *espyt*, 80. 14; *kerd*, 193. 8 (cf. GDG 147. 6); *kertawr*, 175. 16; *Gwynn deyrn prydein prawf uy llochi/ath eur rut ath wut ath uynogi*, 263. 13–14; ac meddai Cynddelw, *anwar uy lluchuar o nym llochir*, 125. 14. Defnyddir llochi am noddi deiliaid, *llawch niuer*, 159. 22; *gwyndyd*, 90. 28; a cf. ll. 5 yn yr awdl nesaf. Cyplysir y briodoledd wâr hon â nerth ymladd, megis yma, e.e. *Bar anwar llachar llawch gwawt*, 310. 15.

5. Dinegyf neges rodolyon: *dinegyf* neu *dinegydd*, 'dinacâd, hael', fel enw 'gŵr hael, un na wrthyd', gw. G a GPC. *neges* 'cais'. *rodolyon*, gw. IGE[1] 365, lle yr awgrymir mai llysenw ar y pastynfeirdd, y glêr, yw rodolyon, llu. rhodl, rhodol, 'llwy', mewn enghreifftiau megis *rodolyon eirchyaid*, MA[2] 188[b]

(H 105. 15); *ban yd ran ei ran i rodolion byd*, MA² 146ᵇ (H 31. 27).
Dichon nad dilornus yr ystyr bob tro, *Eur anrec redec rodolyon
Eur gor dor dinas kertoryon*, H 95. 31–96. 1; *hil rodri yn helw
rodolyon*, H 266. 25.

6. di galed: ar *caled*, 'crintach', gw. MLR 35, 403–4 a G.

8. aed ae car gan wyllon: *gwyllon*, 'rhai gwyllt, cyflym,
gwallgofiaid, ysbrydion, bwganod', GPC. Am y syniad o fynd
neu deithio gyda gwyllon, cf. H 276. 22, *can wyllon kelyton
kertant*; R 578. 5–10, *Cann ethyw wympwyll gan wyllyon mynyd. amy
hun ynagro. wedy beli y uab ef iago. Cann ethyw dy bwyll gan wyllyon
mynyd athyhun yn agro. pwy wledych wedy iago*; BBC 50, 49–51,
it vif in ymteith gan willeith a gwillon. aed, 3 un. gorch. *myned*;
gall mai gelynion Owain sy'n gyrru'i ddilynwyr at y cythreul-
iaid, neu fe all mai dymuniad ei wŷr yw bod gydag ef ym myd
y gwyllon, fel pe bai yn y carchar yn y Byd Arall.

9. gwyth gweithfutic dragon: cf. *kynwaew gwyth gweith vutic
arglwyt*, H 90. 14; *yn dyt gwyth gweithwudic dragon*, H 96. 6. Ar
gwyth, 'llid, digofaint; brwydr, ymladd: llidiog, dicllon, ffyrnig,
gwyllt', gw. G. *gweithfudic*, 'llwyddiannus, buddugol', CT 26.

12. lleon: adffurfiad o Gaerlleon yn ymgais i greu arwr yn
sylfaenydd y ddinas. Y ffynhonnell eithaf yw hanes Sieffre o
Fynwy am sylfaenu Kaerleil, *Historia*, II, 9, ond bod cyfieith-
wyr Cymraeg y Brut (ac eraill) wedi camddeall hyn am
Gaerlleon: gw. B 25, 282, EC 12, 189, a cf. R 1195. 1/2, *Llys
llawr lleon gawr llun gwawr gwympaf*, awdl Gruffydd ap
Maredudd i'r Grog o Gaer; 1317. 2, *llit lleon*; 1381. 22, *grym
lleon*; *lleon valched*, 1415. 30.

13. difro: 'digartref, alltud, dieithr, estron', GPC, 'alltud,
dieithr, unig, trist', G.

15. ysgyryon ygnif: ar ysgwr, llu. ysgyrion, 'pren, cangen braff,
ffon, pastwn', gw. IGE¹ 397; yn ffig. golyga 'picell, gwaywffon';
cf. *ar llwrw ysgwyd uwrw ysgyryon*, H 96. 7.

16. ysgwthyr llif llid dryon: *ysgwthyr*, gw. IGE¹ 3, 56–7, 'llun
cerfiedig neu baentiedig'; yn drosiadol *ysgythrwr cad*, 'dyn yn
cerfio ffordd drwy'r gelyn'. Dyfynna Syr Ifor Williams
yscythrich fort a delhich ti a llunhich tagneuet, R 1322. 43. Gw. eto
Thomas Jones, *Y Bibyl Ynghymraec*, Caerdydd, 1940, 71–2,
'carving, engraving, addurnwaith, toriad, naddiad', a'r ferf
ysgythru, 'torri, addurno; extremare, detruncare, putare,
frondare; coelare, insculpere', yn ôl D. Y darlun yma yw o
filwr yn torri llwybr trwy'i elynion, megis llifeiriant: cf. *Oet*

cleudaer oet claer cletyf uch gwein/a llinon yg gnif a llif rac llein,
H 83. 17–18.

16. dryon: sef Dryon mab Nudd, pennaeth un o'r tair gosgordd
addwyn, TYP rhif 31, *Gosgordd Dreon Lev yn Rotwyd Arderys*
(Arfderydd), rhif 31W. Ni wyddys dim amdano, ond awgrymir
yn TYP 329 y posibilrwydd mai un o feibion Nudd Hael
ydoedd. Cf. *Treis dreon,* H 110. 3 (R 1438. 17).

19. digabyl wawr gwryawr ual gwron: cf. *Gwawr gwryawr
goradein,* H 101. 18.

20. bliant arwyton: defnydd gwisgoedd yw bliant gan amlaf,
ond cf. *Arwydon tec guedus arwreid o bali oed arnunt* (sef llongau
Matholwch), WM 39. 13–15; *ac ystondard o vliant purdu ar y
wayw,* WM 231. 3. Ar *bliant,* 'math o ddefnydd tenau, hardd',
gw. PKM 146.

21. nut y netuon mordaf: dau o'r Tri Hael yw Nudd a Mordaf:
y trydydd yw Rhydderch. Gw. TYP rhif 2, a'r cyfeiriadau
atynt a roddir yno, 5–6. Enwir hwy yn y farddoniaeth yn dra
chyffredin yn safon haelioni, y tri ynghyd weithiau, neu ddau
ohonynt megis yma; cf. *Gwreituab gruffut digraffaf am rec/yn
dedfeu mawrdec nut a mordaf,* H 58. 13–14; *Gwell wytt un edmyc
treissyc nor tri/mordaf nut ryderch yn dedyf roti,* H 263. 5–6. Ar
dedyf, 'arfer, moes, dull; priodoledd, cynneddf', gw. GPC.

22. pryd adaf: ar degwch Adda gw. TYP 124, 263.

25. eryron: cyffredin yw'r defnydd o eryr(on) yn ffig., gw. G.

26. dinas kertoryon: *dinas,* 'noddfa, amddiffyn'; cf. *Eur gor dor
dinas kerdorion,* H 96. 1.

II

1   Gwr yssyt yn twr yn hir westi.
      gwreit teyrneit teyrnwalch ri.
   Gwr am dotiw gwall oe golli o uyw.
    Gwreitlyw a glyw y gloduori.
5   Gwr teleid teiluoet lochi.
      Gwr teilu teilwg y uoli.
   Gwr ygryd yn ryd gwr ual rodri.   mawr
    gwr eurglawr aessawr usswyt holli.
    Gwr yn rwym gan rwyf eryry.
10   Gwr pei ryt ual run uab beli.
   Gwr ny adei loegyr y losgi y deruyn.
    Gwr o hil meruyn mawruryd benlli.
     Gwr toruoet Gwr gwisgoet gwisgi.

Gwr gwasgawd kiwdawd cad weini.
15 Gwr cadarn cadoet reoli.
Gwr cadwent kedwis haeloni.
Gwr eurfut dilut hep doli.
Gwr diletyf prifddeddyf pryderi.
Gwr oet ewein hael ny wnei holi mach.
20 Gwr nyd oet lyfrach noc elifri.
Gwr a beris lloer llwry goleuni.
Gwr a beris heul nyd treul tregi.
yr gwir dduw yt wyf yn erchi.
yr gwyr nef om neuawl weti.
25 ar oed byrr os tyrr torri glas efyn
gan uot llywelyn llyw kedwli.
Gan uod hir gymod heb gam ynni.
gan ddidwyll gymwyll gymodi.
Gan uadeu o dduw y dodi.   yg crocwet
30 Gan uyned yr bet bu bot keli.
Gan gredu penn llu llwry kyuodi.
Gan holl ddifryd byd oe bym weli.
pam na uadeu brawd y broui arall
a uyt wrth ddyall guall gosbi.
35 Ny uet namyn duw digyuoethi dyn
digart lywelyn lew tra gweilgi.
Dewr dragon berywon borthi.
dreic arueu pebylleu pali.

Gŵr sydd mewn tŵr mewn llety maith,
gwrol, teyrnaidd, brenhinol walch, brenin.
Gŵr y daeth im ddiffyg o'i golli o blith y rhai byw,
Arweinydd gwrol a glyw ei glodfori.
Gŵr hardd sy'n noddi gosgorddion,
Gŵr gosgordd sy'n deilwng i'w foli.
Gŵr yn yr ymladd yn y rhyd, gŵr fel Rhodri Mawr,
gŵr gloyw yn hollti tarianau'n ddrylliau,
Gŵr yn rhwym gan arglwydd Eryri,
Gŵr, pe bai'n rhydd fel Rhun fab Beli,
Gŵr ni adawai i Loegr losgi ei derfyn.
Gŵr o hil Merfyn, ac urddas Benlli,
Gŵr â thorfoedd, gŵr â gwisgoedd, yn hoenus,
Gŵr sy'n gysgod i'w bobl, yn gweini'r frwydr,
Gŵr cadarn yn rheoli lluoedd,
Gŵr y frwydr, bu'n hael,
Gŵr â'i fudd yn ddi-ludd, di-ddogn,

Gŵr grymus, prif gynneddf Pryderi.
Gŵr oedd Owain hael ni hawliai fach,
Gŵr cyn ddewred ag Elifri.
Y Gŵr a wnaeth y lloer, llwybr goleuni,
Y Gŵr a wnaeth yr haul, nid yw ei draul yn pallu,
I'r gwir Dduw yr wyf yn erchi,
er angylion nef â'm gweddi tua'r nef,
dorri'r gefyn glas, os tyrr, mewn ysbaid fer,
yn ôl ewyllys Llywelyn, arglwydd Cydweli.
Gan fod hir gymod heb fai inni
gyda chymodi y sonnir amdano'n ddidwyll,
Gan i Dduw faddau ei ddodi ar groesbren
gan fynd i'r bedd, bu'n ewyllys Duw,
Gan gredu'r ffordd y cyfodwyd Pen llu,
gan amddiffyn y byd yn llwyr â'i bum clwyf,
pam na rydd brawd y gorau i brofi arall?
a fydd cosbi ynfyd yn ildio i ddeall?
Nid oes hawl ond gan Dduw i ddifeddiannu dyn,
Ddi-fai Lywelyn, lew tra moroedd,
Pennaeth dewr, sy'n bwydo barcutiaid,
Arglwydd arfau, pebyll sidan.

NODIADAU

Mesur: Cwpledi o gyhydedd nawban neu o gyhydedd fer gyda
thoddeidiau'n dilyn; cf. CD 340–1, HGC 163. Yna cwpledi o
gyhydedd fer a chyhydedd nawban yn gymysg â thoddeidiau.
Diweddir â chwpled o gyhydedd. Ceir peth amrywiaeth yn
nifer y sillafau, e.e. 11 yn lle 10 yn ll. 11, 29. Y brif odl yw *-i*.
Y mae'r 22 llinell gyntaf â chymeriad dechreuol *gwr*, techneg
rethregol nid anghyffredin yn awdlau'r Gogynfeirdd, e.e.
H 58. 4–25, 70. 24–71. 10, 71. 20–72. 4, 141. 29–142. 10.

2. teyrnwalch: tair sillaf, cf. *teyrneit*, y gair blaenorol. Ar
gwalch, gw. G a'r ffurfiau cyfansawdd a restrir yno. Â'r ffurf
hon cf. H 69. 12, 116. 5, 151. 17, 236. 7.

4. Gwreitlyw a glyw y gloduori: *gwreit*, 'gwrol, dewr, rhagorol,
gwych', (G)+*llyw*, 'arglwydd, tywysog, arweinydd'. *glyw*, gw.
G am *glyw*, 'dewrion, milwyr, llu, byddin', 'a llu i'w glodfori'.
Gair arall yw *glyw*, 'pennaeth, arweinydd', fod Owain yn
arglwydd i'w glodfori, cf. GG 38, *Gwreiddlyw a glyw i'w glodfori*.
Trydydd posibilrwydd yw mai 3 un. pres. myn. clybot, clywed,
sydd yma, 'arweinydd dewr a glyw ei glodfori' (cf. G 151
yn betrus).

5. teiluoet lochi: gw. yr awdl gyntaf, ll. 4, ar *llochi*.

7. Gwr ygryd yn ryd: ar *gryd*, 'brwydr' gw. CLlH 57. Cf. H 110. 1, *gwr yg gryd gwyr gwrhyd gwr hy*; 104. 27, *keimyad gryd; llew yg gryd*; R 1052. 16, *lloegyrwys ar gwynuan gwann vyd, gwyr yggryt cwynyt emennyd*, a gw. eto AAYH 293 lle y cyfeirir at enghreifftiau yn y Llyfr Du.

Traddodiadol yw'r cyfeirio at ymladd ar y rhyd, e.e. CT VII. 29, *lletrud a gyfranc ac Vlph yn ryt*; T 56. 26, *yn drws ryt gweleis y wyr lletrudyon*; a'r cyfeiriadau at ymladd yn *ryt alclut*, T 61. 16, *ryt ar taradyr*, 73. 14, *ar ryt benclwyt*, CA 1122. Cf. *dyuit en cadw ryt*, CA 1154; *armaaf y wylyaw ryt*, CLlH, I, 3b; *gorseuyll yn ryd rodawc andibelld*, H 31. 17; *y wryd yn ryd reid niuer*, 54. 1. Rhyd ar afon fyddai'r llwybr naturiol tros y ffin, cf. PKM 5.

7. rodri mawr: mab Merfyn Frych, sefydlydd llinach frenhinol Gwynedd. Esgynnodd i'r orsedd yn 844.

8. eurglawt: gw. G 497 am yr ystyr, 'hardd neu wych ei wyneb, gloyw, disglair, prid'.

8. usswyt: yn ddarnau, yn ddrylliau. Gw. CA 162 lle y dyfynnir MA² 239ᵇ, 29, *Lliwgoch y lafnawr aesawr uswyt*.

9. rwyf eryri: os disgrifiad syml yw hyn, cf. *dreic eryry*, H 96. 3 (marwnad Cynddelw i Owain Gwynedd), 262. 31, ond ni welais enghraifft o rwyf, neu arglwydd, etc., Eryri, a gall fod blas teitl ar yr ymadrodd. Mabwysiadodd Llywelyn ab Iorwerth y teitl *princeps Aberfraw Dominus Snawdon* yn 1230, gw. J. E. Lloyd, HW, II, 682.

10. pei ryt . . . ny adei: ymadrodd rhethregol yw hyn i gadarnhau dewrder y gwrthrych (a dilorni dinerthedd y sawl sy'n ei garcharu yn yr achos hwn). Cf. MA² 222ᵃ, 38–9, *Pei yn fyw fyddynt o mmon Perynt hynt hendref Wyrangon*; 225ᵇ, 7–8, *Byddei praff heddyw y pryned oi fedd Pei yn fyw y caffed*; 155ᵇ, 13–14, *Pei byw llary lleissiawn Ni luestai wyned ym mherfed edeirniawn*. Fel y gwelir, mewn marwnadau y digwydd fynychaf.

10. run uab beli: un o *dri ruduoawc Enys Prydein*, 'blvydyn ny doy na gvellt na llysev y ford y kerdei yr vn o'r tri', TYP rhif 20, td. 500.

11. ny adei loegyr y losgi: gw. GMW 197–8 ar y gystrawen.

12. hil meruyn: sef Merfyn Frych. Ar y modd y defnyddiai'r beirdd achau, a'u pwys ar hil, gw. D. Myrddin Lloyd, *Rhai Agweddau ar ddysg y Gogynfeirdd*, 1977, 4–6, J. E. Caerwyn Williams, *Canu Crefyddol y Gogynfeirdd*, 1977, 24, LlC, 11, 46–7.

12. mawruryd benlli: ceir nifer o gyfeiriadau at nodweddion
Benlli Gawr yn y farddoniaeth, e.e. *gormes uenlli*, H 127. 19;
gwrhydri benlli, R 1403. 24; *brat benlli*, R 1343. 29; a gw. G.
Er hynny, ychydig a wyddys amdano ar wahân i'w ymryson â
Sant Germanus, *Historia Brittonum*, adran 32, a'r awgrym o
gyswllt ag Arthur yn *gwaevddur ual arthur vrth gaer uenlli*,
H 68. 14, *Aberystwyth Studies*, 8, 43.

14. cad weini: cf. *Gwr gweinnyad yg cad*, H 142. 9. Ar *gweini*,
'gweinyddu, gweithredu, peri', gw. G.

16. kedwis haeloni: cf. *Bleinyat gat hwylyat haelonaeth a geidw*, H
188. 11; ac am *cadw* gydag enwau o gyffelyb ystyr, cf. *Nyd oes
yn cadw oes a moes a mynudyt*, H 200. 23.

17. Gwr diletyf prifddeddyf pryderi: ar *lledyf*, 'isel, iselfryd,
didraha, ar ŵyr', gw. PKM 227, TYP 14–15, 'prostrate,
subdued': *diletyf* fyddai 'egnïol, grymus, gweithredol'. Ar
deddyf, 'arfer, cynneddf', gw. n. 21 yr awdl gyntaf.

20. nyd oet lyfrach noc elifri: ceir nifer o gyfeiriadau at Elifri
ond yr unig wybodaeth sicr amdano yw'r hyn a ddywedir yn
chwedl Gereint, WM 387. 7 (WM 411. 32/3), *Eliuri a oed penn
maccwyf* (i Arthur). Yn y farddoniaeth (gw. G) cyfeirir ato,
oe lifrei n valchach noc elifrei, R 1271. 19; *milwr mal eilivri
lewgoryf*, R 1317. 42; *gormod alaf rod elyfry*, R 1438. 20; *rwysc
angert eliuri*, H 79. 10; *detyf elifri*, H 263. 25.

21. Gwr a beris lloer: cf. *Gwr a gynneil y lloer yny llawnwet*,
H 59. 1. Er mai'r un cymeriad dechreuol sydd i'r ddwy linell
hyn, nid at Owain y cyfeirir eithr at Dduw.

24. gwyr nef: angylion. Cf. cywydd yr alarch, DGG, XXVI,
40. 3, 4, *Llewych edn y lluwch ydwyd, Lliw gŵr o nef, llawgrwn wyd*.

25. glas efyn: glas yw'r ansodd. arferol i ddisgrifio arfau a
metelau megis haearn neu ddur, gw. G 531.

28. gan ddidwyll gymwyll gymodi: 'gyda chymodi a gym-
hwyllir (grybwyllir, y sonnir amdano) yn ddidwyll'. Ansodd.
cyfansawdd yn goleddfu cymodi yw *didwyll gymwyll*.

31. llwry kyuodi: ar *llwry, llwrw*, lluos. *llyry*, 'ôl, llwybr' (cf.
llinell 21, *lloer llwry goleuni*), gw. CA 118, 120. Cytras ag ef yw
Gw. *lorg* 'by-path, path, method, manner', a'r un ystyr ffig.
sydd i'r gair Cym., 'dull, modd'. 'Gan gredu'r ffordd y
cyfododd (cyfodwyd) Pen llu'. (Diolchaf i'r Athro Geraint
Gruffydd am drafod hyn gyda mi ac am ei awgrymiadau.)

32. holl ddifryd: diffryd yn llwyr, yn gyfan gwbl.

33. uadeu . . . y broui arall: adlais yw hyn o linell 29, a diau fod y bardd yn y ddau le yn ymwybod â holl ystyron *maddau*. Cyffredin, wrth reswm, yw 'to forgive', ond yr ystyron cynharaf yw 'gollwng yn rhydd', ac fel y'm hatgoffwyd gan yr Athro Geraint Gruffydd, 'ymadael â, rhoi'r gorau i'. Gw. WVBD 359, *Geninen*, 26, 37, 'yr wyf yn methu maddau iddo, I cannot part from it', am beth blasus neu bleserus, 'maddau bun', GDG 51, 46, 'ymadael â merch'. Cf. D, *linquere, relinquere; dimitere, mittere; parcere, remittere, ignoscere, donare*. Richards, *Antiquae Linguae Britannicae Thesaurus, leave, forsake, quit, dismiss, let go; spare, pardon, forgive, remit*.

34. guall gosbi: ar *cuall*, 'ffyrnig, milain, buan', 'sydyn, buan, cyflym; gwyllt, byrbwyll; ynfyd, ffôl, angall', gw. G a GPC.

37. berywon: adar ysglyfaethus, barcutanod, gw. B, 1, 19–20, a'r enghreifftiau a roddir yno.

38. pebylleu pali: math o sidan yw pali, Ffr. *paile*, gw. BM 18–19, PKM 107, ac fel arfer, deunydd gwisgoedd ydyw.

GOLWG AR GYFUNDREFN Y BEIRDD YN YR AIL GANRIF AR BYMTHEG

Gwyn Thomas

Fe ddechreuwn gyda dyfyniad o gywydd gan Siôn Powel o Ryd-yr-Eirin, Llansannan (a fu farw yn 1767) am noddwyr a beirdd:

> Hyll awyr, ni bu llawnach
> Y cybyddion crinion, crach
> Yn trin y byd—ddybryd ddig—
> A charu pridd a cherrig;
> Ac ni chair—od air ar daith—
> Braidd un a gâr barddoniaith;
> Hardd waith y beirdd a'u hurddas
> Weithion i gyd aeth yn gas;
> A, gresyn arw, dremyn drwg
> A chreulon—och o'r olwg—
> Sydd ar waith, mor ddiffeithiawl,
> Y prif feirdd a'u pêr wiw fawl.[1]

Tant a drawwyd yn aml yn yr ail ganrif ar bymtheg, a chyn hynny, yw hwn—'mae nawdd ar drai'. Ymdrechion i atal y trai, i ryw raddau, oedd eisteddfodau 1523 a 1568 yng Nghaerwys, y ddeiseb am eisteddfod 1594, a Statud Gruffudd ap Cynan. Erbyn yr ail ganrif ar bymtheg fe ddatblygodd cwyno am drai nawdd yn ffordd o foli: gwneid hyn trwy wrthgyferbynnu haelioni'r uchelwr a gyferchid â diffyg nawdd uchelwyr eraill.

Yn ôl y beirdd, y tri achos sylfaenol am y trai oedd seisnigo'r uchelwyr, eu pryder am eu buddiannau eu hunain, a diffyg haelioni. Hynny yw, chwiliai'r beirdd am achosion y tu allan i'w cyfundrefn hwy er mwyn esbonio'r trai. Fe welir bod modd nodi'r achosion hyn fel dylanwad cynyddol Lloegr ar yr uchelwyr a dylanwad yr ethos bourgeois arnynt.

---

[1] LlGC Swansea 1, 194–5. Sylwer nad wyf, fel rheol, wedi cymharu gwahanol gopïau o gerddi. Yr wyf wedi diweddaru orgraff y dyfyniadau (lle na fo anawsterau o wneud hynny) ac wedi eu hatalnodi.

Yn sicr fe gyfrannodd yr achosion hyn yn sylweddol at
waethygu'r berthynas rhwng noddwyr a beirdd, ond yr oedd
achosion eraill hefyd. Newidiodd yr uchelwyr gydag amgylch-
iadau'r cyfnod a newidiodd eu diddordebau. Yn sicr, gyda'r
pwyslais ar addysg uchelwyr, dechreuodd rhai ymddiddori
mewn darllen. Yn y cyswllt hwn mae'n ddiddorol nodi cyngor
a roddwyd i William Vaughan o Gorsygedol ar ran Siôn
Bryncir mewn cywydd o'r eiddo William Phylip:

> Darllenwch, da yw'r llinyn,
> Pob llyfr doeth, pob llafur dyn;
> Ni bydd doeth, drannoeth dro,
> Iarll hen ond a ddarlleno.[2]

Y ffaith amdani yw na wnaeth y beirdd traddodiadol unrhyw
ymgais i elwa ar y llyfr printiedig fel ffordd o gyflwyno eu
gwaith tan y ddeunawfed ganrif. Mae'n anodd eu beio gan
mai crefft lafar oedd eu crefft hwy—er bod cerddi'n cael eu
hysgrifennu mewn llawysgrifau, wrth gwrs. Defnyddiau o
ddiddordeb teuluol oedd swmp eu gwaith hefyd, defnyddiau na
fyddai eu hapêl yn ddigon cyffredinol i weddu i lyfrau print.
Golygai hyn na allai'r bardd Cymraeg, yn wahanol i'r ysgrif-
ennwr o Sais Elizabethaidd dyweder, droi at gynulleidfa
ehangach o ddarllenwyr a darganfod nawddogaeth newydd a
gwahanol. Byddai'n rhaid iddo newid natur ei ganu i hynny
ddigwydd.

   Y mae'n amlwg fod yna alw am gerddi traddodiadol, rhai'n
cynnwys achau teuluoedd a chyfeiriadau teuluol; digon o alw
i'r beirdd anwybyddu erfyn dyneiddwyr fel William Salesbury,
Siôn Dafydd Rhys ac Edmwnd Prys am farddoniaeth o fath
newydd a fyddai'n porthi diddordebau newydd yr uchelwyr.
Anodd fyddai meddwl am farddoniaeth newydd ei hapêl yn
talu ei ffordd—peth pwysig iawn i feirdd y gyfundrefn
draddodiadol. Ac, yn wir, yr oedd nawdd llenyddol nid
annhebyg i un y beirdd yn tueddu i farw mewn gwledydd
heblaw Cymru erbyn yr ail ganrif ar bymtheg. Dal at y
noddwyr o uchelwyr, cyfreithwyr a gwŷr yr eglwys, cyn belled
ag y gallent, a wnaeth y beirdd.

_____
[2] C 33, ix.

Fel yr âi'r ganrif rhagddi fe ddigwyddodd rhai pethau arwyddocaol. Yn gyntaf, fe dueddodd y cerddi i uchelwyr (o ba radd bynnag) i fynd yn gerddi ar achlysuron arbennig, yn hytrach na bod yn gerddi mawl arferol. Er enghraifft, mae cyfartaledd marwnadau, cerddi ar godi gŵr yn siryf, a cherddi gofyn yn codi ar draul cerddi mawl pur. Awgryma hyn fod y bardd yn tueddu i droi'n ŵr yr amgylchiadau arbennig yn hytrach na bod yn ganwr mawl a diddanwr. Yn ail, yng ngwaith beirdd fel Edward Morris, Huw Morys, Owen Gruffydd ac Ellis Rowland ceir nifer cynyddol o gerddi i rai nad oedden nhw ddim yn uchelwyr. Dichon fod y cyfeirio a geir at 'weniaith' yng ngherddi ail hanner y ganrif yn dangos bod y beirdd braidd yn hunan-ymwybodol ynglŷn â chanu mawl y traddodiad i rai o isel radd. Yn drydydd, cynyddodd nifer y cerddi nad oedden nhw ddim yn gerddi traddodiadol. A oedd y beirdd yn cael tâl am y rhain ac am gerddi i rai nad oedden nhw ddim yn uchelwyr? Dichon eu bod, a bod y tâl hwnnw'n llai na thâl am gerddi i uchelwyr. Yn bedwerydd, 'r oedd cylchoedd clera'r beirdd yn cyfyngu. Golyga hyn i gyd fod bardd y traddodiad mawl, erbyn tua 1700, ar ei ffordd i fod yn fardd gwlad.

Gadewch inni'n awr droi at hyfforddiant y beirdd. Os trown ni at Iwerddon fe gawn ni yno dystiolaeth y *Clanrickarde Memoirs* am ysgolion barddol (*Dámh Scol*). (Mae'r dystiolaeth yn perthyn i gyfnod ychydig yn ddiweddarach na 1641, pryd y darfu am yr ysgolion hyn.) Yn yr ysgolion câi'r disgyblion hyfforddiant yn yr iaith Wyddeleg a'i llenyddiaeth, yn hanes Iwerddon a'i chyfreithiau, a mydryddiaeth. Dyma ddyfyniad ynghylch y dull penodol o ddysgu yn yr ysgolion hyn:

> The Students upon thorough Examination being first divided into Classes, wherein a regard was had to every ones Age, Genius, and the Schooling had before, if any at all, or otherwise. The Professors (one or more as there was occasion) gave a Subject suitable to the Capacity of each Class, determining the Number of Rhimes, and clearing what was to be chiefly observ'd therein as to Syllables, Quatrans, Concord, Correspondence, Termination and Union, each of which were restrain'd by peculiar Rules. The said Subject (either one or more as aforesaid) having been given over Night, they work'd it apart each by himself upon his own Bed, the whole next day

in the Dark, till at a certain Hour in the Night, Lights being brought in, they committed it to writing. Being afterwards dress'd and come together into a large Room, where the Masters waited, each Scholar gave in his Performance, which being corrected or approv'd of (according as it requir'd) either the same or fresh subjects were given against the next Day.[3]

Ar Sadyrnau a gwyliau âi'r myfyrwyr at uchelwyr a ffermwyr cefnog am eu cynhaliaeth.

Hyd y gwn i nid oes cofnodion am ysgolion barddol yng Nghymru, eithr y mae tystiolaeth fod yna hyfforddiant i feirdd. Y ddogfen bwysicaf ynglŷn â'r pwnc hwn yw Statud Gruffudd ap Cynan, fel y'i gelwir, o'r unfed ganrif ar bymtheg. Gan fod rhai wedi sôn am y statud honno a'i manylion mewn mannau eraill[4] nid af ar ei hôl hi yma. Digon fydd nodi bod y statud am weld bardd yn medru ei gynnal ei hun gyda'i grefft ac am arbed noddwyr rhag gormod o ymweliadau gan feirdd.

Yn Iwerddon, yn yr adeg pan oedd llewyrch ar gyfundrefn y beirdd yno, fe gydnabyddid rhai 'teuluoedd barddol' megis yr O'Husseys, yr O'Higgins a'r O'Dalys.[5] O amser Beirdd y Tywysogion fe geir cip ar ambell deulu fel hyn yng Nghymru. Yr un mwyaf nodedig yn y cyfnod dan sylw yw teulu Phylipiaid Ardudwy. Fe ganolbwyntiwn ni'n sylw ar y teulu hwn. 'R oedd Siôn Phylip (1543?–1620) yn ddisgybl i Wiliam Llŷn, fel y dywed yn ei farwnad i'r bardd hwnnw:

> Ef a rodd gyfarwyddyd,
> O'i boeni, i bawb yn y byd,
> Gwnaeth â'i athrawiaeth reol,
> O gwnawn, i gan(u)'n ei ôl
> Fel nad rhaid, ar foliant rhwydd,
> Onid tilyd [sic: dilyd] nod hylwydd
> A choelio llwybyr a chalyn:
> Ysgwir [sic: Ys gwir] y ddysg a rodd yn.[6]

---

[3] Gw. P. J. Dowling, *The Hedge Schools of Ireland* (Dublin, s.d.), 8.

[4] Thomas Parry, 'Statud Gruffudd ap Cynan', B, 5 (1931), 25. G. Thomas, *Eisteddfodau Caerwys* (Caerdydd, 1968), 42–82.

[5] Rachel S. Bromwich, 'The Continuity of the Gaelic Tradition in Eighteenth-Century Ireland', *The Yorkshire Society for Celtic Studies Transactions*, 4 (1947–8), 2.

[6] J 101, 43–4. Sylwer bod Wiliam Llŷn yn athro barddol i eraill hefyd; er enghraifft, Lewys Dwnn, Rhys Cain ac, efallai, Siôn Cain.

Noda Edmwnd Prys, mewn marwnad i Siôn Phylip, fod ganddo ef ddau athro barddol, sef Wiliam Llŷn a Gruffudd Hiraethog:

> A thrwy nerth athrawon iach
> Gruffydd gref ffydd orthgraff [sic: orgraff] wych
> Gwrddrym Hiraethog eurddrych,
> Mawl i eiliau [sic: a eiliai] mal William
> Llŷn gynt, heb pennill yn gam:
> Y rhain oedd yr henyddion,
> O dasg serch, yn dysgu Siôn.[7]

Awgryma'r dystiolaeth ynglŷn ag eraill a chanddynt ddau athro nad oedd hynny'n anarferol iawn. Graddiodd Siôn yn 'ddisgybl pencerddaidd' yn Eisteddfod Caerwys 1568. Nododd Gruffudd Hafren mai ef oedd yr olaf i farw o'r rhai a gafodd radd yn yr eisteddfod honno:

> Gwn nad oes fardd wrth harddwaith
> Graddol yn i [=ei] ôl o'n iaith.[8]

Dysgodd Siôn grefft cerdd dafod i'w frawd, Rhisiart (m. 1641), ac i'w fab ei hun, Gruffydd (m. 1666):

> Dysgodd brydyddion dwysgerdd,
> Disgyblion y gyson gerdd,
> Brawd a mab i brydu mawl—
> Iawn addysg awenyddawl.[9]
> (Evan Lloyd=Ieuan Llwyd Sieffre, mae'n debyg.)

Dichon mai ef a ddysgodd ei fab Phylip John Phylip (m. tua 1677) hefyd. Dysgodd Rhisiart ei nai, William Phylip (m. 1669/70), fel y dywed hwnnw mewn marwnad i Risiart:

> Collais, grysynais yna,
> F'ewythr a dysg fy [sic=f'] athro da.[10]

Gwelwn yma ach o hyfforddiant, fel petai. Diau, petai ein gwybodaeth yn gyflawn, y gallem nodi ach hyfforddiant y rhan fwyaf o feirdd yr ail ganrif ar bymtheg.

---

[7] LlGC Peniarth 124, 259.
[8] Ibid., 263.
[9] Ibid., 262.
[10] LlGC Wynnstay 6, 46.

Hyfforddiant llafar oedd sylfaen addysg y beirdd er bod ganddynt eu gramadegau a gynhwysai fanylion eu haddysg. Yn yr unfed ganrif ar bymtheg, a chyn hynny, 'r oedd y beirdd am gadw eu gramadegau'n gyfrinach.[11] Yna daeth y dyneiddwyr a fynnai ddod â'r ddysg farddol 'i olwg holl Europa'[12] a daeth gramadegau megis rhai Wiliam Midleton a Tomos Prys (ni chyhoeddwyd hwn) lle, fel yr awgrymodd D. J. Bowen,[13] yr oedd dysg y beirdd yn cael ei symleiddio ar gyfer amaturiaid o ddyneiddwyr. Ond er y cyhoeddi gramadegau a fu tua dechrau'r ail ganrif ar bymtheg yr oedd gan y beirdd eu gramadegau o hyd, mewn llawysgrif. Nodaf rai cyfeiriadau sy'n dangos pwysigrwydd y gramadegau yng ngolwg y beirdd.

Mewn ateb i gywydd gan Siôn Phylip cymer Siôn Tudur arno fod Phylip wedi boddi:

> Mwydodd ei lyfr gramadeg.[14]

Y mae yma dystiolaeth fod y bardd yn cario llyfr gramadeg neu ddwned gydag ef. Mewn marwnad i Siôn Phylip dywedodd Gruffudd Hafren:

> Y dwned aeth dan y dŵr
> Wedi nodi dwnedwr.[15]

Dyma Gruffudd Hafren eto, mewn marwnad i Thomas Penllyn:

> Dwnedwr diwan ydoedd
> A dwn [? dawn] a dysg Dwned oedd.[16]

Wrth ganu amdano'i hun yn ei henaint dywedodd William Phylip:

> Difrawu i ganu dan gwyno, [sic] i rwy [=yr wy]
>   A'r awen yn ffaelio,
> Rhoi'r gerdd lwys i orffwyso
>   A'r dwned hen dan y to.[17]

---

[11] GP, xc.

[12] Thomas Parry, 'Gramadeg Siôn Dafydd Rhys', B, 6 (1932), 229.

[13] D. J. Bowen, 'Gruffudd Hiraethog ac Argyfwng Cerdd Dafod', LlC, 2 (1953), 150.

[14] Enid Roberts, Gwaith Siôn Tudur (Bangor, 1978), 519.

[15] LlGC Peniarth 124, 263.

[16] LlGC Cwrt-mawr 11, 190.

[17] LlGC Swansea 2, 371.

Mewn cerdd i Gruffydd Phylip nododd:

> Gruffydd Phylib, gŵr hoffaidd
> A ŵyr grym dwned a'r gwraidd.[18]

Sonia Edward Morris am Thomas Jones o'r Cricyn fel 'tad y gramadeg'.[19] Dengys y dyfyniadau hyn mor bwysig oedd eu 'gramadeg' yng ngolwg y beirdd. Fe nododd G. J. Williams y rheswm am hyn:

> ... nid llyfr i ddisgyblion ydyw gramadeg y beirdd—yr oedd gan yr athro ei ddulliau ei hun o roi hyfforddiant llafar—eithr llyfr a gynhwysai ddisgrifiadau moel.[20]

Hynny yw, offeryn a oedd yn fwyaf effeithiol yn nwylo athro o fardd oedd gramadeg y beirdd.

Fel y nodwyd yn barod, fe gyhoeddwyd gramadegau. Dyma oedd gan Meurig Dafydd i'w ddweud am ramadeg Lladin Siôn Dafydd Rhys (*Cambrobrytannicae Cymraecaeve Linguae Institutiones et Rudimenta . . .* 1592):

> Gwae brydydd o'r dydd, o r' daw
> Dyrnod eisteddfod arnaw,
> Oni ŵyr yn llwyr holl iaith
> Y llyfr hwn, llafar heniaith.[21]

Gwybod cynnwys y llyfr yn Gymraeg a olyga hyn. Eithr beth am y Lladin: a ddylem ni fwrw o'r neilltu wybodaeth y beirdd o'r iaith honno mor ddiseremoni ag y tueddwn wneud? Mewn marwnad i Siôn Phylip, a dadogwyd ar Richard Cynwal[22] ac ar Huw Machno,[23] dywedir bod awdur y gerdd a Siôn yn arfer:

> Amodi y gramadeg
> A nithio dwy hen iaith deg:
> I'r [? O'r] Ladin reol odiaeth
> I'r Gymräeg deg, clod aeth.[24]

[18] LlGC Swansea 3, 93.
[19] Gwenllian Jones, 'Bywyd a Gwaith Edward Morris, Perthi Llwydion' (Traethawd M.A. Prifysgol Cymru, 1941), 299.
[20] G. J. Williams, *Agweddau ar Hanes Dysg Gymraeg* gol. Aneirin Lewis (Caerdydd, 1969), 48.
[21] Cy, 4 (1881), 223–4.
[22] LlGC Peniarth 124, 260 *et seq.*
[23] Dan Lynn James, 'Bywyd a Gwaith Huw Machno' (Traethawd M.A. Prifysgol Cymru, 1960), 47 *et seq.*
[24] Ibid., 48.

Awgryma hyn fod y ddau fardd yn dethol a chymhwyso rheolau gramadeg Lladin i'r Gymraeg. A dyna inni'r dystiolaeth am Siôn Tudur:

Maen tra theg mewn tair iaith oedd.[25]

Y tair iaith fyddai Cymraeg, Saesneg a Lladin. Efallai bod ambell fardd a allai fwrw golwg ar ramadeg Lladin Siôn Dafydd Rhys. Daeth gramadeg Lladin y Dr. John Davies yn y man (*Antiquae Linguae Britannicae* . . . *Rudimenta* 1621), a oedd yn amgenach peth na gramadeg Siôn Dafydd Rhys, ac fe gafodd hwn gryn sylw gan y beirdd. Chwedl Siôn Clywedog:

Ei ramer pur, a rwymed,
Yw purder gramer i gred.[26]

Nid yn yr ail ganrif ar bymtheg y dechreuwyd rhoi sylw i ramadeg y beirdd, wrth reswm, eithr y mae natur y cyfeiriadau ato yn y cyfnod hwn yn peri i ddyn feddwl bod gramadeg ysgrifenedig yn dod yn bwysicach, bwysicach. Pen draw hyn, ar un olwg, yw *Grammadeg Cymraeg* Siôn Rhydderch yn 1728 ac anogaeth anghrefftus fel hon i Michael Pritchard gan Ellis Rowland o Harlech:

Cais lyfrau gore [=gorau] gwiwrwydd i'th nod,
   Nhw ath gwnaen [=Nhw'th gwnân] yn gyfarwydd,
Etholiad pob iaith hylwydd—
Gramadeg, rhetoreg rhwydd.[27]

Ym marddoniaeth yr ail ganrif ar bymtheg ceir ambell olwg ar y materion a drafodai'r beirdd. Awgryma'r golygon hyn pa fath bynciau oedd yn rhan o addysg y beirdd. Yn ei farwnad i Simwnt Fychan mae Siôn Phylip yn dwyn i gof rai o'i ragoriaethau (fe italeiddir y pethau pwysig):

Cawn yn ei fedd, can hawdd fyd,
Cof o wraidd y *cyfarwyddyd* [=cyf'rwyddyd];
Rhiw Gwyn [? Rhyw gŵyn] fydd y rhawg yn fau—
Rhoi llwch ar yr holl *achau*,
A rhoi mewn tir (amwynt tost)

[25] Enid Pierce Roberts, 'Siôn Tudur', LlC, 2 (1952), 94.
[26] LlGC 5269, 392b.
[27] BL 14981, 53a.

Arfau cred: rhyfig rhydost!
Brawdwr *y gerdd bur* ydoedd,
Brawd ffydd yr awenydd oedd.[28]

Ystyriwn y geiriau a italeiddiwyd. Yn ei gyd-destun mae'n amhosib penderfynu ai'r ystyr *hyfforddiant* ynteu'r ystyr hŷn o *chwedlau* sydd i'r gair *cyfarwyddyd*. Yn sicr bu llên Cymru'n rhan o addysg y beirdd ar un adeg,[29] ac y mae'r cyfeiriadau at bersonau a digwyddiadau'n dangos bod beirdd yr ail ganrif ar bymtheg yn gwybod am chwedlau Cymraeg. Eithr ped ystyrid y cyfeiriadau at lên draddodiadol yng ngwaith Owen Gruffydd a Siôn Rhydderch, dyweder, —o'u cymharu â gwaith beirdd cynharach, megis Huw Machno a Siôn Phylip—fe welir eu bod yn teneuo. Mae'n wir fod cyfeiriadau o'r fath yn amrywio o fardd i fardd yn ystod y ganrif, eithr y mae'r cyfeiriadau traddodiadol yn lleihau fel yr â'r ganrif rhagddi ac fel yr amlha cyfeiriadau Beiblaidd. Hynny yw, ymddengys fod gwybodaeth am hen lenyddiaeth y Cymry'n llacio ymysg y beirdd ac ymwybod mwy crefyddol yn cynyddu.

Yr ail air italig uchod yw *achau*. A barnu oddi wrth y cerddi sy'n cynnwys achau wedi eu cynganeddu fe ddaliodd gwybodaeth achyddol i fod yn bwysig drwy'r ganrif. Nododd Rhisiart Phylip, yn ei farwnad i Thomas Penllyn, ei fod yn:

Cyfaill yn cofio llinoedd[30]

ac mewn marwnad i Richard Cynwal dywedodd:

Hwn, gwyddai'n ddifai ddyfyr [=? ddifyr]
Holl achau ac arfau gwŷr.[31]

Y trydydd gair italig uchod yw *arfau*. At wybodaeth o beisiau arfau teuluoedd y cyfeiria'r gair. Siôn Cain, yn sicr, oedd yr olaf o'r arwyddfeirdd pwysig, eithr gellir codi gwybodaeth am arfau o waith beirdd trwy gydol y ganrif. Hyd yn oed yn

[28] W. Ll. Davies, 'Phylipiaid Ardudwy . . .' (Traethawd M.A. Prifysgol Cymru, 1912), 182.
[29] G. J. Williams ac E. J. Jones, op. cit., xci.
[30] LlGC 719, 87a.
[31] LlGC Cwrt-mawr 11, 182.

nechrau'r ddeunawfed ganrif gall Ellis Rowland ddisgrifio
arfau Margaret Owen o'r Glyn a Brogyntyn:

A'i harfau golau gwiwlyn
A chroes goch ar ei chrys gwyn,
Ermins a gair ar y maes gwyn
A helmet eurnet arnyn,
A'r baedd gwyllt—er bydd [=budd] ddi-gêl—
Rhad awchus mewn rhwyd uchel,[32]

yn union fel y gallai Cadwaladr ap Rhys Trefnant tua 1600.
Ymddengys fod disgrifio arfau wedi dal yn rhan o ddysg y
beirdd yn ystod yr ail ganrif ar bymtheg.

Y geiriau italig olaf yn y dyfyniad uchod yw *Brawdwr y gerdd
bur*. Dweud y mae Siôn Phylip fod Simwnt Fychan yn ddigon
o feistr ar gerdd dafod i farnu cywirdeb cerddi beirdd eraill.
'R oedd medru barnu a oedd cerdd yn gywir ai peidio'n
rhagoriaeth amlwg. Medrai rhai uchelwyr wneud hyn: dyma
inni Tomos Prys yn sôn am Thomas Glyn:

A phwy ungamp, hoff angerdd
Farwn gwych, a farna gerdd?[33]

A dyna inni Siôn Phylip yn sôn am Huw Nannau:

Da gŵyr Huw o deg hy [=hy *neu* Hu] wraidd
Drwsio bardd anfedrusaidd.[34]

Ac oni allai Robert Vaughan anfon llythyr o'r Hengwrt at
Siôn Cain, yn 1632, yn deisyf arno fel hyn:

mi a ddeisyfaf arnoch gymeryd peth gofal yn eich gwaith o'ch
rhan eich hun, ac o ran y gŵr yr ydych yn coffa amdanaw.[35]

At hyn y mae peth tystiolaeth ynglŷn â'r materion a
drafodai'r beirdd gyda'i gilydd sy'n rhoi inni olwg ar fater eu

---

[32] LlGC Brogyntyn 3, 623.
[33] W. Rowlands, 'Barddoniaeth Tomos Prys o Blasiolyn' (Traethawd M.A.
Prifysgol Cymru, 1912), 265.
[34] W. Ll. Davies, op. cit., 359.
[35] LlGC Peniarth 327 (ii), 97 *et seq.*

dysg. Gwelsom uchod[36] fod mesurau, gramadeg a chyfan-
soddi'n cael eu trafod. Mewn marwnad ymddiddan i Robert
Edward Ellis canodd Ellis Rowland fel hyn:

> Gad fyned drwy gyd-fwyniaith
> Ni, ddeuddyn gytûn i [=eu] gwaith,
> I gyd-eilio, pyngcio peth,
> Mêl ganiad a mawl geneth.
> Siarad am hen fesurau,
> Ystyr iaith, ystoriâu
> Wych addysg, a chywyddau
> Yno yn [=Yno'n] deg a wnawn ein dau.[37]

Diau y trafodid pynciau o'r fath pan ddeuai:

> Cerddorion gloywon yn glau
> A beirdd oddi amgylch [=odd'amgylch] byrddau,[38]

chwedl Thomas Dafydd ap Ieuan. Mewn marwnad i Thomas
Penllyn noda Rhisiart Phylip y medrai ganu cerdd tra'n
bwyta:

> Eurai ganiad ar ginio,
> Aur melyn fu'i englyn o.[39]

Â rhagddo fel hyn:

> Llawen fuom, llawn fywyd
> Lle i doe'r beirdd o holl dir byd,
> Yno yn [=Yno'n] dau yn 'n diawd
> Ŵyl a gwaith yn eilio gwawd . . .
> Os yno yr ymrysonwn
> Ar y bwrdd hir â'r bardd hwn
> Nid oedd rhyngom, fawrdrom fael,
> Ar rifo'r aur ymrafael!

Mae'n amlwg fod yna gyfansoddi wrth y bwrdd—diau fod yr
'englyn' a nodir yn arwyddocaol ac yn awgrym mai englyna
oedd y prif ddiddanwch wrth y bwrdd. 'R oedd yno ymryson
englyna, mae'n debyg, a diau fod llawer o englynion y cyfnod

---

[36] Gw. nodyn 24 uchod.
[37] C 48, 69.
[38] LlGC 6499, 637.
[39] LlGC 719, 86b.

a geir mewn llawysgrifau'n beth o ffrwyth y fath gadw reiad.
(Wrth fynd heibio, mae yna fwy nag un cyfeiriad at ddiota
ymysg beirdd y cyfnod: 'Ni bydd awen heb ddiod', meddai
Gruffydd Phylip.[40] Ond cofier bod yr hen syniad, 'Rhodd
Dduw yw pob rhwydd awen' (William Phylip),[41] yn un
sylfaenol ymysg y beirdd hefyd.)

Yma, mae'n debyg, yw'r lle gorau i nodi bod cerddorion yn
ogystal â beirdd i'w cael ar y byrddau, a bod cerddorion
yn bwysig yn yr ail ganrif ar bymtheg—tan ei diwedd, hyd y
gallaf fi weld. Mewn cywydd i Siôn Sions o Ddôl-y-moch, ger
Maentwrog, dywedodd Gruffydd Phylip fod yn y tŷ:

> Cerdd dafawd—myfyrdawd maith,
> Cerdd fusig—cwyraidd fwyswaith.[42]

Dyma'r hyn a ddywedodd Siôn Prys o Gaerddinen a Llwyn-ynn
mewn ffug farwnad i delynor a oedd yn canu ar ei fwyd ei hun,
un o'r enw Dafydd ab William:

> Mae yn i [=ei] lyfr manwl ŵydd,
> Gwyn caead saith gan cywydd
> Ag [=Ac] odlau difreg adlais,
> Osglau serch—nis casgle Sais.
> A'i law i hyn [=ei hun] olau, hy
> I'n iaith hen a wnaeth hynny.[43]

Efallai fod yn y dyfyniadau hyn—yn y cyfeiriadau at 'fwys-
waith' a cherddi serch—awgrym mai difyrrwch felly a
gyflwynai cerddorion yn yr ail ganrif ar bymtheg.

Y tebyg yw fod 'cyff clêr' yn rhan o'r hwyl a'r reiad. Dyma
dystiolaeth am gilan yn hen dŷ Nannau, y tŷ a godwyd gan
Huw Nannau Hen yn ôl pob tebyg:

> Yn yr hen blas yn Nannau yr oedd lle wedi ['i] weithio ar
> waith ffenestr ym mur y neuadd oddi fewn lle y byddai'r
> Brenhinfardd yn eiste neu'r Cyff Cler.[44]

[40] LlGC 11087, 229.
[41] LlGC Swansea 2, 477.
[42] LlGC Panton 64, 103.
[43] LlGC Bodewryd 3, 123 et seq.
[44] Gw. B. R. Parry, 'The History of the Nannau Family . . . to 1623' (Traethawd
M.A. Prifysgol Cymru, 1958), 153.

Mae Statud Gruffudd ap Cynan yn awgrymu beth a allai ddigwydd mewn cilan o'r fath:

> Ar y teuluwr y perthyn testuniaw, dyfalu, a digrifhau, a phrydu gordderchgerdd, ac erbyn [=derbyn] da yn deuluaidd, ac yn ddigrif heb nebryw ymbil amdanynt a rhoddi testun ar gyff clêr mewn neithorau brenhinawl, a rhoi testun na bo gwir, rhag cywilyddiaw y gŵr wrth gerdd. A'r gŵr wrth [gerdd] a ddychaner a ddyly dyblu ei rodd, a'i fraint.[45]

Ymddengys fod bardd i fynd i'r gilan a goddef ei ddychanu a'i waradwyddo gan feirdd eraill, ac y câi ei dalu'n dda am hynny. Mae awgrymiadau eraill y câi yntau dalu'n ôl am hyn yn ddiweddarach. Sylwer na ddylai'r dychan fod yn wir. Hynny yw, yr oedd peth dychan nad oedd yn ddim ond yn ffordd o gael hwyl.

Y mae'r dyfyniad nesaf hwn o eiddo John Vaughan o Gaer-gai yn cyfeirio at gyff clêr, ac at nifer o bethau eraill yr oedd a wnelo'r beirdd â hwy. Canwyd y cywydd yn ateb i 'Cywydd yr Adar' William Phylip a throsiad am feirdd yw'r 'adar' y cyfeirir atynt:

Cawn weled ar lled y llwyn
Eisteddfod, pryddest addfwyn.
A derw oedd Gadeiriau 'ynt,
Deiliog glustogau dylynt,
A llen uwch pob pen i'r pau
O degwch a chlustogau
A gardd a rhosau gwrddion,
Tannau haf hyd twyni hon,
A phawb â'u tŷ ymhob twyn,
Dinas newyddiad wanwyn.
A'i neuaidd [sic: neuadd] wyrdd, oedd 'n y ddâr,
Ydoedd gymanfa adar.
Doe'r fwyalch, difyr awen,
Fu ysgol hoff fiwsig hen,
Odlau fe [sic] hen owdwl fwyn
Ag [=Ac] uchel forau gychwyn,
Chwibanogl arogl irwynt,
Chwibanu gweinyddu gwynt;
Nâd o afiaith, nid ofer,

⁴⁵ Thomas Parry, 'Statud Gruffudd ap Cynan', op. cit., 27.

Yw coffa clod y cyff clêr.
Cul yw pais hwn i glips haul
Dûryn fel ei byst araul.
Ag [=Ac] union eiliwr gwaneg
Nos a dydd ag einioes deg
Gyda llu cantorion llên
Yn dal iawn a'i dilynen.
Yn eu mysg roedd cymysgerdd
Graddau gwawd a gwedd y gerdd . . .[46]

O safbwynt gwybod am arferion y beirdd y mae'n drueni fod
y drosiadaeth yn tarfu ar ystyr y darn hwn, eithr y mae yma
awgrym fod y cyff clêr yn cael ei hun mewn cilan neu le cul
('cul yw pais'). Mae yma, hefyd, gyfeirio at *eisteddfod, cadeiriau,
cymanfa adar* (h.y. beirdd) a *graddau gwawd* neu raddau am
gerddi. Ymddengys fod yma gerddorion yn ogystal â beirdd.
   Mae *cymanfa clêr* yn derm a ddefnyddir gan y beirdd.

      Cawn aur i feirddion, cawn y gerdd danau,
      Cawn gymanfa clêr, cawn godi banerau . . .[47]

meddai Cadwaladr ap Rhys Trefnant mewn marwnad i Huw
ab Ifan o Fathafarn. Hyd y gallaf weld, cyfarfod o feirdd neu
o feirdd a cherddorion oedd *cymanfa clêr*. Yn wir, yr argraff y
mae dyn yn ei gael yw y gallai *cymanfa clêr* fod yn rhyw lun o
eisteddfod, eisteddfod yn yr ystyr o nifer o feirdd gyda'i
gilydd. Ymddengys mai'r hyn a wnaeth Siôn Rhydderch ar
dro'r ail ganrif ar bymtheg oedd rhoi'r enw 'eisteddfod' ar
gyfarfodydd y beirdd a cheisio rhoi peth o urddas Eisteddfodau
Caerwys iddynt. Y mae sôn am *gadair* a *cherdd gadair* yn y
cyfnod dan sylw, ond ymddengys mai cof mai cerdd o'r fath
oedd y brif gerdd oedd y tu ôl i hyn.
   O ran gwybod am feirdd y traddodiad fe geir yn yr ail ganrif
ar bymtheg nifer o gyfeiriadau annelwig at Fyrddin a Thaliesin.
Ceir enwi beirdd eraill, fel y gwnaeth Rhisiart Phylip yn ei
farwnad i Richard Cynwal:

      Dienw yw braint awen bro,
      Dwyn ail y dewin Iolo;
      Dysg Risiart, ysgwir oesoedd,

[46] C 64, 272–3.
[47] J 101, 440.

Cynwal, dysg hen Aled oedd;
Dygai ddefod, gwe ddifeth,
Du hwnt i fab Edmwnt beth;
Grym iaith a gair a method
Guto'r Glyn a gâi trwy glod.[48]

O bryd i'w gilydd ceir adleisiau o weithiau cywyddwyr y
bedwaredd ganrif ar ddeg, y bymthegfed a'r unfed ar bymtheg
gan y beirdd. 'R oedd rhai beirdd yn copïo gwaith beirdd eraill
hefyd. Un a fu wrthi oedd Wiliam Cynwal, ar gais Catrin o
Ferain (Llsgr. Christ Church, Rhydychen, 184). Mae'r nodyn
hwn ganddo ynglŷn â'i ddull o gopïo yn ddiddorol:

> ac achos nad oeddwn yn gallu cael pob pennill yn ei lle, yr
> wyf yn rhoi croes ar y pennill a fo ar gam, cans yr oedd rhai
> prydyddion heb fedru gochel mo'r beiau; a hefyd llawer o
> bethau oedd yn iawn yn yr amser gynt ac nid ydyn gymeradwy
> yn yr oes hon; hefyd, llawer pennill sydd ar gam ac a wnaeth
> y prydydd yn iawn er bod wedi ei cam ysgrifennu o amser i
> amser o'r neb ni wyddai mo'r gelfyddyd.[49]

Nid oes raid imi ymdroi gyda'r copïau sydd ar gael o
farddoniaeth yr ail ganrif ar bymtheg gan fod E. D. Jones wedi
gwneud hynny'n feistrolgar eisoes.[50] Ond cystal nodi bod tri
math o gopïau-gwaith (os caf ddefnyddio'r term hwnnw) gan
y beirdd: copïau a ddygai'r beirdd i'w noddwyr; llyfrau lle
copïai'r beirdd eu cerddi yn nhai noddwyr; copïau a gadwai'r
beirdd iddynt eu hunain. Ar dro ni fyddai'r bardd wedi gweld
y person a gyfarchai:

Syr Siôn, carw eigion croywgoed,
Sy rwydd—nis gwelais erioed,[51]

meddai Dafydd Llwyd Mathau am Syr John Salesbury yn
1602, mewn cerdd ofyn. Efallai fod ambell gerdd yn cael ei
hanfon hefyd:

Paid the man that brought the Welsh cowydd a song to y^r
lad^p—2–6[52]

meddai cyfrifon Castell y Waun.

---

[48] LlGC Cwrt-mawr 11, 182.
[49] Tt. 1a–1b.
[50] E. D. Jones, 'Presidential Address', AC, 112 (1963), 1–12.
[51] Christ Church 184, 56b.
[52] W. M. Myddelton, *Chirk Castle Accounts A.D., 1666–1753* (Horncastle, 1931), 3.

Mewn nifer helaeth o farwnadau'r ail ganrif ar bymtheg cynganeddir blwyddyn marw gwrthrych y gerdd. Nid y flwyddyn honno yw blwyddyn y cyfansoddi, o angenrheidrwydd. Y mae enghreifftiau o gerddi lle ceir un flwyddyn wedi'i chynganeddu i'r cerddi a'r flwyddyn ganlynol fel dyddiad eu cyfansoddi wrth eu cwt. Mewn llythyr dyddiedig 25 Ionawr 1632 ysgrifennodd Robert Vaughan o Hengwrt at Siôn Cain fel hyn:

> yr ydwyf yn dwyn ar ddallt i chwi mai Duwsul Ynyd yr apwyntiwyd i ddyfod â barnadau Sr. Siôn Llwyd i Aberllwyfeni . . .[53]

Gwelir bod amser ymweld â'r farwnad rai misoedd yn ddiweddarach na'r farwolaeth yn yr achos hwn. Cyfeiria E. D. Jones at dystiolaeth George Owen Harry, rheithor Tre-groes, Penfro o 1584 hyd tua 1613, ar y mater dan sylw:

> This epitaph of the dead [h.y. y farwnad] they [y beirdd] were to have in readinesse that day moneth that the buriall was, against which day the chiefest of the family and kindred of the deceased would be present, and the chiefest gentlemen of the countrey would be assembled together to heare and judge of the same, in whose hearinge the same epitaph must be openly, and with a loud and cleare voice, recited.[54]

Y mae Statud Gruffudd ap Cynan yn cyfeirio at y gwyliau pryd y câi beirdd ymweld â noddwyr. Mae mwy o gyfeiriadau at feirdd yn treulio'r gwyliau gyda noddwyr yn nechrau'r ail ganrif ar bymtheg nag ar ei diwedd. Yn sicr fe laesodd pethau i'r beirdd yn ystod y ganrif, ond hyd yn oed tua 1726 gallai bardd fel Ellis Rowland sôn am y Berth-lwyd fel hyn:

> Trwm heno fynd heibio'r tŷ,
> Am wych lys i'm achlesu.
> Deuwn, cawn fwyd a diod,
> A thariwn tra fynnwn fod.[55]

Geiriau ystrydebol? O bosib; ond rhaid cofio'r ffaith fod nifer o ymweliadau'r beirdd yn digwydd yn yr un cylch ar flwyddyn arbennig hyd yn oed yn ail hanner yr ail ganrif ar bymtheg a

---

[53] LlGC Peniarth 327 (ii), 97.
[54] Gw. E. D. Jones, op. cit., 5.
[55] BL 15010, 89a.

dechrau'r ddeunawfed: awgrym o fodolaeth cylchoedd clera o ryw fath yw hynny. Gwelir tystiolaeth i hyn yng ngwaith Siôn Rhydderch, er enghraifft.

Cysylltid rhai beirdd â thai arbennig—am eu bod yno'n aml mae'n fwy na thebyg. Cydnabyddid Siôn Phylip yn fardd Corsygedol; Simwnt Fychan yn fardd Plas-y-ward; Rhisiart Phylip yn fardd Nannau, er enghraifft. Ond prinhau y mae'r fath enghreifftiau fel y cerdda'r ail ganrif ar bymtheg rhagddi er bod yna fardd yn Nannau, er enghraifft, yn niwedd y ganrif, sef John Davies (Siôn Dafydd Las). Ymddengys mai ef oedd yr olaf i ddal cysylltiad agos â thŷ arbennig. (Cofier ei fod yntau, hefyd, yn ymweld â thai heblaw Nannau, o bryd i'w gilydd.)

O gyfrif, hyd y gellir, y nifer o gerddi a ganai beirdd yn yr ail ganrif ar bymtheg bob blwyddyn, yr hyn sy'n taro dyn yw nad yw'r niferoedd yn fawr. (Cofier mai tystiolaeth ansicr a diffygiol yw hon gan y geill llawer o gerddi fod wedi eu colli.) A bwrw mai yn ôl y dystiolaeth sydd ar gael yr oedd pethau, yna yr oedd y tâl a gâi'r beirdd yn fater o bwys—'Arfer y glêr yw erfyn',[56] chwedl Tomos Prys. Soniodd Mr. E. D. Jones am gyfrif Rhys Cain o daliadau a dderbyniodd ar un cwrs clera.[57] 'R oedd y cyfanswm, gwell na £24, yn dra sylweddol yn ei ddydd. Yn anffodus ni noda Cain am ba wasanaeth y derbyniodd daliadau, ond y mae'n debygol (ac ystyried ei lythyrau) iddo dderbyn peth o'r arian am wybodaeth am achau ac arfau. Ychydig iawn o gyfeiriadau at daliadau i feirdd y traddodiad a welais i. Dyma hwy:

> [1654] June 13—Paid John Morgan the Harper Vs, paid Harry Howell the bard for his cowydd Xs, and to Griffith Phillip for his cowydd Xs, in all 1–5–0.[58]
>
> [1671] July 30—Paid John Owens, a bard, for his cowydd to my lady Herbert 0–5–0.[59]

Daw'r rhain o gyfrifon Castell y Waun. Ceir y nodyn nesaf o dan farwnad gan Owen Gruffydd i Syr Roger Mostyn:

> cafodd y Bardd 50 o sylltau am wneud y cywydd uchod £2–10–0.[60]

[56] W. Rowlands, op. cit., 126.
[57] E. D. Jones, op. cit., 9.
[58] W. M. Myddelton, *Chirk Castle Accounts 1605–1666* (gwasg breifat, 1908), 46.
[59] Idem, *Chirk Castle Accounts A.D. 1666–1753*, 31.
[60] LlGC Cwrt-mawr 467, 238

Mae ailadrodd y tâl yn awgrymu bod rhywun yn rhyfeddu at ei faint. Ac, yn wir, fe fyddai'r fath dâl yn sylweddol iawn. Mae'n debyg fod rhoi'r fath sylw iddo'n awgrymu ei fod yn dâl eithriadol.

A oedd yna, yn yr ail ganrif ar bymtheg, feirdd a oedd yn gallu eu cynnal eu hunain ar farddoni'n unig? Mae dyn yn cael yr argraff fod arwyddfardd fel Siôn Cain yn dygnu arni'n o lew ar farddoniaeth a'r hyn a berthynai iddi, a bod Siôn Dafydd Las yn cael ei gynnal yn Nannau. Ond nid ymddengys fod hyd yn oed fardd cynhyrchiol fel Siôn Phylip yn ei gynnal ei hun yn gyfan gwbl ar farddoni. Mae gan Rhisiart Phylip ddisgrifiad doniol ohono a'i ofal am ei fferm:

> Od â unoed i Nannau
> I gael rhodd i'w eglurhau,
> Gwartheg sied yr holl wledydd
> A'u gormes ar Fochres fydd!
> Rhaid â brys ganu'n rhwydd,
> Mand [sic: Mynd] adre mewn diwydrwydd.
> Yno y bydd lawer dydd da
> Heb gael onid bugeilia,
> Troi y lloi at war y llaid,
> Trwy y dyfwr [sic: Trwy'r dwfwr] troi y defaid.
> Cywddwr [sic: Cywyddwr] i'w cae a ddring
> Acw i annos y cwning.
> I Nannau deg ni wna'i daith
> Hyd yr ŵyl y daw'r eilwaith.
> Dra bo Siôn, gŵr â bôn bur,
> Yn ei ofal annifyr
> Yn ymofyn mwy afael
> Am ŷd—i [=ei] werth (amod wael)—
> Mae'n Nannau seigiau a sir
> Ag [=Ac] arian i ŵr garhir.[61]

Ystyrier, wedyn, fod Edward Morris yn borthmon, Huw Morys yn ffermwr, Owen Gruffydd yn wehydd, Siôn Rhydderch yn argraffydd ac fe welir sut yr oedd pethau'n mynd.

Heblaw'r beirdd a geisiai ennill tamaid wrth farddoni yr oedd yna feirdd 'yn canu ar eu bwyd eu hun' fel y dywedid. Dyna Huw Llwyd o Gynfal, Tomos Prys o Blas Iolyn, Edmwnd

61 W. Ll. Davies, op. cit., 364

Prys, Rowland Vaughan o Gaer-gai, William Phylip o Hendre-
fechan, er enghraifft. Ar lawer cyfrif y mae gwaith Tomos
Prys yn arbennig o ddiddorol. Mae yna fywiogrwydd ac asbri
yn ei gân a daw â'i brofiad ei hun i'w farddoniaeth gaeth i
fwy o raddau na nemor neb arall. Mae rhai o'i gerddi am
Lundain yn dangos inni ethos newydd, byd y bourgeoisie, —fel
y gwna 'Anllywodraeth y Cedyrn' Edmwnd Prys a chywyddau
Huw Llwyd i'r 'Llwynog' hefyd, o ran hynny. Y mae lle i gredu
mai Tomos Prys a wnaeth yr elfen ddychanol a geir mor aml
mewn cerddi gofyn trwy gydol yr ail ganrif ar bymtheg yn
rhan gyson o gerddi o'r fath. Ond, ar wahân i rywfaint o
ddylanwad ar gerddi gofyn, ni adawodd barddoniaeth y rhai
oedd yn canu ar eu bwyd eu hun fawr o'i hôl ar lif y traddodiad.

　　Erbyn diwedd yr ail ganrif ar bymtheg a dechrau'r ddeu-
nawfed y mae amaturiaid newydd, gwŷr o addysg prifysgol,
yn dechrau ymddiddori yn y canu caeth. Dyna John Morgan,
Matchin, er enghraifft ('The Cywydd is not finished and I
despair of ever doing it'),[62] a dyna Edward Lhuyd ei hun a
fu'n clytio (a 'chlytio' ydi'r gair hefyd) ambell gerdd gaeth.
Dyma argoelion o'r cyfnod nesaf, cyfnod y Morrisiaid a
Goronwy Owen. Lle'r oedd rhai fel Ffoulk Llwyd o Foxhall
neu Richard Owen, Glasynys—heb sôn am feirdd eraill oedd
yn canu ar eu bwyd eu hun—yn ddigon cyfarwydd â'r
traddodiad i fod yn rhan ohono y mae'r amaturiaid newydd
fwy y tu allan iddo. Ond, wedyn, erbyn eu cyfnod hwy rhaid
cydnabod bod y traddodiad ar ei hen sodlau neu, a defnyddio
un o ymadroddion y Morrisiaid, ar ei ffordd i 'fol clawdd'.

---

[62] BL 15020, 17a.

GWERINEIDDIO LLENYDDIAETH GYMRAEG

E. G. Millward

'Canys cadw'r iaith yw'r peth mwyaf o alwedigaeth prydydd', meddai Jonathan Hughes wrth gyflwyno'r casgliad o'i gerddi, *Bardd, a Byrddau Amryw, Seigiau* a gyhoeddwyd yn 1778.[1] Prin yw'r dystiolaeth yn ei ragymadrodd fod Jonathan Hughes yn ymwybod â holl oblygiadau'r ymadrodd cynhwysfawr 'cadw'r iaith' yng nghefndir y traddodiad barddol. Dyry bwyslais ar gadw 'iaith gyffredin y wlad' yn bur a hithau 'yn Gymraeg ac yn Saesnaeg oll Blith traphlith', ond ni ddywed fawr mwy na hynny. Eto i gyd, fe wyddai ddigon, mae'n amlwg, i ddefnyddio ymadrodd y byddai Beirdd yr Uchelwyr wedi ei werthfawrogi'n llawn a'i gymeradwyo'n ddibetrus. Dichon hefyd fod gormod o ymddiheuro ac ymagweddu yn y rhagymadrodd hwn; arfer digon cyffredin oedd hynny yng nghyflwyniadau'r beirdd. Ond wedi caniatáu hyn oll, y peth amlycaf a ganfyddir yma yw bod Jonathan Hughes yn taro nodyn a glywir yn bur aml yn llyfrau llenorion ail hanner y ddeunawfed ganrif. Yr oedd ymwybod y beirdd a'r llenorion hyn ag argyfwng yr iaith Gymraeg a'i llenyddiaeth yn elfen lywodraethol yn ymwybyddiaeth ddiwylliadol yr oes.

Nid syndod hynny, wrth gwrs, o gofio am hanes y ganrif o'r blaen. Buasai Edward Morris farw yn 1689. Gwyddai fod yr hen gyfundrefn farddol wedi darfod amdani:

> Celaf addysg celfyddyd
> Seisnigedd yw bonedd byd; . . .
> Y Gymraeg a gamrwygir
> C'wilydd ar gywydd yw'r gwir.

Cais yr awen ei galonogi a mynnu ganddo dderbyn ei gyfrifoldeb dros yr iaith:

> Gwnïa di'r iaith, gwna dy ran,
> Da yw d'wyllys, dod allan; . . .
> Mwyn glod hir mae i'n gwlad hon
> Fagad o bendefigion

---

[1] Jonathan Hughes, *Bardd, a Byrddau Amryw, Seigiau* (Stafford Prys, Y Mwythig, 1778), V.

> Eto garant deg eiriau
> Y bur iaith hen, heb wartháu.[2]

Ceir profi'r tyndra hwn trwy gydol y ddeunawfed ganrif. Bu
amryw o feirdd yn marwnadu i Edward Morris a hynny mewn
iaith adleisiol, draddodiadol:

> Yn ben Bardd ni bu ni bydd
> Afieth brwd y fath Brydydd[3]

meddai Huw Morys amdano. 'Tad y gerdd' a 'Saer' awdl a
chywydd ac englyn ydoedd i Owen Gruffydd. 'Taliesin oedd'
i Roland Price ac Owen Gruffydd yntau ac ni allai Siôn
Dafydd Las weld dim gobaith i'r 'awen hen sydd mewn haint'
wedi marwolaeth yr athro barddol a fu'n 'ddwned' iddo:

> I'w fedd, lle oeredd yn llan,—cul feddiant,
>   Aeth celfyddyd fwynlan;
>   'R hen iaith, ni a'i rhown weithian
>   A'r awen fyth i'r un fan.[4]

Camgymeriad, efallai, fyddai gorbwysleisio'r wedd hon. Bu
dirywiad mawr yn ddiamau yng nghelfyddyd cerdd dafod;
darfu am yr hen gyfundrefn o addysg farddol; yr oedd
traddodiad Taliesin wedi hen dynnu ei draed ato. Ond ni
ddarfu am frawdoliaeth y beirdd a'r ysgolheigion na'u
hymwybod â gwerth y traddodiad barddol, na'u parch at y
dulliau traddodiadol. Mynnai Garfield Hughes mai 'unochrog
a rhagfarnllyd' yw dweud mai cyfnod o ddirywiad yn unig
oedd yr ail ganrif ar bymtheg, a dangosodd fod gwaith
ysgolheigion a chopïwyr y ganrif yn hollbwysig yn hanes llên
a dysg Gymraeg.[5] I Huw Cadwaladr nid oedd yr olyniaeth
wedi ei thorri. Ystyriai fod Huw Morys yn etifedd teilwng i
Edward Morris:

> Am rowndal di-sal i dwyso—bellach,
>   Ac am bwyllus athro,
>   Huw Morris fedrus yw fo
>   Pwy agosach i'w geisio?[6]

      [2] Gwenllian Jones, 'Bywyd a Gwaith Edward Morris, Perthi Llwydion'
(Traethawd M.A. Prifysgol Cymru, 1941), 191, 192.
      [3] Ibid., 486. Cym. Hugh Hughes (gol.), *Edward Morris* (Lerpwl, 1902), 107, 108.
      [4] Ibid., 498.
      [5] Garfield H. Hughes, *Iaco ab Dewi 1648–1722* (Caerdydd, 1953), 26.
      [6] Gwenllian Jones, op. cit., 497.

Byddai'n ddiddorol olrhain y dilyniad o ganu marwnadol i Edward Morris, Siôn Dafydd Las, Huw Morys, Owen Gruffydd ac eraill hyd at amser Goronwy Owen. Digon yw dweud yn awr fod ymwybod y beirdd â pharhad eu brawdoliaeth yn dal yn ir, er nad oedd cyfundrefn gymdeithasol a llenyddol i'w cynnal. Ergyd galed i'r olyniaeth hon oedd marwolaeth annhymig y bardd ifanc, addawol, Michael Prichard, yn 24 oed. 'Medrodd wyth ran ymadrodd', meddai Hugh Hughes, Y Bardd Coch o Fôn, yn ei gywydd marwnad iddo, gan ymroi i ormodiaith wrth ei goffáu. Buasai Owen Gruffydd farw mewn gwth o oedran yn 1730 ac fe'i dilynwyd gan Michael Prichard (a ganasai farwnad i Owen Gruffydd) dair blynedd wedyn.[7] Yr oedd yr argyfwng yn dwysáu.

Dyma'r etifeddiaeth a gafodd beirdd y gogledd yn ail hanner y ddeunawfed ganrif ac y mae eu pryder ynghylch dyfodol y Gymraeg a'i llenyddiaeth yn amlwg ddigon yn llyfrau'r cyfnod. Amcan cyhoeddi *Anrheg i'r Cymro* (1749) oedd dysgu'r Cymry i ddarllen eu mamiaith, iaith a fu gynt yn fawr ei hurddas a'i bri:

> Jaith Gynt *pob* mann, Llann a Llys,
> A GWYR ENWOG yr Ynys;
> Jaith nerthog, wrthiog ARTHUR;
> Jaith *ddi*lediaeth *berffaith* bûr; . . .

Erbyn hyn, meddir—a dyma thema a ddaw yn gyfarwydd trwy gydol ail hanner y ganrif ac a ddwg y dyneiddwyr Cymraeg i'r meddwl dro ar ôl tro—y mae'r Gymraeg 'yn cael gormod o gam, sef o anglod a diystyrwch' gan wŷr dysgedig 'a fedrant Jeithoedd *eraill, heb* fedru darllen (na braidd *siarad*) Jaith eu mamau'.[8] Rhaid caniatáu gradd o ormodiaith yn y datganiadau gofidus hyn. Er enghraifft, prin y gellir derbyn haeriad Siôn Rhydderch fod y mwyafrif o'r Cymry yn 1735 'yn cofleidio'r *Estronjaith Saesonaidd*'.[9] Er hynny, prawf anter-

---

[7] Ceir peth o waith Michael Prichard a cherddi a gasglwyd ganddo yn llsg. LlGC Cwrt-mawr 17B: 'Llyfr o hên areithiau a chywyddau a gasglwyd genif fi Michael Prichard o LanLlyfni; yn y flwyddyn 1729: yn y flwyddyn 1726 y dechreuais i ysgrifenny y Llyfr hwn ag yn y flwyddyn 1729 y gorffenais ef'. Gw. hefyd LlGC Cwrt-mawr 554B, 3–4; Wy 7, 144–5, 148, 150–1, ynghyd â'r cyfeiriadau a roddir yn BC, 752.

[8] *Anrheg i'r Cymro Yn Cynnwys I Egwyddor Gymraeg &c II Ffigurau Rhifyddiaeth . . . IX Rheolau er Iawn Ddarllenniad y Bibl* (A. Reilly, Dulun, 1749), 22.

[9] LlC, 1, 49. A chymharer William Jones, Betws Gwerful Goch, yn nes ymlaen.

liwtiau Twm o'r Nant a pheth o'r canu rhydd fod y Gymraeg
yn dod o dan bwysau trwm yr iaith Saesneg yn y cyfnod hwn,
ie, fel iaith lafar mewn rhai cylchoedd. Beth oedd ymateb
beirdd a blodeugerddwyr ail hanner y ddeunawfed ganrif i'r
bygythion newydd i'r Gymraeg fel iaith lafar ac yn bennaf,
efallai, fel iaith dysg a diwylliant?

Yn 1765 cyhoeddwyd detholiad William Hope o waith
prydyddion Sir Fflint a Sir Ddinbych. Gobaith Hope oedd y
byddai 'ychydig o GANEUON penrhydd, hawdd iw dyscu' yn
foddion i ddenu 'ysgolheigion bychain i arferyd dyscu a
chynefino au llyfrau'.[10] Y pwyslais hwn ar gyhoeddi llenydd-
iaeth boblogaidd, ddifyrrus, er denu'r Cymry—a'r ifainc yn
fwyaf arbennig—i ddarllen eu hiaith eu hun yw'r nodwedd
amlycaf oll ar ragymadroddion y casglyddion. Fel y gwyddys,
Dafydd Jones o Drefriw oedd y ffigur pwysicaf yn yr ymgyrch
hwn. O ran eu cynnwys a'u hamcan, y mae'n eglur fod
cyhoeddiadau Dafydd Jones yn ddyledus i'r *chapbooks* a'r
garlands yn Lloegr ac nid oes amheuaeth nad cynhyrchu llyfrau
poblogaidd oedd ei brif amcan. *Chapbook* crefyddol, yn ddi-
amau, yw'r *Egluryn Rhyfedd* (1750), casgliad bychan (tt. 16)
o ddarnau rhyddiaith a cherddi caeth a rhydd. Yr oedd
Blodeu-gerdd Cymry (1759) dipyn yn fwy uchelgeisiol; cryn gamp
oedd cynhyrchu llyfr swmpus o dros bum cant a hanner o
dudalennau yn y cyfnod cynnar hwn yn hanes cyhoeddi
masnachol. Nid casgliad ysgolheigaidd mohono. Nid cyhoeddi
clasuron llenyddiaeth Gymraeg oedd amcan y golygydd eithr
cynnig detholiad o waith beirdd cyfoes a cherddi poblogaidd
beirdd yr oes o'r blaen fel Owen Gruffydd, Huw Morys ac
Edward Morris. Sonnir yn arbennig am ddarllenwyr ifainc:
'y rhai Diddan a roddais ynddo, sydd er boddhau y rhai Ifanc,
fel y gallo y sawl sydd ag ychydig o ddysg ganddynt ddyfod i
ddarllain yn well ac i hoffi y rhai Duwiol cyn eu diwedd'.[11]
Deunydd traddodiadol a difyrrus oedd cynnwys y *chapbooks*
Saesneg a dyna a geir yn y *Cydymaith Diddan* (1766). Yma eto,
darparu amrywiaeth o ddeunydd poblogaidd, yn rhyddiaith ac
yn brydyddiaeth, fai'n denu'r Cymry ifainc i ddysgu darllen eu

---

[10] *Cyfaill i'r Cymro; Neu Lyfr o Ddiddanwch Cymhwysol . . . O Waith Prydyddion
Sir y Fflint, a Sir Ddinbych O gasgliad W Hope o Dre Fostyn* (Caerlleon, 1765), iv.
[11] *Blodeu-gerdd Cymry sef Casgliad o Caniadau Cymreig, gan amryw Awdwyr o'r oes
Ddiwaethaf. Yr hwn a gynnwys Draethiadau Duwiol a Diddanol; . . .* (Stafford Prys,
Y Mwythig, 1759), xi–xii.

hiaith eu hun yw cymhelliad Dafydd Jones: 'Nid i neb o'r Dysgedig na'r Cynhennus y darfu i mi ddarlunio hyn o ddiddanwch; ond i'r Bobl wladaidd ddiniwoid (*sic*); ac i'r rhai Ifainc er mwyn eu denu i ddarllain o ran digrifwch yr ymadrodd'. Y mae'n bwysig cofio cyd-destun y cymhelliad hwn. Sonnir am safle israddol y Gymraeg: y mae'r Brython yn 'adlaw'. Nid oes 'na Bil, na Band na Llythyr Cynmyn yn ei Jaith'. Esgobion anghyfiaith sydd wedi meddiannu'r Eglwys. Gobaith Dafydd Jones yw y bydd y *Cydymaith* yn peri i'r Cymry a chanddynt 'Ddawn Prydyddiaeth' adfer y Gymraeg 'i'w chyssefin burdeb'.[12] Dysgu trwy ddiddanu a difyrru yw'r nod. 'Mae yn ddigrif ddigon weithiau', meddai Richard Morris am y *Cydymaith*, 'ewx ymlaen â'r cyffelyb os medrwx'.[13]

Detholiad o garolau a cherddi i'w *canu* oedd *Cynnulliad Barddorion i Gantorion* (1790) a olygwyd gan Daniel Jones. Deisyf y mae'r casglydd hwn yn ei ragymadrodd 'ar bawb a gano y caniadau sydd yn y llyfr hwn na chanent monynt ynghwmpeini y meddwon, y tyngwyr a'r rhegwyr'.[14] Carolau a cherddi 'defosiynol' i'w canu eto a geir yn *Diddanwch iw Feddiannydd* (1773) a argraffwyd yn Nulyn, meddir, 'Tros Gwilym ab Gruffydd'.[15] Gellir cyfeirio'n fyr hefyd at lyfr Edward Roberts, Cefnddwysarn, *Casgliad Defnyddiol o waith Amryw Awdwyr* (1794), y ceir ynddo 'Athrawiaeth i ddysgu darllain, deall, ag ysgrifennu'r iaith gymraeg yn gywir'. Detholiad amrywiol iawn o'i waith ei hun a beirdd eraill yw llyfr William Jones, Betws Gwerful Goch, *Llu o Ganiadau* (1798); gwelir yma nifer o emynau, yn ogystal â charolau a cherddi rhydd a chaeth. Unwaith yn rhagor, rhoi caneuon difyrrus yn nwylo'r ieuenctid yw amcan y golygydd, sydd, yntau, yn ym-wybod â rhyw argyfwng yn hanes yr iaith:

Er bod y rhan fwya' o'r Cymry yn cymmeryd difyrrwch yn dysgu darllen a siarad Saesneg, etto, yr wyf fi yn gobeithio y

[12] *Cydymaith Diddan Yn Ddwy Rann* . . . (Caer Lleon, Argraphwyd gan ELISABETH ADAMS, tros DAFYDD JONES, 1766), iv–vii *passim*.
[13] G. J. Williams, 'Llythyrau at Ddafydd Jones o Drefriw', *Cylchgrawn Llyfrgell Genedlaethol Cymru, Atodiad, Cyfres III, Rhif 2* (1963), 17.
[14] *Cymelliad Barddorion i Gantorion: sef Carolau, Cerddi ac Englynion*. Gan Daniel Jones (J. Salter, Croesoswallt, 1790), iii.
[15] *Diddanwch, iw Feddiannydd: neu Ganiadau Defosionol* (*sic*), *A'r Amryw Destunau, A Mesurau, Gan mwyaf, Am Fywyd, Marwolaeth, Dioddefaint, A Haeddiant Crist* (S. Powell, Dublin, 1773), Carolau a cherddi gan Hugh Hughes, Y Bardd Coch o Fôn, yw hanner cyntaf y detholiad hwn.

bydd rhai yn hoff ganddynt ddysgu *carol* neu *Gerdd* yn eu
hiaith eu hunain, yn enwedig yr ieuengctyd sydd yn dechreu
darllen Cymraeg yn gyntaf, ac fe alle y bydd i'r Llyfr hwn
hudo neu ddenu ymbell un i ddarllen yn well.[16]

Credaf i mi fanylu digon (a gormod, efallai) i ddangos fod
mudiad ar droed yn ail hanner y ddeunawfed ganrif i gyn-
hyrchu llên boblogaidd ar gyfer gwerin a oedd yn dod yn
fwyfwy llythrennog yn ystod y blynyddoedd hyn. Y mae nifer
o ffactorau i'w hystyried wrth geisio egluro'r gweithgarwch
hwn. Yr oedd y wasg Gymraeg yn ymsefydlu'n gadarn a
llyfrau'n amlhau.[17] Ni ddylid, felly, anwybyddu'r elfen
fasnachol a oedd o'r pwys mwyaf i wŷr busnes fel Dafydd
Jones o Drefriw. Nid rhyfedd ychwaith yw gweld cynheiliaid
y llenyddiaeth boblogaidd, 'answyddogol', yn manteisio ar dwf
y wasg. Yn gefndir i hyn oll, yr oedd y wasg yn Lloegr yn dyfal
gynhyrchu llyfrau poblogaidd ar gyfer cenedlaethau newydd o
ddarllenwyr ac y mae'n rhaid bod llawer o'r llyfrau hyn yn
gyfarwydd ddigon i amryw o'r cyhoeddwyr a'r llenorion.[18]
Ond yn bwysicaf oll, rhaid cofio fod y blodeugerddwyr a'r
casglyddion poblogaidd yn siarad oll ag un llais. Eu cymhelliad
llywodraethol yw pryder dwfn a pharhaus ynghylch tynged yr
iaith a'i llenyddiaeth. A dyfynnu Dafydd Jones unwaith eto,
bu'r 'felusgerdd Frutanaidd' yn annwyl gynt, 'ond . . . y rwan
ar ddychwelyd i lŵch a niwl'.[19] Gwyddys am eiriau John
Prichard Prys yn y rhagymadrodd i'w *Difyrrwch Crefyddol* (1721)
ac ni wnaf yma namyn nodi ei fod yn hyderu y bydd i'w lyfr
'gael ei groesafu ymmysc Jeuengctid uwchlaw coeg ddigrifwch
masweddol'. Casgliad *poblogaidd* oedd y llyfr hwn, hefyd, a
phrin y gellid ystyried Prys yn amddiffynnydd y canu caeth ar
gorn y sylwadau ar ddirywiad yr hen gyfundrefn farddol yn ei
ragymadrodd. Darparu canu rhydd crefyddol a moesol ar
gyfer yr 'annysgedig' a'r 'ieuengctid' oedd amcan Prys a

---

[16] *Llu o Ganiadau, neu Gasgliad o Garolau a A Cherddi Dewisedig, er diddanwch i'r
Cymry o waith amryw brydyddion.* (W. Edwards, Croesoswallt, 1798), iii.

[17] G. J. Williams, TLIM, 263–4. Hefyd, Geraint H. Jenkins, *Literature, Religion
and Society in Wales, 1660–1730* (Cardiff, 1978), 35.

[18] A. Watkin-Jones, 'The Popular Literature of Wales in the Eighteenth
Century', B, 3 (1927), 178–96. Cf. Victor E. Neuburg, *Popular Literature*
(Harmondsworth, 1977), 105: 'The period between 1700 and 1800 was one in
which there was a considerable increase in the extent to which the printed word
became part of the background of men and women who had not previously been
exposed to it'.

[19] *Blodeu-gerdd Cymry*, vi.

dadleuir dros ragoriaeth y mesurau rhydd i wneud y gwaith hwnnw. Nid oes yma fawr o dystiolaeth fod Prys am adfer y mesurau cynganeddol i fri. Llesáu crefydd a'r iaith Gymraeg yw'r amcan deublyg a gwneud hynny trwy gyfrwng y canu rhydd: ysgrifennwyd y rhagymadrodd '*At bôb Afieuthus* Cymro *Crefyddol, a gâr Lwyddiant Jaith ei Wlâd*'.[20]

Yr oedd y Gymraeg heb statws yn ei gwlad ei hun a'r llenyddiaeth yn dioddef o'r herwydd. Rhaid, felly, oedd meithrin cenhedlaeth a rôi bris ar yr iaith a'i llenyddiaeth ac ar grefydd draddodiadol y Cymry trwy roi yn nwylo'r ieuenctid ryddiaith a phrydyddiaeth ddifyr a darllenadwy. Yn y modd yma, gobeithid codi to arall o feirdd Cymreig. Gellir sôn am flodeugerdd Hugh Jones o Langwm, *Dewisol Ganiadau yr Oes Hon* (1759), fel enghraifft nodedig o'r gobaith hwn. Yn union fel ei gymrodyr, haera Hugh Jones fod llawer o'r Cymry yn 'diystyru eu tafodiaith eu hunain; eto nid yw yr Gŷmraeg ddim gŵedi Cwbl golli na diwlannu'. Cais i ddangos i 'Brydyddion Ifaingc a Chymry aneallus, mor drwsgl y maent yn arferu'r Jaith, ac yn eiliaw rhigymau pen rhyddion' oedd y *Dewisol Ganiadau*. Ond fe wyddai'r golygydd sut i ddefnyddio'r rhigymau hyn. Yn y rhan gyntaf o'r llyfr, cynhwysir cerddi yn y mesurau caeth 'o waith yr Awduriaid goreu yn yr Oes Bresennol', sef Goronwy Owen, Ieuan Fardd, William Wynn ac eraill. Yr oedd hyn yn ddiau yn gymwynas â'r beirdd a charedigion barddoniaeth. Yna, yn yr ail ran, ceir detholiad o garolau a cherddi eraill yn y mesurau rhydd gan amryw o feirdd. Amcan y rhan hon yw llithio 'darllenyddion anhyddysg', sef plant a phobl ifainc, meddir, i ddarllen cerddi 'sydd esmwythach a haws ei (*sic*) deall, fel plentyn bach yr hwn y rhaid iddo gael magwraeth ar llwch (*sic*) peilliaid, Cyn y gallo lyngcu bara; . . .' I Hugh Jones, cynnyrch gwŷr yr Adfywiad Clasurol, mae'n amlwg, oedd bara bywyd yr iaith.

Nid gormod dweud, felly, mai mudiad ymwybodol (a mudiad a ddirmygwyd gan y newydd-glasurwyr) oedd gwaith Dafydd Jones, Hugh Jones, a'u tebyg. Ymgais ydoedd i wynebu argyfwng y Gymraeg trwy greu corff o lenyddiaeth boblogaidd, argraffedig, a thrwy hynny ddenu gwŷr ifainc cenhedlaeth

---

[20] Y mae tystiolaeth, wrth gwrs, bod Prys yn medru'r gynghanedd. Gellir amau'r englynion a ganwyd dros ddeugain mlynedd cyn i'r *Difyrrwch Crefyddol* ymddangos, yn ôl tystiolaeth Iolo Morganwg. Gw. TLlM, 280.

newydd i ymddiddori yn eu treftadaeth lenyddol a thyfu, o bosibl, yn feirdd yn y mesurau traddodiadol. Er cymaint ei ddirmyg at y beirdd gwlad fe gerddodd Lewis Morris lwybr tebyg iddynt, er ei fod ef, efallai, yn cyfeirio ei sylw'n bennaf at y boneddigion a'r dosbarth canol.[21] Mudiad yr *élite*, yn gymdeithasol ac yn llenyddol, oedd yr adfywiad a gysylltir â Chylch y Morrisiaid. Er bod elfennau gwerinaidd ddigon ym mheth o'i waith ei hun (fel ym mhrydyddiaeth Lewis Morris yntau), bwriad Rhys Jones o'r Blaenau yn *Gorchestion Beirdd Cymru* (1773) oedd achub y Gymraeg a'r farddoniaeth gaeth rhag mynd ar ddifancoll trwy gyhoeddi'r 'caniadau mwyaf gorchestol a chelfyddgar, a ddychmygwyd eriod (*sic*) yn yr Iaith Gymraeg'.[22] Yr oedd gwaith y 'Rabble of those that call themselves Bards in our Days'[23] yn ysgymun ganddo. Gwelsom fod y blodeugerddwyr yn nes at y werin ddi-ddysg a bu'r gweithgarwch 'poblogaidd' hwn yn foddion i greu cynulleidfa ehangach ar gyfer blodeugerddi mwy uchelgeisiol gwŷr fel Ieuan Fardd, Rhys Jones a William Owen-Pughe. Cafodd yr almanacwyr hwythau eu dilorni gan Gylch y Morrisiaid. Rhaid nodi'n fyr, er hynny, fod y wedd addysgol ar weithgarwch yr almanacwyr yn gefn i ymdrechion y golygyddion poblogaidd a gellir cyfeirio'n arbennig at waith John Roberts (Siôn Robert Lewis) a'i *Athrofa Rad* a gyhoeddwyd yn 1788.

Os oedd gwŷr y Mudiad Gwerinol yng Ngogledd Cymru yn nes at drwch y werin (ac yn fwy uniongyrchol eu dylanwad o'r herwydd), gellir dweud peth tebyg am y deffro llenyddol a gafwyd yn Ne Cymru. Oherwydd nid un adfywiad llenyddol a welwyd yn y ddeunawfed ganrif ond dau. Cafwyd y cyntaf yn y deau yn ystod hanner cyntaf y ganrif. Gwelai beirdd Morgannwg hwythau beryglon enbyd i'r hen ddulliau o ganu. Gwrandawer ar apêl Lewis Hopkin (m. 1771) mewn englyn trawiadol:

> Rhowch beth parch hybarch a hedd—ag urddas
> I gerdd o'r hen agwedd,
> Cyn i'r awen, lawen wledd,
> Dewi a marw o'r diwedd.[24]

---

[21] Bedwyr Lewis Jones, 'Lewis Morris a Goronwy Owen', YB, X, 298–9.
[22] *Gorchestion Beirdd Cymru* (Amwythig, Stafford Prys, 1773), Rhagymadrodd.
[23] Ibid., Preface.
[24] Lewis Hopkin, *Llyfr Ecclesiastes* (Bryste, 1767), 'Englynion at y Cymry'. Fe'u ceir ar ddiwedd y llyfr; ni rifwyd y tudalennau.

Ychydig yn nes ymlaen ac yn bellach i'r gorllewin, cawn Ioan Siencin yn datgan ei ofid yn ei gasgliad diddorol 'Cydymmaith i'r Awen'[25] nad oedd neb o'i gyd-feirdd ar ôl ar dir y byw a'r awen tan gwmwl: 'Y mae'r Awdwyr Uchod wedi meirw oll: onid myfi Ioan Siengcin: ac os gwelaf i yr 20ed Dydd fawrth nesaf mi fyddaf 75 1790'. Mewn nodiadau Saesneg ar Lewis Morris, y mae Ioan yn ymagweddu'n debyg i Gylch y Morrisiaid, gan ymosod ar y canu carolaidd; priodolir poblogrwydd y canu hwn i anwybodaeth y Cymry: 'The Welsh of the present century are entire strangers to the poetry as well of sence of thire ancestors & adapt thire Songs and Carols, to English Tuns (sic): Know nothing of the Prosody or language of the antient Bards'.[26] Dangosodd Mr. Saunders Lewis fod Ioan Siencin yn etifedd i'r hen ddisgyblaeth lenyddol Gymraeg[27] a gwelir yr un arddull draddodiadol yng nghanu beirdd eraill y 'Cydymmaith'. Canai Ioan i'w noddwyr, yn enwedig Thomas Lloyd, ac fel beirdd yr ail ganrif ar bymtheg byddai'n clera adeg y gwyliau.

Diau fod Ioan Siencin yn ei ystyried ei hun fel yr olaf o'r beirdd traddodiadol yn ei fro. Eto, fe geid ym Morgannwg garfan bwysig o feirdd a safai yn llinach y beirdd clasurol gynt, beirdd a oedd hefyd yn gwbl gyfarwydd â gwaith newydd-glasurwyr Saesneg y ddeunawfed ganrif. Olrheiniodd yr Athro G. J. Williams y traddodiad barddol yn y parthau hyn yn ddi-dor o Lewys Morgannwg hyd at Iolo Morganwg.[28] Dangosodd hefyd fod Dafydd Lewys o Lanllawddog yn ddolen gyswllt rhwng yr ysgolheigion a ysbrydolwyd gan Edward Lhuyd a beirdd Morgannwg yn gynnar yn y ddeunawfed ganrif, sef y gramadegyddion a aeth ati i astudio'r hen gelfyddyd ac a greodd 'gyfnod newydd yn hanes bywyd

[25] N 19B, 'Cydymmaith i'r Awen, sef Casgliad o Gywyddau ac Englynion, a chaniadau awenyddol ar amryw Destynau: o waith y Beirdd mwyaf godidawg o'r Deheudir: yn yr oes ddiwethaf a aeth heibio, a'r oes Bressenol'. Y beirdd eraill a gynhwysir yw Ifan Gruffydd; Alban Thomas; Siencyn Thomas; Evan Thomas (Ifan Thomas Rhys) ac Evan Evans (Ieuan Fardd).

[26] N 19B, 43.

[27] Gw. bellach Alun R. Jones & Gwyn Thomas, *Presenting Saunders Lewis* (Cardiff, 1973), 154–8. Goddefer un ychwanegiad pitw at drafodaeth Mr. Lewis. Ymddangosodd cân Ioan Siencin i'r llong newydd 'Yr Hebog' yn *Blodau Dyfed* (Caerfyrddin, 1824), cyn ei chynnwys yn *Diliau'r Awen* (Aberystwyth, 1842). Y mae lle i gredu fod Ioan Siencin yn paratoi'r 'Cydymmaith' i'w gyhoeddi. Ni welodd olau dydd ond bu'n sylfaen i *Blodau Dyfed*.

[28] G. J. Williams, TLlM, pennod VI.

llenyddol y dalaith'. Ond nid hynny'n unig. Nid mudiad yr ychydig mo'r deffroad yn y deau. Yn un peth, yr oedd y rhan fwyaf o'r gramadegyddion yn Anghydffurfwyr ac yn flaenllaw ym mywyd crefyddol yr oes. Da fyddai dal ar eiriau'r Athro Thomas Jones a faentumiodd nad oedd y deffroad ym Morgannwg mor 'gyfyng lenyddol â'r diwygiad yn y Gogledd' a bod llai o fwlch rhwng beirdd Morgannwg a'r hen ddulliau o ganu. Dadleuodd fod elfennau 'mwy bywydol o iach' yn neffroad y deau am ei fod yn nes at gynyrfiadau cymdeithasol y cyfnod.[29] Anffawd beirdd Morgannwg oedd na chafwyd neb tebyg i Hugh Jones, Dafydd Jones, neu hyd yn oed William Hope, i gyhoeddi eu gwaith. Ymddangosodd nifer o'u cerddi yng nghyhoeddiadau'r cyfnod ond ni chafwyd yr un gyfrol sylweddol. Pes cawsid, dichon y byddai'r beirdd hyn yn hanner cyntaf y ddeunawfed ganrif wedi dwyn dylanwad llawer mwy ffurfiannol ar lên y genhedlaeth ar eu hôl.

Er mai mudiad yr ychydig breintiedig, yn ei hanfod, oedd adfywiad Cylch y Morrisiaid, dylid cofio fod y cylch hwn yn gorgyffwrdd yn barhaus â byd y beirdd 'gwerinol'. Ni fynnai Edward Richard gadw ei gerddi cynnar, ond yr oedd yn adnabod beirdd Ceredigion o'i ieuenctid ac yn canu'n debyg iddynt. Cymerodd fesur mwyaf poblogaidd beirdd gwlad yr ail ganrif ar bymtheg a'i addasu'n gyfrwng math newydd o fugeilgerdd, a oedd dan ddylanwad y cerddi clasurol, bid sicr, ond wedi'i gwreiddio ym mywyd ei fro, yn null y fugeilgerdd 'fodern', a amddiffynnwyd gan Thomas Tickell yn y *Guardian*, 1713.[30] Bu'n rhaid i Lewis Morris gydweithio â Dafydd Jones o Drefriw a Huw Jones, Llangwm, er bod hynny'n groes i'r graen. Gwyddom fwy erbyn hyn am gyswllt Lewis a Goronwy Owen â'u traddodiad barddol lleol a daw'n eglurach o hyd fod y ddwy wedd hyn ar y bywyd llenyddol yn y ddeunawfed ganrif yn ffrwythloni ei gilydd. Yr oedd Lewis Morris yn ddigon o fardd ac o feirniad i gydnabod gwerth llenyddol y penillion telyn ac y mae ei ganu rhydd yn bwysicach dylanwad ar feirdd hanner cyntaf y bedwaredd ganrif ar bymtheg na'i gerddi caeth. Gwyddai William Wynn yntau'n iawn am ganu

[29] LlC, 1, 55.
[30] Cym. Pat Rogers, *The Augustan Vision* (London, 1974), 112: 'Much of the best Augustan poetry relies on adapting tradition. Most of the hallowed 'Kinds' (or genres) were bent to new literary and social purposes'.

poblogaidd y 'bumkins' chwedl yntau ac yr oedd yn hoff
ganddo ganu yn null y beirdd gwerinol, er gwaethaf ei ddirmyg
ffasiynol tuag atynt:

> Lluniwyd Gwraig o Asen gam,
> I fod y fam Anghyfion,
> A Cham fudd gwraig hyd ddiwedd oes,
> a Chrâs a Chroes echryslon:
> ac os Ei chorph yn Unjon sydd,
> Ei Champiau fydd yn Geimion.[31]

Soniwyd am y blodeugerddi a gynhyrchwyd i feithrin cynull-
eidfa newydd o ddarllenwyr a chenhedlaeth newydd o feirdd.
Nid oes angen pwysleisio'r blas a gâi'r werin bobl ar weld a
darllen anterliwtiau yn y ddeunawfed ganrif ac ar ganu'r llu
baledi yr erys cryn nifer ohonynt mewn taflenni printiedig.
Eithr yr argraff a geir wrth durio yn llawysgrifau'r cyfnod
ydyw nad oedd y gweithiau printiedig hyn i gyd, gan gynnwys
prydyddiaeth argraffedig ambell fardd fel Twm o'r Nant a
Jonathan Hughes, yn ddim namyn copa'r rhewfryn prydyddol.
Gyda synnwyr drannoeth gellir gweld fod sail sicr i bryderon
y blodeugerddwyr cyfoes. Diau hefyd fod mawr angen ailgydio
yn y traddodiad clasurol a'i addasu at anghenion oes newydd.
Ond ar wastad arall, yr oedd y gweithgarwch prydyddol yn
eithriadol o fywiog. Cylchynai lliaws o gerddi a chaneuon ar
lafar ac mewn copïau llawysgrif. Ffrwyth y gweithgarwch hwn
yw'r casgliadau llawysgrifol a luniwyd gan amryw o feirdd a
charedigion llên yn ystod y ganrif, gwŷr a gwragedd fel
Cadwaladr Davies, Margaret Davies, Dafydd Ellis, William
Edward, William Edwards, Thomas Humphreys, Humphrey
Jones, Dafydd Marpole, William Morgan, John Morris,
William Owen, Dafydd Samwell a David Williams. Beth
bynnag a ddywedir am y deffroad newydd-glasurol a Chylch
y Morrisiaid tua chanol y ddeunawfed ganrif, o'r braidd fod
angen deffroad ymhlith y beirdd 'answyddogol', gwerinol. Yn
wir, yr oedd gweithgarwch y prydyddion hyn yn fwy
nodweddiadol o'r cyfnod na chywyddau Awgwstaidd Goronwy

---

[31] N 7892B, 185, dan y teitl 'Penhill Tri thrawiad'. Gw. hefyd 'Cerdd y
Mynawyd', *Dewisol Ganiadau yr Oes Hon* (Amwythig, 1759), 155; 'Madrondod
rhyw Eglwyswr', *Blodeu-gerdd Cymry*, 521, a'i garolau plygain: R. Gwilym Hughes,
'Bywyd a Gwaith William Wynn, Llangynhafal' (Traethawd M.A. Prifysgol
Cymru, 1940), Cyfrol II, 32–45.

Owen. Cafodd y canu rhydd toreithiog hwn beth sylw gan ddyrnaid o ysgolheigion ond erys y rhan fwyaf heb ei drafod o gwbl. Ac eto, dyma brif nodwedd y bywyd llenyddol hyd at flynyddoedd olaf y ddeunawfed ganrif: canu englyn a chywydd a llu o garolau a baledi a chaneuon amrywiol eraill. Dyma'r nodwedd y sylwodd Iolo Morganwg arni a cheisiodd urddasoli'r canu poblogaidd trwy ddadlau mai gwaith yn nhraddodiad y bardd teulu ydoedd, a bod i Forgannwg le cwbl arbennig yn y traddodiad hwnnw.[32] Canodd Iolo'n helaeth ac yn feistraidd weithiau yn y dull hwn. Cynnyrch yr un gweithgarwch egnïol oedd Dafydd Ddu Eryri, nid creadur Abraham Williams, Robin Ddu a Goronwy Owen yn unig. Gallai Dafydd Ddu ganu carol cystal â neb: ceir deunaw ohonynt yn *Corph y Gaingc* ac y mae'r mwyafrif llethol o'r cerddi yn y gyfrol honno'n gerddi yn y mesurau rhydd.

Gyda Dafydd Ddu Eryri (yn anad neb) ac eisteddfodau Cymdeithas y Gwyneddigion daw tro ar fyd. Er gwaethaf yr *élite* newydd-glasurol, yr oedd y bardd Cymraeg yn y ddeunawfed ganrif yn fardd cymdeithasol a'i idiom a'i acen yn ddealladwy i bawb. Aed â'r datblygiad hwn gam ymhellach ar ddiwedd y ganrif. Yn awr, trwy eisteddfodau'r Gwyneddigion, gallai'r bardd gwlad ddod yn fardd o fri, yn fardd 'swyddogol', ac ymhen amser, yn fardd cenedlaethol. Gwelodd Dafydd Ddu fod angen rhywun y byddai'r prydyddion gwerinol yn ei dderbyn yn safon ac yn awdurdod iddynt. Aeth ati i gyflenwi'r angen. Fe'i profodd ei hun fel bardd yn eisteddfodau'r gymdeithas Lundeinig. Fel athro barddol a beirniad ymroes i hyfforddi'r beirdd gwerinol yn y mesurau cynganeddol er mwyn iddynt fanteisio ar y cyfle euraid a gynigid gan yr eisteddfodau newydd. O'r ail ganrif ar bymtheg ymlaen daethai'r gramadegau barddol argraffedig yn fwyfwy pwysig a'r pennaf ohonynt i feirdd y ddeunawfed ganrif oedd gramadeg Siôn Rhydderch (1728). Y gramadeg barddol, bellach, oedd prif awdurdod y beirdd. Yr oedd 'y cyfryw lyfrau yn dra phrinion', meddai Dafydd Ddu, a lluniodd ei ramadeg ei hun (tua'r flwyddyn 1791, meddir) 'er llês i'r

---

[32] G. J. Williams, *Iolo Morganwg* (Caerdydd, 1956), 57: Bwriadai Iolo gyhoeddi casgliadau tebyg i'r rhai y soniwyd amdanynt uchod, gw. G. J. Williams, *Iolo Morganwg a Chywyddau'r Ychwanegiad* (Llundain, 1926), 213–4.

Beirdd ieuaingc', sef *Cyfrinach y Beirdd wedi ei ddwyn i'r amlwg
neu Reolau Prydyddiaeth Gymraeg.*[33] Ond nid y mesurau caeth a'r
gynghanedd yn unig a hawliai sylw awdurdodol Dafydd Ddu.
Bu'n deddfu hefyd ar gynnwys cerddi'r beirdd: 'Dylai'r Testyn
fod yn rhywbeth uwchlaw cyrhaedd gwybodaeth pob Cobler,
fel y byddo i gywreinrwydd gael lle i ymddisgleirio'.[34]
Beirniadodd Siôn Lleyn yn hallt am 'arfer Troellau-
ymadroddion a ffugrau anaddas i'r Testyn'.[35] Wrth ysgrifennu
at Siôn Wyn o Eifion (mi gredaf) aeth mor bell â manylu ar
yr hyn y dylid ei gynnwys mewn cerdd ar y tymhorau, gan
bwyso ar esiampl Thomson.[36] Prif gamp y bardd a'r ffordd
orau i ddangos cywreinrwydd oedd llunio awdl. Rhaid cofio
mai ffurf gymharol ddibwys oedd yr awdl yn yr ail ganrif ar
bymtheg a thrwy'r rhan fwyaf o'r ddeunawfed ganrif. Yr hyn
a wnaeth Cymdeithas y Gwyneddigion, fel y gwyddys, oedd
deddfu ynglŷn â ffurf yr awdl, gan ddilyn barn Goronwy Owen,
ac argymell hepgor y mesurau byrraf a chaethaf. Gorseddwyd
yr awdl 'newydd' yn y modd hwn gan y Gwyneddigion (er i
Edward Morris ganu o leiaf un awdl heb fod yn awdl
'enghreifftiol') a daeth yn brif orchest i bawb o'r beirdd a
ganai yn y mesurau caeth ac eithrio ceidwadwr di-weld fel
Gwilym Cowlyd. Amcan Dafydd Ddu, meddai G. T. Roberts,
oedd 'agor y drws i'r gwerinwr geisio cyrraedd y safon honno',[37]
sef safon awdl y Gwyneddigion. Wrth wneud hyn, cefnodd y
beirdd ar eu cymdeithas eu hun, oherwydd yr oedd yn ofynnol
iddynt ganu ar destunau gosod, ffasiynol, y Gymdeithas
Lundeinig. Dyma'r cyntaf, efallai, o aml baradocsau'r
bedwaredd ganrif ar bymtheg. Un wedd ar y gwerineiddio
oedd y cyfle a roddid i brydyddion y werin dyfu'n feirdd
cadeiriol yr awdl a hwythau'n canu ar destunau uwchlaw
cyrraedd gwybodaeth gwerinwyr cyffredin, testunau fel
'Gwirionedd', 'Rhyddid', 'Ansawdd Dysg a Gwybodaeth' a
llawer un cyffelyb. Afraid dweud nad oedd y mwyafrif o'r
testunau hyn yn rhan o fywyd a chymdeithas y beirdd a
dechreuodd barddoniaeth ymbellhau oddi wrth fywyd er

[33] N 22B gw. Rhagymadrodd.
[34] Myrddin Fardd (gol.), *Adgof uwch Anghof* (Pen-y-groes, 1883), 16.
[35] Ibid., 23.
[36] N 6041D.
[37] G. T. Roberts, 'Dafydd Ddu o Eryri a'i gysylltiadau llenyddol' (Traethawd
M.A. Prifysgol Cymru, 1929), 107.

gwaethaf esiampl goeth Robert ap Gwilym Ddu yn ei awdlau a chanu cymdeithasol mwy amrwd Dewi Wyn o Eifion.

Hefyd, yr oedd y nerthoedd rhamantaidd ar waith. Mynegwyd y rhain, i gryn raddau, yn yr awydd i ymryddhau oddi wrth 'gaethiwed' y mesurau caeth. Cafwyd ymyrraeth Iolo Morganwg a'i bedwar ansawdd ar hugain, eithr ni chydiodd cyfundrefn Morgannwg yn nychymyg y beirdd er i Wallter Mechain a Chynddelw ymdrechu i'w phoblogeiddio. O gwmpas canol y ganrif, dyma'r greadigaeth gymysgryw honno, yr awdl-bryddest, yn dod i'r golwg. Yna, yn ail hanner y ganrif, daeth y bryddest i'w theyrnas fel cyfrwng cymeradwy beirdd yr arwrgerdd. Ymroes yr Eisteddfod i gynhyrchu arwrgerdd genedlaethol y Cymry. Dyma, ond odid, derfyn eithaf gwerineiddio llenyddiaeth Gymraeg a'r datblygiad mwyaf paradocsaidd a digrif, ar ryw olwg, er mai camgymeriad dybryd fyddai ei drafod yn nhermau digrifwch yn unig. Yr hyn a welir yn awr yw'r prydydd gwerinol yn ymddyrchafu'n fardd yr arwrgerdd genedlaethol, camp fawr beirdd yr oesoedd; yn ymhonni'n Filton ac yn Fyrsil Cymraeg. Cafwyd gweithgarwch epigol tebyg yn Lloegr a'r Alban a dylanwadodd y beirdd hyn yn drwm ar y Cymry. Yr oedd y wythïen arwrol ym marddoniaeth Ffrainc yn y ganrif ddiwethaf yn un dra chyfoethog, er mai telynegion prifeirdd Ffrainc a geidw eu henwau'n fyw. Fel Llew Llwyfo a'i gymheiriaid, ceisiodd Samuel Ferguson, yn Iwerddon, roi bri ar hanes ei genedl ei hun trwy ganu arwrgerddi hanesyddol. Nid argyhoeddwyd pawb mai hwn oedd priod waith y bardd Cymraeg. Ys dywedodd un o'r beirniaid, Glan Alun:

> Y mae llawer o sôn am gael Arwrgerdd genedlaethol; eithr na fydded i ni godi ein disgwyliad yn rhy uchel. Nid unwaith mewn can' mlynedd, na phrin unwaith mewn mil o flynyddoedd, yr ymddengys *Iliad* neu *Goll Gwynfa*. Y mae yn gwestiwn genym ai nid oes yn amgylchiadau ein hiaith a'n cenedl wendid anorfod i nofio cyfansoddiad o'r radd uchod i anfarwoldeb.[38]

Ond ni wrandawyd arno. Fel ym maes y nofel, yr oedd deinamig Oes Victoria'n drech na'r holl amheuon.

---

[38] *Y Traethodydd*, 1862, 335, mewn erthygl ar 'Yr Eisteddfod'.

Er hynny, gellir canfod cyfnewidiad pendant yn hinsawdd lenyddol chwarter olaf y ganrif ddiwethaf. Yn 1876 cychwynnodd Emrys ap Iwan a Daniel Owen, dau ddychanwr gwahanol iawn i'w gilydd, ar eu gyrfâu llenyddol. Ymddangosodd dwy awdl ddychan John Morris-Jones, 'Cymru Fu, Cymru Fydd' a 'Salm i Famon' yn *Cymru* O. M. Edwards, 1892–4. Ar dudalennau'r un cyfnodolyn, 1896–7, y gwelwyd gyntaf y rhan fwyaf o 'Gwlad y Gân', dychangerdd T. Gwynn Jones a chafwyd y gerdd gyfan yn *Papur Pawb*, 1899. Yn ystod ugain mlynedd olaf y ganrif, felly, y mae popeth a oedd yn annwyl i Gymry Oes Victoria tan gabl. Dymchwelir duwiau'r cyfnod, y naill ar ôl y llall. A'r frenhines Victoria'n dal ar ei gorsedd, yr oedd Victorianaeth Cymru'n prysur ddod i ben. Ni ellir manylu yma ar ran allweddol John Morris-Jones yn y datblygiad hwn, ond gellir nodi'n fyr bwysigrwydd yr ail awdl, 'Salm i Famon'. O'i hystyried yng nghefndir gwaith beirdd arwrol y bedwaredd ganrif ar bymtheg, fe welir bod ynddi fwy na dychan ffyrnig ar efengyl gymdeithasol yr oes. Egyr y gerdd yn null traddodiadol yr arwrgerdd. Nid parodïo'r awdl foliant a wneir yn gymaint â dychanu holl draddodiad y canu epigol yn y ganrif ddiwethaf. Ffug-arwrgerdd i arwr ffug yw'r awdl hon; gwrth-epig yw hi. Yng nghyd-destun y feirniadaeth ar yr Eisteddfod a'i beirdd yn yr awdl gyntaf ac argyhoeddiad di-sigl Syr John fod barddoniaeth yn un o'r Celfyddydau Cain, dyma gyhoeddi barn derfynol ar un wedd bwysig ar y gwerineiddio a ddyrchafodd y gwerinwr cymharol ddi-ddysg yn brifardd cenedlaethol. Crachfardd (un o'i eiriau'i hun) oedd pawb na fynnai dderbyn safonau'r athro llym; ceiliogod y colegau oedd Syr John a'i ddisgyblion i'r sawl y bu'n rhaid iddo ddioddef ei lach. Efallai nad oedd John Morris-Jones mor anhyblyg ag a gredir weithiau. Er enghraifft, bodlonodd ar ddyfarnu'r *gadair* i bryddest Ben Davies, 'Tu hwnt i'r Llen', yn Eisteddfod Genedlaethol Llandudno, 1896, a rhaid bod hyn yn destun syndod pleserus i lawer:

> Cyd-uned yr holl seindyrf,
> Taraned y trombôns;
> Wel dyma fardd o'r diwedd
> Dan fendith Morris Jones.[39]

[39] *Western Mail*, 15 Mai 1897.

Fel yna yr adwaenid Syr John: ysgolhaig proffesiynol a gŵr a
lefarai megis un ag awdurdod anffaeledig ganddo; beirniad yn
nhraddodiad awdurdodol Caledfryn a Dafydd Ddu Eryri. Yr
oedd saibwynt ei gyfaill, O. M. Edwards, yn gwbl wahanol ac
yn uchafbwynt i'r gwerineiddio llenyddol a dyfodd mor rymus
yn y bedwaredd ganrif ar bymtheg. Dengys y ddau gylchgrawn,
Cymru a'r *Beirniad*, y gwahaniaeth sylfaenol rhwng y ddau
gyfaill. Mynnai O.M. weld y ffurfiau prydyddol poblogaidd,
gan gynnwys yr arwrgerdd, yn mynd ymlaen o nerth i nerth.
Ac yr oedd o'r farn fod y mesurau caeth yn rhwystr i'r
datblygiad hwn:

> Pa fodd y gellir rhoi barddoniaeth athronyddol mewn
> cynghaneddion? Nid cywydd nac awdl sydd eisiau yn ein
> dyddiau ni, ond cân wladgarol danllyd, canig i ddangos y
> tlysni sydd mewn purdeb, arwrgerdd mewn mesur rhydd. Nid
> ar y ffurf ond ar y meddwl yr edrychir yn awr. Nid oes y
> mân reolach yw oes y deffroad.[40]

Fe welir fod y datganiad hwn yn llawn adleisiau o'r ddadl
rhwng y ddwy ysgol brydyddol yn y ganrif ddiwethaf. Mewn
ymateb rhyfedd o ymataliol, adleisiodd Syr John yntau ddad-
leuon y Mudiad Esthetig cyfoes yn Lloegr trwy bwysleisio
annibyniaeth celfyddyd barddoniaeth a phrydferthwch am-
heuthun y gynghanedd: 'prydferthwch sain, prydferthwch
sydd ynddo'i hun yn werthfawr . . . I gael miwsig, rhaid cael
rheolau a deddfau'. Nododd dri deffroad yn hanes y
gynghanedd. Yn y trydydd deffroad, dan arweiniad Goronwy
Owen, 'ail adferwyd y gynghanedd', meddai, 'a chymerodd
hithau le cleciadau cras y baledwyr'.[41] Fe'i gwelai ei hun,
mae'n amlwg, yn arweinydd y deffroad prydyddol diweddaraf.
Ond yr oedd John Morris-Jones yn ŵr rhy ddeddfol ei feddwl
i wneud y gwaith hyfforddi tra gwerthfawr hwn heb beri
rhwyg. Ef, yn anad neb arall, a ailagorodd y bwlch rhwng
beirdd y werin a'r beirdd 'swyddogol'. Erys y bwlch hwn ar
agor, er gwaethaf y datganiadau ffyddiog a wneir o bryd i'w
gilydd gan feirniaid diweddar.

[40] *Cymru*, 1892, 161.
[41] Ibid., 280.

'MARWNAD SYR JOHN EDWARD LLOYD' GAN SAUNDERS LEWIS

John Rowlands

Nᵢ ellir ailafael mewn traddodiad sydd wedi'i ffosileiddio. Peth byw yw unrhyw wir draddodiad, sy'n gyson yn bwrw'i hen groen ac yn magu croen newydd. Ond mae rhyw hud anniffiniol yn perthyn i ffosilau, yn arbennig i genedl a ŵyr ym mêr ei hesgyrn y gall mai ffosil fydd hithau cyn pen fawr o dro. Wrth gwrs, mae'r traddodiad barddol yn ymddangos yn hynod ffyniannus y funud hon, gyda Chymdeithas Cerdd Dafod a'i chylchgrawn *Barddas* yn mynd o nerth i nerth, a chynganeddwyr huawdl yn blodeuo mewn ysgol a choleg, yn ogystal ag yng nghylchoedd disgwyliedig y beirdd bro. Pan fo rhai pobl ifanc allan yn yr heolydd yn ein rhybuddio fod coelcerth wen yn fflamio trwy Gymru, a bod ein hen iaith grimp yn clecian yn y tân, fe glywn o'r cysgodion glindarddach chwerthin yr ymrysonau barddol fel eco o ryw hen firi gynt pan oedd medd yn feddwol, a chytseiniaid yn tincial ar dafodau. Tybed a oes dim yn fwy rhyfeddol—nac yn fwy rhyfedd—na goroesiad y grefft gynganeddol ddisglair hon hyd wyll blynyddoedd olaf yr ugeinfed ganrif?

Er na ellir llai na llawenhau wrth weld gwydnwch digyfaddawd y grefft-drin-geiriau hon, rhaid cyfaddef ar yr un pryd nad y tu mewn i'w hualau hi y mynegodd y rhan fwyaf o feirdd gorau'n canrif ni eu gweledigaethau. T. Gwynn Jones yw'r prif eithriad. Ond nid oedd ef—mwy nag yw Euros Bowen yn ein cyfnod ni—yn barod i drin cerdd dafod fel ffosil. Ychydig iawn o feirdd a fentrodd fel hwy. Mwy nodweddiadol yw R. Williams Parry, yn bwrw'i brentisiaeth fel cynganeddwr, ac yna'n dewis y mesurau rhydd fel prif gyfrwng ei aeddfedrwydd. Yr un yw hanes T. H. Parry-Williams a Gwenallt a Waldo. Prin bod beirdd fel Alun Llywelyn-Williams, Pennar Davies, Bobi Jones a Gwyn Thomas wedi gwneud mwy na braidd gyffwrdd â'r mesurau caeth. Pwnc yw hwn sy'n haeddu cyfrol i'w drafod, ond yr argraff a geir yw, er cymaint o gynganeddu a fu yn ein canrif ni, mai yn ysbeidiol yn unig yr ysgogwyd barddoniaeth o'r radd flaenaf y tu mewn i'r traddodiad.

Ar ryw olwg mae hynny'n anorfod. Nid yw'n oranodd deall dadl y bobl hynny sy'n dal na ddylid diwygio gormod ar reolau cerdd dafod. Mewn un ystyr fe ffosileiddiwyd y gynghanedd a'r mesurau ers canrifoedd, ac mae eu hanghyfnewidioldeb yn rhan o'u cyfaredd erbyn hyn. Am hynny gall arbrofi gyda hwy fod yn ddinistr yn eu herbyn. Onid cael ei blygu ganddynt sydd orau i fardd yn hytrach na cheisio'u plygu hwy? Am wn i mai dyna athroniaeth Saunders Lewis wrth lunio'i 'Garthewin [:] Awdl Foliant i Robert Wynne'[1] a'i 'Awdl i'w Ras, Archesgob Caerdydd',[2] ond fe ofynnodd Gwenallt— 'A oedd yn rhaid i Mr. Lewis ganu awdlau i Mr. Robert Wynne a'r Archesgob? Paham na fyddai'n canu cerddi *vers libre* neu gerddi ar y mesurau rhydd traddodiadol?'[3] Gallai Saunders Lewis ateb yng ngeiriau'i gyfaill David Jones yn y llyfr *Epoch and Artist* (llyfr, gyda llaw, a gyflwynwyd i Saunders Lewis 'gŵr celfydd a gâr ei wlad a phob ceinder'):

> The artist, no matter of what sort or what his medium, must be *moved by the nature of whatever art he practises*. Otherwise he cannot move us by the images he wishes to call up, discover, show forth and re-present under the appearance of this or that material, through the workings of this or that art.
>
> The artist is *not*, necessarily, a person vastly more aware than his friends and relations of the beauties of nature, but rather he is the person most aware of the nature of an art. The inception or renewal or deepening of some artistic vitality normally comes to the artist via some other artist or some existing art-form, not via nature.[4]

Defod yw barddoni yn y mesurau caeth i Saunders Lewis, ac fe gofir iddo ddweud yn ei ragair i *Fuchedd Garmon* y dylai'r wers rydd, hyd yn oed, gael ei gwastrodi gan ddisgyblaeth y canu caeth:

> Dylai'r *vers libre* ddibynnu ar fesurau traddodiadol er mwyn sicrhau elfen gref o ddisgyblaeth. Felly er mwyn ystwythder a chymhlethdod cymerais dri mesur yn sylfeini neu'n "batrymau"; ac yna "eu hestyn, eu crychu a'u hystumio" . . .[5]

---

[1] *Byd a Betws* (Aberystwyth, 1941), 16–17.
[2] *Siwan a Cherddi Eraill* (Llandybïe, 1956), 10–11.
[3] Pennar Davies (gol.), *Saunders Lewis Ei Feddwl a'i Waith* (Dinbych, 1950), 74.
[4] *Epoch and Artist* (London, 1959), 29.
[5] *Buchedd Garmon* (Aberystwyth, 1937), ix.

Ac yntau'n glasurwr, mae Saunders Lewis yn draddodiadwr i'r carn. Ni fyfyriodd neb erioed fwy nag ef ar ystyr ac arwyddocâd ein traddodiad arbennig ni yng Nghymru. Wedi i oleuni'i ddeall ef dywynnu ar ein gorffennol ni fydd ein hanes na hanes ein llenyddiaeth byth yr un fath eto. Ond dangos y mae hynny nad yw hyd yn oed y gorffennol yn beth statig. Caiff ei aileni ar newydd wedd yn nychymyg y presennol. Dychymyg Saunders Lewis (dan reolaeth gyson ei ymennydd, wrth gwrs) sydd wedi gweddnewid ein golwg ni ar hanes Cymru.

Ond rhyfeddod y traddodiadwr hwn yw nad oes neb llai 'traddodiadol' nag ef. Sawl gwaith yr edliwiwyd iddo ddieithrwch ei gefndir, ei syniadau a'i grefydd? Nid y Cymro modern, gwerinol, cyfaddawdus mohono, yn nabod y 'pethe' a 'hen ŷd y wlad', yn ymhyfrydu'n hapus Gymreig yn ei rigol, ond un yr oedd ganddo'r 'awydd mawr iawn' hwnnw, yn ei eiriau'i hun—

> i newid hanes Cymru. I newid holl gwrs Cymru, a gwneud Cymru Gymraeg yn rhywbeth byw, cryf, nerthol, yn perthyn i'r byd modern. Ac mi fethais yn llwyr.[6]

Ef a ddywedodd, wrth drafod Charles Edwards, mai ef oedd 'hanesydd cyntaf Cymru' yn yr ystyr mai ef oedd y cyntaf 'i weld patrwm, cynllun, unoliaeth, yn hanes y genedl Gymreig'.[7] 'R oedd *cronigl* ac *annales* y cyfnod canol—y casgliad o hanesion difyr o'r gorffennol—wedi'u disodli gan hanesyddiaeth fwy 'athronyddol' a dehongliadol. I Saunders Lewis yntau, proses yw hanes, ac nid y morgrugyn o ymchwilydd yw'r hanesydd noblaf, ond y gweledydd hwnnw sy'n gallu darganfod patrwm ystyrlon yn hytrach na chruglwyth di-drefn o ffeithiau.

Wrth gwrs, arwyddocâd cyfoes sydd i hanes yn yr ystyr hon. Nid eisiau troi'r cloc yn ôl i'r Oesoedd Canol oedd ar Saunders Lewis. Ysu yr oedd ef am ddod â Chymru'n ôl at ei choed. Nid ein haddysgu am ein gorffennol er mwyn ein denu'n ôl i gysur y groth a wnâi, ond er mwyn i'r genedl symud ymlaen

---

[6] 'Dylanwadau: Saunders Lewis mewn ymgom ag Aneirin Talfan Davies', *Taliesin*, 2 (Nadolig 1961), 13.
[7] 'Y Ffydd Ddi-ffuant', *Meistri'r Canrifoedd*, gol. R. Geraint Gruffydd (Caerdydd, 1973), 167.

i'r dyfodol fel etifedd holl ganrifoedd cred yn hytrach nag fel plentyn siawns.

Na, nid ceisio ailafael mewn traddodiad ffosileiddiedig a wnaeth ef. Hyd yn oed yn ei gerddi 'barddol', defodol, mae ambell nodyn o ddychan cras yn tymheru'r naws, fel wrth sôn am 'sang stop-tap' neu 'dwndwr y waltz'. Go brin y cytunai â Gwenallt mai 'dilyn ffurfiau allanol yw hyn oll; ceidwadaeth farw'.[8] Ac yn ei farwnad fawr i Syr John Edward Lloyd[9], ymwrthododd â'r mesurau cynganeddol yn llwyr. Ymwrthododd hefyd â fformiwlâu'r farwnad draddodiadol Gymraeg. Ond nid yw hynny'n gwneud hon yn gerdd anhraddodiadol mewn unrhyw fodd. Os gallai Guto'r Glyn foli haelioni Tomas ap Watcyn Fychan yn nhermau 'chwarae gêm ryfel drwy ymladd ar y byrddau'[10] (h.y. ymosod ar win), pam na allai Saunders Lewis yntau farwnadu Syr J. E. Lloyd trwy'i ddisgrifio'i hun yn cael ei arwain trwy'r isfyd Fyrsilaidd 'yn llaw hen ddewin Bangor'? Nid yw anuniongyrchedd y marwnadu yn creu anhawster, ond fe ellid mae'n debyg ddadlau fod y fframwaith Fyrsilaidd yn faen tramgwydd i lawer, ac yn wir mae Gwenallt yn gweld taith J. E. Lloyd a Saunders Lewis trwy'r isfyd 'yn chwithig o ddigri'.[11] Ond prin bod llawer o rym yn y ddadl mai 'uffern yw'r unig isfyd byw i Gristion'[12] a bod y gerdd felly'n colli'i grym. Mae'r cymeriadau o hanes Cymru yn dod yn rymus fyw yn y gerdd er gwaetha'u lleoli yn yr isfyd. Wrth greu cyfochredd â rhannau o arwrgerdd Ladin Fyrsil, yr *Aeneid*, dyfeisiwyd lleoliad dychmygfawr yn ogystal â thalu gwrogaeth i ddysg glasurol gwrthrych y gerdd. Yn ei ddull didostur arferol ei hun, cymerodd Saunders Lewis yn ganiataol fod ei gynulleidfa ddethol ef (oherwydd onid dethol, o raid, fyddai'r gynulleidfa a werthfawrogai ddysg Syr J. E. Lloyd?) yn hyddysg yng nghlasuron Ewrop, ac felly'n gwerthfawrogi'r gyfeiriadaeth at Fyrsil a Dante. Gan mai cerdd am hanes a thraddodiad Cymru yw hon, neu gerdd am golli dehonglydd y traddodiad hwnnw, peth cwbl briodol oedd cymryd fframwaith ehangach y traddodiad Ewropeaidd.

[8] Op. cit., 75.
[9] *Siwan a Cherddi Eraill*, 13–15.
[10] Saunders Lewis, 'Gyrfa Filwrol Guto'r Glyn', YB, IX, 87.
[11] Op. cit., 75.
[12] Ibid., 75.

Ar un olwg, y mae 'Marwnad Syr John Edward Lloyd' yn
grisialiad perffaith o'r 'dibersonoli' yr oedd T. S. Eliot
yn dadlau y dylai'r llenor ymgyrraedd ato. Er bod y gerdd
wedi'i hysgrifennu yn y person cyntaf, 'd oes ynddi ddim
rhithyn o hunanddatguddiad rhamantaidd, na hyd yn oed sôn
uniongyrchol am alar y bardd. Ni cheir unrhyw ymgais
chwaith i beintio portread Rembrandtaidd o J. E. Lloyd.
Oerni gweddus y bardd sy'n casáu gwneud sioe o'i deimladau
a geir yma. Bron nad oes rhywbeth pendefigaidd yn rheolaeth
lwyr y bardd ar ei deimlad. Yn sicr mae'n cyd-fynd â'i syniad
ef ei hun mai peth amhersonol yw cerdd dda ond bod
prydyddiaeth wael yn bersonol.[13] Ond er gwaetha'r ymatal
mae hon yn gerdd mor deimladwy ag *aria* wylofus Pedr yn y
Dioddefaint yn ôl Sant Mathew gan Bach. Fel yn y gerdd
'Dychwelyd', a gyhoeddwyd yn *Y Traethodydd* (Ebrill 1970),
dweud rhywbeth am ei gariad tuag at Gymru, ac am gnùl ei
anobaith amdani, a wna'r farwnad 'amhersonol' hon.[14]

Ychydig iawn a gasglwn am bersonoliaeth J. E. Lloyd wrth
ddarllen y gerdd, a fawr ddim am ffeithiau'i fywyd a'i yrfa fel
hanesydd. Yn 1861 y'i ganwyd, i deulu o Gymry capelgar yn
Lerpwl, â'u gwreiddiau ym Maldwyn. Fe'i haddysgwyd yng
Ngholeg Prifysgol Cymru, Aberystwyth, a Choleg Lincoln,
Rhydychen (lle yr enillodd ddosbarth cyntaf yng nghlasuron
y *Moderations* ac yna ddosbarth cyntaf anrhydedd mewn
Hanes). Bu'n ddarlithydd mewn Cymraeg a Hanes yn Aber-
ystwyth cyn symud i Fangor yn gofrestrydd Coleg y Brifysgol
yno, ac yn gynorthwyydd i'r Athro Hanes. Fe'i hetholwyd i'r
Gadair Hanes yn 1899. Tyfodd yn raddol i fod 'megis yn oracl
ar holl hanes Cymru', chwedl R. T. Jenkins.[15] Ei gampwaith,
wrth gwrs, oedd *A History of Wales to the Edwardian Conquest*
(dwy gyfrol, Llundain, 1911). Yn 1920 (nid 1931 fel y dywed
Y Bywgraffiadur) traddododd Ddarlithiau Ford yn Rhyd-
ychen, a chyhoeddwyd ei lyfr *Owen Glendower Owen Glyn Dŵr*
yn sylfaenedig ar y rheini (Rhydychen, 1931). Ef oedd awdur

---

[13] 'The Poet', *The Arts, Artists and Thinkers*, gol. J. M. Todd (London, 1958),
adargraffwyd yn *Presenting Saunders Lewis*, gol. A. R. Jones a G. Thomas (Cardiff,
1973), 171–6.
[14] Am drafodaeth ar 'amhersonolrwydd' Saunders Lewis, gweler Pennar
Davies, 'Cerddi Saunders Lewis', *Saunders Lewis*, gol. D. T. Lloyd a G. R. Hughes
(Llandybïe, 1975), 168–77.
[15] BC, 41.

y gyfrol fechan yn rhoi braslun o hanes Cymru yn Saesneg (cyhoeddwyd cyfieithiad Cymraeg, *Golwg ar Hanes Cymru*, gan Wasg Aberystwyth yn 1943). Golygodd hefyd ddwy gyfrol swmpus ar hanes Sir Gaerfyrddin . . . heb sôn am ei erthyglau niferus mewn cylchgronau ysgolheigaidd. Ac yntau wedi cyfrannu'n helaeth i'r *Dictionary of National Biography*, nid oedd yn syndod i neb iddo gael ei ddewis yn olygydd cyntaf yr hyn y daethpwyd i'w alw'n ddiweddarach yn *Fywgraffiadur Cymreig*. Bu farw yn 1947, ac fe'i claddwyd ym mynwent Llandysilio ar yr ynys gerllaw Porthaethwy ym Môn.

Yn naturiol, mae peth o liw oes Victoria ar J. E. Lloyd, ond 'd oes dim amheuaeth nad oedd yn Gymro i'r carn yng nghyd-destun ei gyfnod. Geiriau fel 'syberwyd', 'urddas' a 'dillynder' sy'n brigo i'r wyneb yn nisgrifiadau'i gydnabod ohono, ac mae'r un nodweddion yn cael eu hadlewyrchu yn ei ysgrifeniadau. Hanesydd cyfrifol ydyw, nid un yn carlamu'n rhyfygus ar gefn ei geffyl; dehonglwr craff, ond difrif. Sonia Thomas Richards amdano fel disgyblwr llym: '. . . am greu awyrgylch farwol o gwrteisi oer, ni welais neb tebyg iddo, cwrteisi heb eiriau, awyrgylch yr anobeithiol'.[16] Wrth gloi ei ysgrif goffa amdano dyma eiriau'r un awdur:

> Y mae wedi mynd: y wybodaeth eang, y farn aeddfed, y ddoethineb fawr. Wedi mynd, ie, ond erys gwaith Syr John Lloyd yn ffactor arhosol yn natblygiad Cymru, yn suddedig sownd yn ei hymwybod; erys ei ddylanwad ymysg to ar ôl to o'i hen ddisgyblion; nid â'r *History* fyth yn hen. Yn nheml fawr y Gymru newydd, fe lwyddir i gyfuno, ni a obeithiwn, y mawr a'r mirain; ar un o'i chongl-feini, wedi ei gerfio'n ddwfn a chain gan ddwylo celfydd hafal i oreugwyr y Canol Oesoedd, fe welir enw *John Edward Lloyd, hanesydd*.[17]

Nid yw'n anodd deall pam yr apeliai ei bersonoliaeth a'i waith at Saunders Lewis. Yn y gyfrol *Ysgrifau Dydd Mercher* cyfeiria at yr hyn yn John Lloyd yr hanesydd a apeliai ato:

> Er mai yn Saesneg yr ysgrifennodd Syr John ei lyfrau mawr, nid oes amheuaeth eiliad am ei argyhoeddiadau ef: cenedlaetholwr Cymreig yn olrhain twf cenedl a gâr, cenedl sy'n

---

[16] 'Atgofion Amdano', *Rhwng y Silffoedd*, gol. Derwyn Jones a G. B. Owen (Dinbych, 1978), 119.
[17] 'Syr John Lloyd: Ni Bu Hafal Hanesydd', ibid., 118.

fyw iddo ef fel cenedl o hyd, dyna yw Syr John. Y mae'r peth yn eglur ym mhob pennod a ysgrifennodd ef, ac fe haedda fendith cenedlaethau o Gymry o'r herwydd.[18]

Gan na allaf i ymhyfrydu fy mod yn cyfranogi o ddysg glasurol J. E. Lloyd a Saunders Lewis, mae'n ffodus fod perthynas y farwnad ag *Aeneid* Fyrsil eisoes wedi'i thrafod gan Mr. Ceri Davies yn *Llên Cymru*.[19] Yn chweched llyfr yr *Aeneid* ceir hanes yr arwr Eneas, wedi cwymp Caerdroea, yn cael ei arwain gan y Sibil i'r isfyd. Ailsefydlu Caerdroea yw ei uchelgais, ac wrth fynd i'r isfyd gobeithia gael gwybod tynged ei hil. Croesa afon Acheron ('afon angau' Williams Parry) a dod at fan a elwir yn Faes Wylofain lle y mae cyrff y bobl a fu farw wrth ymladd dros eu gwlad yn erbyn y Groegiaid. Yno y mae Deiffobos, mab Priaf, wedi'i anafu mor dost nes ei bod yn anodd ei adnabod. Yno hefyd y mae arwyr eraill megis meibion Antenor ac Adrastos. Â Eneas rhagddo nes cyrraedd croesffordd. I'r wlad hyfryd, Elysiwm, yr arwain un llwybr, ac yno y mae'r bobl dda—y rhai a wnaeth bethau da dros eu gwlad a'u cyd-ddyn. Wedi cael y gangen aur (sy'n rhoi iddo saffcwndid o uffern ac yn ei sicrhau rhag cael niwed yn yr isfyd) caiff fynediad i'r fro ddedwydd hon, ac yma y gwêl Dardan ac Ilos a'r 'meirwon diallwynin' eraill.

Ailadrodd y stori honno a wnaeth Saunders Lewis yn nau bennill cyntaf y farwnad, gan lynu'n glòs wrth yr arwrgerdd Ladin. Yng ngeiriau Ceri Davies, 'seiliwyd yr eirfa, yn wir linellau cyfain, ar union ymadroddion Fyrsil'.[20] Dylid nodi mai i anrhydeddu gorffennol ysblennydd Rhufain y lluniodd Fyrsil ei epig, ac i groesawu'r cyfnod newydd o heddwch ffyniannus y gobeithiai ei weld dan yr Ymherawdr Awgwstws. Dyna egluro'r cyfeiriad at 'hynafiaid Rhufain' yn y pennill cyntaf. Sylwer hefyd ar nodweddion arwrol y cymeriadau o'r *Aeneid* y dewisodd Saunders Lewis gyfeirio atynt: 'drudion daear' ydynt—dewrion beiddgar y ddaear, ac y mae meirwon Elysiwm yn 'ddiallwynin' (heb fod yn drist; hapus). Y mae'n werth tynnu sylw yma at un o bwyntiau allweddol erthygl

---

[18] Ysgrif ar Ambrose Bebb, *Ysgrifau Dydd Mercher* (Llandysul, 1945), 34.
[19] 'Marwnad Syr John Edward Lloyd a Fyrsil, Aeneid VI', LlC, 12 (1972–3), 57–60.
[20] Ibid., 57.

Ceri Davies, sef bod Saunders Lewis wedi dewis a dethol yn
ofalus o'r *Aeneid* er mwyn creu cyferbyniad llachar rhwng
arwriaeth y gwŷr a welodd Eneas yn yr isfyd a methiant
digalon yr arwyr Cymreig a wêl ef yng nghwmni J. E. Lloyd
yn nes ymlaen yn y gerdd. 'Adlais sicr' yn wir yw'r ansoddair
'diallwynin' (i ddisgrifio cyflwr preswylwyr Elysiwm) o linellau
cyntaf Marwnad Llywelyn Ein Llyw Olaf:

> Oer calon dan fron o fraw—allwynin
> Am frenin, dderwin ddôr, Aberffraw.

Fe osgôdd Saunders Lewis bob sôn am drigolion 'allwynin'
Tartarws yng ngherdd Fyrsil er mwyn crisialu'n gliriach
fethiant trist yr arwyr Cymreig o'i gyferbynnu â llwyddiant
arwyr yr *Aeneid* y tynnodd ef sylw atynt.

Hynny yw, yr ydym wedi'n cyflyru gan awyrgylch y ddau
bennill cyntaf i ddisgwyl cerdd o fawl diamod i orffennol
Cymru—os nad ydym eisoes wedi'n deffro gan air olaf yr ail
bennill i sylweddoli'n wahanol.

Yn y trydydd pennill, arweinir Saunders Lewis gan John
Edward Lloyd, 'hen ddewin Bangor', at ein gwreiddiau
cynhanesiol. Efallai bod y bardd yn awr yn meddwl amdano'i
hun, nid yn unig fel Eneas yn cael ei arwain gan y Sibil, ond
hefyd fel Dante yn cael ei arwain trwy uffern gan Fyrsil yn y
Gomedi Ddwyfol. O leiaf mae galw John Lloyd yn 'ddewin' yn
dwyn ar gof y ffaith fod Fyrsil wedi tyfu'n rhyw fath o swynwr
neu gymeriad proffwydol erbyn yr Oesoedd Canol. Ac y mae'r
trueni uffernol a ddangosodd ef i Dante yn gydnaws, i raddau,
â'r golygfeydd trist sydd gan yr hanesydd Cymraeg i'w dangos
i'r bardd. Mae 'dewin' hefyd yn awgrymu fod J. E. Lloyd yn
hanesydd 'proffwydol'—yn un a amlygodd batrymau gweddol
bendant yn hanes Cymru. Yn y pennill hwn arweinir ni i'r
cyfnod cyntefig lle nad oes ond ychydig ddarluniau ar furiau
ffau i dystiolaethu am y bywyd coll—tudalennau cyntaf
A History of Wales, os mynnir.

Yna, yn y pennill nesaf, symudir o'r llwyd wyll hwn at
gyfnod y Rhufeiniaid, ac mae dyfodiad ymerodraeth yr 'eryr
pres' yn arwyddo gwawr hanes y Gymru wâr. Mae egni'n
disgleirio trwy'r pennill hwn, gan ein hatgoffa am syniad
Saunders Lewis mai Ewropeaidd yw'r diwylliant Cymreig yn

ei hanfod am i'r Cymry ochri gyda *Romanitas* yn erbyn *Barbaritas*. Meddai yn 1927:

> Y Cymry yw'r unig genedl ym Mhrydain a fu'n rhan o Ymerodraeth Rufain, a sugnodd laeth y Gorllewin yn faban, a chanddi waed y gorllewin yn ei gwythiennau. Fe all Cymru ddeall Ewrop, canys y mae hi'n un o'r teulu.[21]

Cawn yn y gerdd ddarlun nobl o'r llywodraethwr Rhufeinig, Gnaeus Julius Agricola, yn sefyll yn fuddugoliaethus ar draeth ym Môn, a'r môr yn chwistrellu'n lluwchiog dros ei fantell Rufeinig. Ef a ddewiswyd i gwblhau concro Prydain, ac wedi ei ymosodiad annisgwyl ar Ynys Môn yr oedd Cymru gyfan yn nwylo'r Rhufeiniaid yn gynnar yn y flwyddyn 79. Ym Muchedd Agricola gan yr hanesydd Rhufeinig Tacitus sonnir amdano'n lladd y derwyddon olaf a ymgynullasai ym Môn. Ac meddai'r gerdd: 'murmurai frudiau Fferyll', sef proffwydoliaethau Fyrsil. Ysgrifenasai ef yr *Aeneid*, fel y dywedwyd eisoes, er anrhydedd Awgwstws, ac mewn gobaith am ddyfodol disglair ei bobl. Yr oedd hefyd wedi mynegi'i obeithion yn y *Georgics*, fel y sonia J. E. Lloyd.[22] Ond cyfeirio a wneir yma, mae'n ddiau, at y llinellau hynny o chweched llyfr yr *Aeneid* sy'n cynnwys y geiriau a ddyfynnir: '*Tu regere . . . populos*'. Yn y llinellau proffwydol hynny mae Anchises yn dweud wrth ei fab, Eneas, beth yw dyletswydd y Rhufeiniwr yn y byd. Dyma aralleiriad bras o'r tair llinell dan sylw: 'Cofia, o Rufeiniwr, lywodraethu'r cenhedloedd gyda'th nerth; dyna fydd dy ddull, sef coroni heddwch â chyfraith, arbed y gorchfygedig, ond dofi'r beilchion mewn rhyfel'.

Yn nhawelwch y pennill nesaf, pwysleisir mai sylfaen Cristnogol sydd i'n gwareiddiad. Darlunnir mynach yn ymneilltuo, yn amaethu'r tir ac yn codi allor er mwyn cynnal gwasanaeth y cymun, gyda'i bwyslais ar boen ac aberth Crist.

Sieryd y bardd wrth ei arweinydd yn y ddau bennill nesaf. Sonia i ddechrau am undod Ewrop, yr undod a grewyd gan y Rhufeiniaid, ac a lefeiniwyd gan Gristnogaeth. Pwysleisir o hyd, wrth gwrs, nad undod gwleidyddol yn unig mo hwn; nid 'un doll' yn unig a unai wahanol bobloedd Ewrop ynghyd, ond hefyd eu crefydd—fe'u gwnaed yn un bobl ('ciwdod') ar

---

[21] 'Lloegr ac Ewrop a Chymru', *Canlyn Arthur* (Aberystwyth, 1938), 27.
[22] *A History of Wales*, I, 48.

sylfaen yr Eglwys Gatholig. Diau mai Pedr yw'r 'maen' ('ar y *graig* hon yr adeiladaf fy eglwys', Mathew 16.18). A hyd yn ddiweddar bu Lladin yr Eglwys Gatholig yn symbol clywadwy o'r undod hwn. Cyfeirir at Fôn a Chyrenaïca fel dau begwn yr Ymerodraeth Rufeinig a glymwyd ynghyd yn y modd gwareiddiol hwn. A'r gwareiddiad yma, medd Saunders Lewis, oedd y sylfaen i waith Dante a Grotius (ar yr ochr ddiwylliannol), a hyn hefyd oedd y tu ôl i anrheithio Ffredrig yr Ail a Phylip o Sbaen (ar yr ochr wleidyddol). Mae'r Ymherawdr Rhufeinig Ffredrig (1194–1250) yn enwog, nid yn unig fel gwleidydd, ond hefyd fel noddwr diwylliant. Ef oedd sylfaenydd Prifysgol Napoli, ac yr oedd ei lys yn ganolfan i weithgareddau diwylliannol o bob math; Dante a ddywedodd mai yn ei lys ef y ganed barddoniaeth Eidaleg. Prin bod angen tynnu sylw at bwysigrwydd Dante (1265–1321) fel bardd mwyaf yr Oesoedd Canol yn Ewrop, gyda'i weledigaethau pwerus o uffern, purdan a pharadwys. Gyda'r ddau ffigur arall a enwir symudir ymlaen at wawr y byd modern yn yr unfed a'r ail ganrif ar bymtheg. Dyma gyfnod dinistrio undod Ewrop yn yr ystyr bod Protestaniaeth wedi rhoi cyfle i dwf cenhedloedd unigol. Torrodd Prydain ei chysylltiad â Rhufain, a dyma gychwyn y cenedlaetholdeb Seisnig a gafodd effaith mor niweidiol ar Gymru. O leiaf, dyna un dehongliad posibl, er bod elfen o orsymleiddio ymhob dehongliad. Ymladdodd Phylip o Sbaen (1527–98) yn enw'r Eglwys Gatholig yn erbyn Protestaniaeth, ac er gwaetha'i fethiannau, cadwodd yn driw i'w ddelfrydau. Am yr Iseldirwr, Hugo Grotius (1583–1645), dyn y ffordd ganol oedd ef a chwiliai am sylfaen cyffredin er mwyn cymodi rhwng Catholigiaeth a Phrotestaniaeth.

Cwestiwn y pennill nesaf yw pa le mae'r arweinwyr Cymreig hynny a fu'n ceisio ennill rhyddid i'r genedl. Disgynyddion Cunedda Wledig y bumed ganrif ydynt—y pennaeth hwnnw y dywedir iddo ddod i Gymru gyda'i feibion o Fanaw Gododdin yn yr Hen Ogledd ac ymlid y Gwyddelod o Wynedd. Ond tynged chwerw sydd iddynt, a chrisielir y chwerwedd hwnnw trwy'u cyffelybu â'r ffigur Groegaidd Sisiffos a gondemniwyd i wthio carreg anferth i ben bryn, er mai rowlio'n ôl a wna bob gafael. Cyfeirir at Sisiffos yn yr *Aeneid*, ac fel y dywed Ceri Davies, mae'n arwyddocaol mai un o'r ffigurau yn Nhartarws

ydyw yno, ac felly gyda'i garfan drist ef y cyplysir yr arweinwyr
Cymreig, nid gyda chymeriadau llawen Elysiwm y soniwyd
amdanynt ar ddechrau'r gerdd. Prin bod eisiau gwell arwydd-
lun o fethiant diffrwyth na Sisiffos. Rai blynyddoedd cyn
cyfansoddi'r farwnad hon cyhoeddasai Albert Camus ei
draethawd dylanwadol, *Le Mythe de Sisyphe* (1942), lle gwneir
Sisiffos yn arwr yr hurt neu'r abswrd. Ei boenedigaeth
dragwyddol yw cael ei orfodi i gyflawni tasg gwbl ofer. Prin
bod angen gweld abswrdiaeth Camus yng ngherdd Saunders
Lewis, ond mae'r dehongliad trasig sydd ynddi o hanes Cymru
yn rhagargoel o'r ymateb taerach i drueni byw a bod a geir
yng ngweithiau diweddarach yr awdur.

'Pa le mae'r rhain?' yw cwestiwn y bardd, ac yna dengys yr
hanesydd iddo olygfeydd poenus ein gorffennol cenedlaethol.
Dewiswyd canolbwyntio ar Gruffudd ap Cynan, Llywelyn
Fawr, Llywelyn Ein Llyw Olaf a'i frawd Dafydd, ac yna
Owain Glyndŵr.

I ddechrau gwelwn Gruffudd ap Cynan ar ei wely angau, ei
lygaid yn 'dywyll' (dall); ac yntau, nid yn Uthr Bendragon
(y ffigur niwlog y tybid ei fod yn dad i Arthur ac yn frawd i
Emrys Wledig), ond yn arweinydd yr ymgorfforwyd ynddo
aruthredd y cymeriad hwnnw. Dyma sut y disgrifia J. E. Lloyd
ei ddiwedd yn 1137:

> He made a pious and peaceful end, having around his
> death-bed Bishop David of Bangor, the archdeacon of the
> diocese, Simeon of Clynnog, and the Prior of St. Werburgh's,
> Chester, and leaving sums of money for the good of his soul to
> many notable churches of his own and other lands. Among
> these he did not forget the Danish foundation of Christ Church,
> Dublin, where he had worshipped as a boy. . . . So rested at
> last a man whose life had been troubled and stormy in no
> common degree.[23]

Mae'r paragraff hwn yn egluro cryn dipyn ar y pennill dan
sylw, ac wrth gwrs ceir portread manylach o yrfa Gruffudd ap
Cynan gan J. E. Lloyd.[24] Yr oedd Gruffudd yn fab i Gynan
ab Iago a oedd yn alltud yn Iwerddon, ac yr oedd Rhagnell ei

[23] *A History of Wales*, II, 468–9.
[24] Erbyn hyn gweler D. Simon Evans, *Historia Gruffud vab Kenan* (Caerdydd, 1977).

fam yn tarddu o deulu brenhinol Sgandinafiaid Dulyn. Daeth Gruffudd i Wynedd i hawlio'r goron, ac wedi rhai ysgarmesoedd daeth yn frenin Gwynedd. Bu'n rhaid iddo wynebu cryn wrthwynebiad, fodd bynnag. Brwydrodd yn erbyn Trahaearn (brenin Arwystli gynt) ym Mronyrerw ger Clynnog Fawr yn Arfon, ond fe'i trechwyd yno, a ffoes i Iwerddon. Yn wir bu'n rhaid iddo ddianc i'r wlad honno fwy nag unwaith yn ystod ei oes. Ond adenillodd ei goron ar ôl trechu (a lladd) Trahaearn ym mrwydr Mynydd Carn. Cyn bo hir, fodd bynnag, fe'i bradychwyd, a threuliodd flynyddoedd maith yng ngharchar yng Nghaer. Dyna ystyr y sôn am 'geol Hu Fras'. Hugh o Avranches, un o'r barwniaid Normanaidd a gafodd iarllaeth Caer, oedd ef. Sonia'r *Historia* am Gruffudd ap Cynan yn dianc o'r carchar ac yn ymguddio yn Ardudwy:

> A phan y gueles meibeon Gollwyn ef . . . y truanassant urthau, ac y diwallassant ef a dan gel y mevn gogoueu diffeith.[25]

Crybwyllir yno hefyd yr help a gafodd gan y Brenin Gothri o Lychlyn (oherwydd ei waed Sgandinafaidd, o bosibl) yn ei ymgais i sefydlu ei awdurdod yng Ngogledd Cymru. Mae cyfeiriadaeth Saunders Lewis felly'n ein hatgoffa am drafferthion Gruffudd ap Cynan, ac yn awgrymu'i fod yntau yn ei henaint yn cofio am ei holl helbulon. Nid oes amheuaeth, fodd bynnag, na chafodd Gruffudd deyrnasiad heddychlon a llwyddiannus o ddechrau'r ddeuddegfed ganrif hyd ei farw. Yng ngeiriau'r Athro Simon Evans:

> Yn sicr, yr oedd hyn yn gychwyn pethau newydd, a iawn yw ystyried yr adeg hon yn hanes Gwynedd yn arbennig yn adeg o adfywiad ac o ddadeni—o ddadeni Cymreig a C(h)ymraeg.[26]

Nid dyna'r darlun y dymunai Saunders Lewis inni ei weld, ac y mae'i bwyslais ar fethiant Gruffudd yn unol â'i ddehongliad Sisiffaidd.

Golwg ar Siwan a geir yn y nawfed pennill. Ar ôl ei hanffyddlondeb fe'i carcharwyd, a chrogwyd Gwilym Brewys yn gyhoeddus gefn dydd golau. Ei dwylo beiddgar hi, felly,

[25] Ibid., 19.
[26] Ibid., xxvi.

sy'n estyn rhwng y barrau tuag at grog Gwilym. Yn 1230 y bu
hynny, ond y flwyddyn ddilynol maddeuodd Llywelyn Fawr
i'w wraig ac fe'i rhyddhawyd o garchar. Gwnaeth Saunders
Lewis drasiedi o'r hanes yn ei ddrama *Siwan*, ac mae'r ddrama
honno'n gorffen gyda'r gŵr a'r wraig wedi cymodi. Yn y
farwnad eir ymlaen i ddisgrifio claddedigaeth Siwan, ac mae'n
debyg mai'r esboniad gorau ar y llinellau hyn yw geiriau
J. E. Lloyd ei hun:

> She died at Aber, the royal seat of the commote of
> Arllechwedd Uchaf, now becoming a favourite residence of the
> princes of Gwynedd, on 2nd February, 1237, and the best
> proof of her complete restoration to the old footing of trust
> and affection is to be found in the honour paid by Llywelyn
> to her memory. Her body was borne across the sands of Lafan
> and ferried to the Anglesey shore, where, not far from the
> prince's manor of Llanfaes, a new burying-ground had been
> consecrated by Bishop Hugh of St Asaph. Here she was laid
> to rest, while for monument Llywelyn built on the spot a
> house for Franciscan friars, so that the most saintly of the
> religious, as they were then accounted, might pray for her
> soul. Her coffin of stone, with its graceful carving and
> presentment of the diademed head in bas-relief, was torn from
> its place at the dissolution, but has recently found fitting
> shelter and protection in Beaumaris Church.[27]

Symudwn yn gyflym yn awr oddi wrth Siwan at Lywelyn Ein
Llyw Olaf a lofruddiwyd gan Sais gerllaw Llanfair-ym-Muallt
ar Ragfyr 11, 1282. Torrwyd ei ben ymaith, ac er i'w gorff
gael ei gladdu yn Abaty Cwm Hir, aed â'i ben i Lundain i'w
arddangos yn gyhoeddus gan y Saeson buddugoliaethus. Dyna,
felly, y 'pen ar bicell'. Ond darlun o Ddafydd ap Gruffudd,
ŵyr Llywelyn Fawr a brawd Llywelyn Ein Llyw Olaf, a geir
yn y geiriau dilynol. Yr oedd marw Llywelyn yn ddiwedd ar
dywysogaeth Gwynedd i bob pwrpas, ond parhaodd Dafydd i
frwydro'n chwyrn yn erbyn y Saeson am gyfnod, nes iddo gael
ei ddwyn o flaen priflys y brenin yn Amwythig a chael ei
ddedfrydu i farwolaeth fel bradwr yn 1283. Ef oedd yr olaf o'i
linach—a'r eiddilaf, oherwydd bu'n elyniaethus tuag at ei
frawd, Llywelyn, ac ymunodd â'r gelyn, brenin Lloegr, fwy

---

[27] *A History of Wales*, II, 686.

nag unwaith. Ar ôl ei ddedfrydu i farwolaeth, fe'i llusgwyd wrth gynffonnau ceffylau i le ei ddienyddiad. 'R oedd ei ymysgaroedd i gael eu torri ymaith a'u llosgi, ac yntau i gael ei grogi, a'i gorff i gael ei chwarteru. Bron na ellid dweud, felly, fod yr ansoddair 'anafus' yng ngherdd Saunders Lewis yn enghraifft o leihad. Arddangoswyd pen Dafydd yntau, fel eiddo'i frawd, yn Nhŵr Llundain.

Llinellau ysgafn a ddefnyddiodd Saunders Lewis i beintio'i ddarluniau. Y mae ei holl angerdd fel petai wedi'i hidlo ymaith. Ond mae yma dristwch, serch hynny—tristwch urddasol, diddagrau. A 'd oes dim amheuaeth nad yw J. E. Lloyd, wrth ddisgrifio colli annibyniaeth Cymru, yn cael ei symud gan yr hyn a ddisgrifia. Heb golli dim o'i wrthrychedd fel hanesydd, mae'n dyfynnu o farwnad ysgytiol Gruffydd ab yr Ynad Coch i Lywelyn Ein Llyw Olaf ac yn cloi'i ddwy gyfrol ar hanes Cymru fel hyn:

> No heir, therefore, carried on the traditions of the lost leader, and his followers felt there was nothing more to live for—
> > O God! that the sea might engulf the land!
> > Why are we left to long-drawn weariness?
> was the lament of the desperate Gruffydd ab yr Ynad Coch, who read the tragedy of the hour in the beating of the wind and of the rain, the sullen wash of the waves upon the grey beach, the roar of the wind-whipt oaks that miserable and more than wintry December. It was for a far distant generation to see that the last Prince had not lived in vain, but by his life-work had helped to build solidly the enduring fabric of Welsh nationality.[28]

Er bod *A History of Wales* yn gorffen yn y fan yna, ac er bod Thomas Richards yn dweud yn ei ysgrif goffa: 'Yr oedd yn dipyn o jôc gan gyfeillion Syr John i awgrymu'n gynnil iddo na wyddai ddim am hanes Cymru ar ôl marw Llywelyn',[29] gwyddom fod ei ddiddordebau fel hanesydd gryn dipyn yn ehangach na hynny. Ei gyfraniad amlwg ar wahân i'w *History of Wales* yw ei lyfr ar Owain Glyndŵr, a rhydd hynny gyfle i Saunders Lewis gyfeirio at y Sisiffos arall hwn a geisiodd ennill

---

[28] Ibid., 763–4.
[29] Op. cit., 117.

i Gymru ei rhyddid. Owain yw'r 'etifedd deudy' y sonnir
amdano yn y pennill nesaf—ac fe'i disgrifir felly am fod
ganddo hawl i etifeddu Powys o ochr ei dad, a Deheubarth o
ochr ei fam; hawliai ei fod yn ddisgynnydd i deulu brenhinol
Gwynedd hefyd. Harlech ac Aberystwyth oedd y lleoedd y bu
ganddo'r afael gryfaf arnynt trwy gydol ei ymgyrch, a chynhal-
iodd seneddau yn Harlech a Machynlleth. Er gwaetha'i
gynlluniau uchelgeisiol, fodd bynnag, methiant fu'i hanes
yntau. Collodd ei afael ar y cadarnleoedd Cymreig, ac fe'i
gorfodwyd i fyw fel herwr ar ddiwedd ei oes.

Cyfeirio a wneir yn ail ran y pennill at yr hanes a geir gan
Ellis Griffith 'y milwr o Galais' am Abad Glyn y Groes, ac
yntau'n cerdded hyd lethrau'r Berwyn un bore, yn gweld
Owain, a hwnnw'n dweud wrtho ei fod wedi codi'n rhy
gynnar. Ateb yr abad iddo (a'r abad yw'r un sy'n debyg i
Teiresias, y proffwyd hwnnw a lefarodd wrth Oidipos ac eraill
yn chwedloniaeth Groeg) oedd mai Owain oedd wedi codi'n
rhy fore—o gan mlynedd. Ac yn ôl y stori, diflannodd Owain.
Ni wyddys, wrth gwrs, ymhle na sut na phryd y bu farw; ni
wyddom ddim oll amdano ar ôl 1415, ond yr oedd yn bendant
yn farw erbyn 1417—efallai ynghynt. Dyma eiriau J. E. Lloyd
unwaith eto:

> O edrych ar fudiad Owain Glyn Dŵr fel anturiaeth
> wleidyddol, ni ellir lai na'i dyfarnu'n llwyr fethiant. Drannoeth
> y storm, yr oedd y wlad megis cynt dan iau'r Saeson, boed y
> rheini'n swyddogion y Goron neu'n Arglwyddi'r Mers. Ac eto,
> fe fu i'r gwrthryfel ddau ganlyniad pwysig, un yn fater o
> deimlad a'r llall yn economaidd; ar y naill law, fe roes rym
> a sadrwydd newydd i'r teimlad *cenedlaethol* yng Nghymru, ar y
> llall, bu'n ddyrnod drom i'w hawddfyd materol.
>
> Nid yw'n ormod dweud mai profiad y pymtheng mlynedd
> hyn a ddysgodd i'r Cymry, am y tro cyntaf, ymdeimlo'n
> *genedl* (yn ystyr fodern y gair) ar wahân, ac iddi ei phriod
> iaith, hithau'n wahanol i'r Saesneg.[30]

Ar ôl cael arweiniad J. E. Lloyd cyn belled â chyfnod
Glyndŵr, try Saunders Lewis ato a gofyn a oes ganddo unrhyw
oleuni i'w gynnig ar dynged yr iaith. Y mae'n ei gymharu'i
hun yn awr â Dante yn cael ei arwain gan Fyrsil trwy uffern

---

[30] *Golwg ar Hanes Cymru* (cyf. R. T. Jenkins) (Aberystwyth, 1943), 44.

neu 'wlad anobaith'. Fel yr eglurodd Saunders Lewis ei hun yn
Nhrafodion y Cymmrodorion 1962,[31] nid *splendid* yw ystyr
'sblennydd'; yn hytrach, lluosog *sblent/ysblent* ydyw, ac ystyr y
gair hwnnw yw clogwyn (o'r Lladin *sblendida*). Golyga hyn fod
darllen 'sblennydd wlad', fel yn argraffiad cyntaf *The Oxford
Book of Welsh Verse*,[32] yn gwneud nonsens o'r llinell. Y darn
perthnasol o *Gomedi* Dante yw Canto XXX yn *Y Purdan*, lle
disgrifir y blaenor, Fyrsil, yn diflannu pan gyferfydd Dante â
Beatrice. Felly y diflanna J. E. Lloyd yma. Ar ôl ei ymholiad
pryderus am yr iaith, sylweddola Saunders Lewis ei fod wedi'i
adael mewn unigrwydd arswydus, heb arweiniad 'llusernwr y
canrifoedd coll'. Y mae hynny'n fynegiant llawer mwy iasol o'r
golled ar ôl J. E. Lloyd nag a fuasai unrhyw alar marwnadol
disgwyliedig. Hefyd y mae'n deyrnged i ofal yr hanesydd am
yr iaith a'i dyfodol, yn ogystal â bod yn ateg anuniongyrchol
i gred y bardd fod yr iaith yn bwysicach na hunanlywodraeth
(a bwrw bod dewis).[33] Y Gymraeg yw'n crair olaf, a gofyn a
wna Saunders Lewis a all J. E. Lloyd ddringo un o sblennydd
amser ('clogwyn tymp') er mwyn gweld a wireddir y brud
hwnnw a ddywed:

> Eu Nêr a folant,
> Ei hiaith a gadwant,
> Eu tir a gollant
>   Ond gwyllt Walia.

Nid proffwydoliaeth yr Hen Ŵr o Bencader mo hon, fel y
tybir yn gyffredin,[34] ond yn hytrach eiriau na wyddys mo'u
hawduraeth, ond a briodolir fel arfer (ond yn gyfeiliornus,
wrth gwrs) i Daliesin. Fe'u ceir eto gan Waldo yn ei gerdd
'Caniad Ehedydd'.[35] Ond yn wahanol i gerdd Waldo, ar
nodyn o wewyr ingol y diwedda'r gerdd hon, gyda'r bardd yn
syllu'n fud i fagddu'r dyfodol.

Mae'r farwnad anghyffredin hon yn gerdd goffa i Syr John
Edward Lloyd, ond y mae hi hefyd yn llawer mwy na hynny:
mae hi'n farwnad i'r arwyr Cymreig a fethodd â gwthio'r

---

[31] Mewn nodyn gan Leonard Owen ar ddiwedd ei gyfieithiad o'r gerdd, THSC,
1962, 165.
[32] Oxford, 1962, 466.
[33] Gw., er enghraifft, y ddarlith radio, *Tynged yr Iaith* (Caerdydd, 1962).
[34] Fel yn nodyn Gwyn Thomas yn *Presenting Saunders Lewis*, 189.
[35] *Dail Pren* (Llandysul, 1956), 94.

'genedl garreg i ben bryn Rhyddid'; mae hi'n crisialu syniad Saunders Lewis am ein hanes fel pobl, gyda'n gwreiddiau Clasurol, Cristnogol ac Ewropeaidd; mae hi hefyd yn sylwadaeth chwerw ar ein methiant i dyfu'n genedl gyflawn, ac mae'n anodd peidio â synhwyro ynddi ymdeimlad ei hawdur o amhosibilrwydd y dasg a osodasai ef iddo'i hun—sef 'newid holl gwrs Cymru':

> Fe'm gwrthodwyd i gan bawb. Fe'm gwrthodwyd i ym mhob etholiad y ceisiais i fod yn ymgeisydd ynddo; mae pob un o'm syniadau . . . mae nhw i gyd wedi'u bwrw heibio. Gan hynny, 'doedd gen i ddim byd i droi ato i ddeud fy ngweledigaeth ond wrth ysgrifennu hanes llenyddiaeth Cymru ac wrth ysgrifennu dramâu.[36]

Na, nid cerdd am ffosilau'n gorffennol mo hon, ond darn o farddoniaeth sy'n ein gorfodi i sefyll a wynebu cyfrifoldeb y funud hon, yn ddirfodol ddilusern, heb gael ein cysuro fod dyfodol i'n hiaith a'n cenedl. Nid i'n boddhau yr ysgrifennwyd hi ond i'n haniddigo.

[36] 'Dylanwadau', 13.

DULLWEDDAU YMADRODD
(AGWEDD AR GERDD DAFOD)
R. M. JONES

ER pan gyhoeddwyd *Cerdd Dafod* J. Morris-Jones, fe fu'n uniongrededd gan feirniaid ganmol yn haeddiannol iawn y bedwaredd a'r bumed ran o'r gyfrol honno, sef yr adrannau sy'n disgrifio'r cynganeddion a'r mesurau, a chollfarnu braidd y rhannau rhagarweiniol hyd at dudalen 139 neu o leiaf eu cyfrif hwy'n llai teilwng. Diau fod y pwyslais hwnnw'n gywir, ond fe ddylid ei leddfu drwy gydnabod mai'r ymdriniaeth yn y rhan hon â'r troadau a'r ffigurau ymadrodd, sef rhwng tt. 35 a 113, yw'r drafodaeth orau ar y pwnc yn y Gymraeg hyd heddiw, ac y mae rhethregwyr neu arddullegwyr yn dal i ddosbarthu dullweddau (os caf grynhoi troadau a ffigurau gyda'i gilydd o dan y term hwnnw) mewn modd digon tebyg i'r hyn a geir gan J. Morris-Jones. Ni cheir gan Syr John ddarganfyddiadau yn y rhan hon fel a geir yn yr ymdriniaeth â chynghanedd, ond fe geir cymhwysiad ac enghreifftio craff a medrus; a hyd yn hyn ni bu gwelliant ar y drafodaeth honno.

Y mae'r dosbarthiad deublyg o ddullweddau ymadrodd yn 'ffigurau' ac yn 'droadau', fel y'i ceir gan J. Morris-Jones yn *Cerdd Dafod*, yn hen raniad mewn rhethreg neu arddulleg.[1] Cafwyd trafodaethau deallus a da ynghylch dullweddau gan Cicero, Quintilian a Longinus, ac y mae'n un o'r pynciau mwyaf parhaol a chyson mewn beirniadaeth lenyddol hyd at ein dadansoddwyr mwyaf modern. Digon teg yw'r esboniad arferol o'r gwahaniaeth rhwng y ddau ddosbarth. Nid yw ffigurau yn gwneud dim i ystyr 'lythrennol' y geiriau: y mae a wnelo ffigurau â threfniant, ac y maent yn ddull celfydd o ddefnyddio geiriau heb ymadael â'u hystyr gynefin. Gosod un ynghyd ag un arall (o leiaf), mewn perthynas neilltuol, dyma a wna ffigur: sef trefniant ystyr. Troi'r ystyr, ar y llaw arall, ydyw prif nodwedd troadau ymadrodd, ac y mae meddwl y gair yn cael ei newid rywfodd o'i ystyr lythrennol: sef gwyriad ystyr.

---

[1] Gw. e.e. R. Tudur Jones yn *Efrydiau Athronyddol*, 13, 19–37.

Rhaid eu cyfrif yn ddau ddull sydd gan y llenor o *ffurfio*
llenyddiaeth. Annigonol, serch hynny, fyddai rhestru'r effeith-
iau a grëir ar yr wyneb ganddynt heb holi sut y mae'r rhain
yn rhan o holl bwrpas ac o holl gyfanrwydd ymlenydda. **Beth**
yw eu patrwm ffurfiol? Beth yw'r berthynas rhyngddynt a'r
holl waith unol o greu ffurfiau llenyddol allan o iaith gyffredin
bob dydd? Pam y maent ar gael o gwbl? Beth yw'r egwyddor-
ion sylfaenol sy'n eu pennu? Pa ran a chwaraeant yn y
cyflwyniad o brofiad llenor o'i fyd allanol ac o'i fyd mewnol?

Wrth holi rhai o'r cwestiynau gwaelodol hyn amdanynt y
down i ddeall efallai hanfod eu natur.

                    *   *   *

Gadewch inni ddechrau'n syml gyda phethau canolog
ffurfiad llenyddol cyn ceisio cynnig dosbarthiad newydd ar y
dullweddau ar seiliau adeileddol llym.

Creu byd-ddelwedd a wna llenyddiaeth. Y mae'r meddwl
yn dadansoddi'r ddelwedd a wna o'r bydysawd yn ôl dwy
arwedd—gofod ac amser. Dyma'r ddau sgaffaldyn mawr sy'n
cynnal ein golwg ar y byd o'n cwmpas. Dyma, felly, ein
cynseiliau pryd bynnag yr elom ati'n drefnus i drafod Ffurf.
Wrth i'r unigolyn ddod yn ymwybodol o'i brofiad o fywyd a
cheisio'i feistroli, dyma'r dulliau mwyaf elfennol sydd ganddo
o drafod perthnasoedd pethau.

Tri dimensiwn, wrth gwrs, sydd gennym yn ein hymwybod
o ofod; eithr yn ein hymwybod o amser nid oes ond dau bwynt
cynhaliol, un dimensiwn. Symudiad un ffordd ydyw'r ddelwedd
o amser ar unrhyw bryd arbennig, a rhydd inni ymdeimlad o
lif nad yw ei led o unrhyw bwys, ond y mae ei hyd yn ymestyn
o dywyllwch y gorffennol i dywyllwch y dyfodol.

Pan feddyliwn ymhellach am y ddelwedd hon sydd gennym
o amser, sylweddolwn y ddwy nodwedd hyn:

(1) fod yr hyd hwn yn debyg i linell, ac ar ei hyd y mae
yna safleoedd sy'n dwyn rhyw berthynas â'i gilydd—agos/
pell; gwahanol/tebyg; chwaledig/clymedig; a

(2) nad yw byth yn llonydd; y mae amser bob amser yn
ymweld ac yna'n ymadael gan ddianc o'r presennol i ryw
gyfeiriad neu'i gilydd nes bod y presennol hwn yn cael ei
leihau i'r pwynt manaf manaf sy'n bosibl.

Trefniant mewn amser a effeithir gan y nodweddion hyn
ydyw Ffiguraeth Ymadrodd, ond trefniant sydd a wnelo nid â
sŵn eithr â synnwyr: patrymwaith o drefniant *ystyrol* yw'r
ffigurau y dymunwn i eu trafod, felly. Mydr ystyr.

Y mae a wnelo rhai ffurfiau llenyddol â phatrymu seiniau
(yn bennaf) ar hyd gorwel amser: dyma'r dosbarth *ffonolegol*,
sef ffigurau safle seiniol. Y mae a wnelo rhai ffurfiau llenyddol
ar y llaw arall â newid ystyron, ac nid yw'r berthynas rhwng
hyn ac echel amser yn rhyw eglur iawn: dyma'r dosbarth
semantolegol, sef y troadau. Ond y mae a wnelo ffurfiau eraill â
phatrymu'r meddyliau a'r teimladau, sef yr ystyron eu hun
yn eglur heb eu 'troi' mewn gofod ac amser, ffurfiau a
ddosberthir yn ôl y perthnasoedd gwahanol neu'r trefniant
cronolegol sydd rhwng y rhannau syniadol sy'n llunio'r
cyfanwaith olynol: dyma'r dosbarth *morffolegol*. Dyma'r dos-
barth y perthyn Ffigurau Ymadrodd iddo. Ffigurau ystyr.
A chyda'r rheini y dymunwn ddechrau ein dosbarthiad
cyfundrefnus.

I. FFIGURAU YMADRODD

Math ydyw'r enw a roesom bellach ar y dull o ddosbarthu
tri-dimensiwn mewn gofod; a gellid, fel y gwelsom, nodi'r tri
math â thri enw cyffredinol iawn mewn beirniadaeth lenyddol,
sef Telyneg, Drama, a Stori: ceisir eu trafod mewn man arall.

Y mae *math* yn ddosbarthiad disgrifiadol sy'n dynodi'r
cyd-drefniad o'r gwaith *i gyd* o fewn gofod.

Term cyffelyb ydyw *modd*, sef y dosbarthiad disgrifiadol sy'n
dynodi'r cyd-drefniad o'r gwaith *i gyd* o fewn amser sef Mawl,
Dychan; Trasiedi, Comedi. Trafodir y rheini hefyd mewn
man arall.

Dylid gwahaniaethu rhwng y rhain a ffurfiau eraill, sy'n
hynod agos i fath a modd, ond sy'n gyd-drefniad ym
mherthynas elfennau gofod neu amser *o fewn* rhannau'r undod,
sef y ffigurau. Ymhlith y rhain gwelaf ddosbarthiad triphlyg,
gan grynhoi ar y dechrau fel hyn:

> 1. *Gofod*: Ffigur math: Cyfannerch (Dadymchwelyd, Henri
> Perri).

2. *Amser*: Ffigurau modd: A. Ffigur   Safle: Ailadroddiad,
                                                Cyferbyniad.
                              B. Ffigur   Symudiad: Esgynfa,
                                                Disgyniad, Sangiad, Atal-
                                                iaith.

Y mae Math a Modd yn edrych tuag at yr Undod yn y llenyddwaith cyflawn, a Ffigurau'n edrych yn bennaf tuag at y rhan neu'r Amrywiaeth. Math a Modd yw'r macrocosm, Ffigurau yw'r meicrocosm.

Cawn yr un gwahaniad mewn Semantoleg, er enghraifft, rhwng Alegori sy'n edrych at yr Undod yn y gwaith i gyd (troad sy'n cyfateb felly i Fath a Modd) a Throsiad sy'n edrych tuag at y rhan.

Er mwyn cyflawnder carwn nodi fy mod hefyd yn gweld perthynas rhwng y rhain a ffigurau seiniol, megis, er enghraifft, cyflythreniad: yn wir, wrth drafod ailadroddiad, cyplysa Henri Perri edryd (sef ailadrodd yr un gair) a chyflythreniad (sef ailadrodd yr un sain) o dan yr un ffigur. Ffigurau safle seiniol mewn amser ydyw'r rheini hefyd.

Yn y fan yma, serch hynny, carwn ymgyfyngu yn ein trafodaeth i ffigurau ystyr (amser) yn unig, a'u trafod hwy i gyd fel dulliau o drefnu'r meddwl yn ôl patrymau penodol ar hyd echel amser.

Fel hyn y disgrifir ffigurau ymadrodd yn *Cerdd Dafod* John Morris-Jones, 'Â meddwl geiriau [sef eu hystyr], fel y sylwyd yr ymwnâ ffigur . . . ni chyffwrdd ffigur ag ystyr y geiriau, namyn eu trin yn gelfydd mewn ystyr gynefin, pa un bynnag ai llythrennol ai troëdig fo'. Yn y trefniant hwn neu'r cydosodiad hwn fe welwn yr un dulliau ar waith ag a geir gyda phob gweithgaredd meddyliol arall, sef gwahaniaethu a thebygu, neu gyferbynnu ac ailadrodd, o fewn undod terfynedig.

Os dilynwn y diffiniad hwn yn llym gwelwn fod yna rai ffigurau a grybwyllir gan John Morris-Jones nad ydynt yn cael eu dosbarthu felly oherwydd unrhyw gyferbynnu neu ail-adrodd, megis, er enghraifft, yr adran fach 'Trefn Geiriau', oni chymerwn fod y rhain yn cyferbynnu neu'n tebygu yn ôl y norm sefydlog sydd gan y darllenydd eisoes yn ei feddwl. Eto y mae pob un o'r rhain yn ennill sylw oherwydd ei drefniant neu'i gydosodiad ar hyd gorwel amser. Nid felly 'Cyfannerch' a drafodir yn yr un adran. Nid felly 'Rhag-gymeriad' chwaith sef *prolepsis*, na 'Gwrtheiriad' sef *oxymoron*. Y mae a fynno 'Cyfannerch' â pherson, ac felly fe berthyn i'r dosbarthiad yn ôl Math: ffigur Math ydyw. Ac y mae a fynno 'Rhag-gymeriad' a 'Gwrtheiriad' â newid ystyr, ac felly fe berthynant i'r dosbarthiad semantolegol: troadau ymadrodd ydynt.

Y ddau ffigur cyntaf a enwyd gan Morris-Jones oedd 'Ailadroddiad' a 'Chyferbyniad' ac y mae'r rhain yn amlwg yn unol â'r egwyddor ddeublyg gyfarwydd bellach o debygu ac o wahaniaethu. Ffigurau Safle ydynt, a gellid eu disgrifio ar lun haniaethol fel hyn, neu drwy fath o ddelwedd seml sylfaenol yn y meddwl:

1. Ailadroddiad: a a a / a a a
2. Cyferbyniad: a a a / b b b
          neu   a a b / b a a

Erys ffigurau eraill, serch hynny, nad oes a wnelont ddim â'u safle cydberthynol yn ôl unrhyw egwyddor o batrymau cyferbyniol neu ailadroddol, sef Esgynfa, Disgyniad, Sangiad, Ataliaith. Ffigurau Symudiad ydyw'r rhain; ac y mae a wnelont â symud meddyliol neu â chyfeiriad yr ymwybod o esgyn neu o ddisgyn syniadol mewn amser. Fe ellir eu dosbarthu'n haniaethol fel hyn yn ôl yr ymwybod o gyfeiriad llif amser, hynny yw, eto yn ôl math o ddelwedd elfennaidd ddiarwybod yn y meddwl:

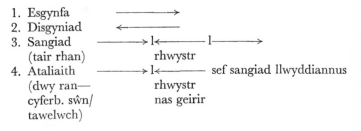

1. Esgynfa
2. Disgyniad
3. Sangiad
   (tair rhan)   rhwystr
4. Ataliaith   sef sangiad llwyddiannus
   (dwy ran—   rhwystr
   cyferb. sŵn/   nas geirir
   tawelwch)

Os yw'r dadansoddiad hwn yn egwyddorol gywir, yna y mae gennym ddau ddosbarth bras o ffigurau amser, sef ffigurau safle a ffigurau symudiad.

Archwiliwn bellach rai o'r arweddau gwahanol a gymer y ffigurau safle, gan bwyso ar ddadansoddiad J. Morris-Jones, Henri Perri a William Salesbury o'n blaen ni.

A. Ffigurau Safle

1. *Ailadroddiad*

Ni ddylid cynnwys yn y fan yma yr ailadrodd ar air mwys gydag ystyr wahanol yr ail dro; ac felly, yn hyn o beth y mae *Cerdd Dafod* (72) yn cyfeiliorni. Ond fe ellid nodi rhai o'r systemau mewn Mynegiant a ddatblygir ar sail y system ganolog o ailadroddiad mewn Tafod. Diau mai arwynebol yw systemwaith Mynegiant, a gellid ei adolygu mewn modd na ddylai fodoli wrth systemateiddio Tafod:

(a) *Edryd* (Anaphora): sef ailadrodd yr un gair (neu grŵp o eiriau) ar ddechrau llinellau mewn penillion, neu ar ddechrau cymalau neu frawddegau mewn rhyddiaith. Y mae Henri Perri yn cynnwys odli geiriau dechreuol yn y fan yma fel math o Edryd, sef ailadrodd yr un sain, fel:

> Caerau Edwart cwncwerwr,
> Tyrau oedd ar gaerau'r gŵr.   (Guto'r Glyn.)

Gwedd ar gymeriad cyfochrog ydyw hyn, serch hynny, ac yn sicr gan mai seiniol (neu forffemig) yw'r cyswllt, dylid ei ystyried yn Ffigur Seiniol megis odl, cynghanedd, etc., ac nid yn Ffigur Modd. Enghraifft nodweddiadol o Edryd mewn canu rhydd fyddai: Hen bennill (casgliad T.H.P.W., 42):

> Fe gwn yr haul, fe gwn y lleuad,
> Fe gwn y môr yn donnau irad,
> Fe gwn y gwynt yn uchel ddigon,
> Ni chwn yr hiraeth byth o'm calon.

Nid ailadrodd y gair yn unig sy'n arwyddocaol yn y fan yma, fel y gwelwn wrth ystyried Atgymeriad, eithr ailadrodd y safle.

(b) *Gogyswllt* (Epizeutis): ailadrodd heb fod ar ddechrau'r llinell (nac ar y diwedd), fwy neu lai'n unionsyth. Rhydd W.S. ac H.P. fel ei gilydd yr enghraifft hon o Dudur Aled:

> Mawr y darfu marw dewrfab,
> Marw mawr, mawr, Mair Mair a'i mab.

(c) *Cyfochraeth*: ailadrodd synnwyr cyffelyb. Weithiau y mae dwy linell mor gyfochrog â phrydyddiaeth Hebraeg: dyfynna CD 73:

> Man 'i rhoed mae anrhydedd,
> Mae rhodd fawr ym mhridd 'i fedd.   (Tud. Aled)

Pryd bynnag yr ailadroddir yr un meddwl sut bynnag, hyd yn oed mewn un neu ychydig o eiriau, gellid ei ystyried yn wedd ar gyfochraeth. Felly, yr aralleiriad mân:

> *Dieithryn* adyn ydwyf;
> Gwae fi o'r sud! *alltud* wyf.   (Goron. Owen)

(ch) *Cyfagwedd* (Symphoresis): pellhau yr ydym oddi wrth ailadrodd geiriol, heibio i ailadrodd synnwyr, at ailadrodd cystrawennol neu ailadrodd yr un math o air (yr un 'dosbarth' o synnwyr). Dyna, mewn gwirionedd, ddull y rhestr: mewn dychan, fel y dywed H.P., caiff effaith debyg i ddyrnodiau mewn rhyfel; ac mewn mawl, caiff effaith debyg i gawod yn amser crinsych y ddaear. Y mae cyfagwedd yn rhestr sy'n unol o ran synnwyr:

> Haelder, dewrder, doethder dysg,
> Hynod wedd hyn yw d'addysg.   (Engh. H.P.)

(d) *Digyswllt* (Asyndeton): tebyg yw hyn, ond un cam ymhellach gan fod y cyswllt synhwyrol rhwng yr eitemau yn y rhestr yn llai clymedig: ar ryw olwg, cystrawen yw'r hyn a ailadroddir. Mewn un ffordd gellid honni mai negyddu cyfagwedd sydd yma: ceir ailadrodd gramadegol (morffemig, os mynnir), ond y mae yna gyswllt negyddol rhwng y rhediad semantaidd.

> Angylion nef, plant Efa,
> Gwyllt, gwâr, gwellt, gwŷdd, nos, dydd, da.   (Daf. ab Edm.)[2]

Fel y gwelir, yn y rhestr hon o ddulliau o drefnu ailadroddiad, cymharol arwynebol yw'r egwyddor sy'n dosbarthu. Dull o sylwadaeth ddosbarthol yw hyn sy'n amrywio o achlysur

---

[2] Cf. Lliosgyswllt (Asyndeton), gw. W.S. cxvi. (Pan gyfeirir at W.S., mae arnaf ofn fy mod yn cyfeirio at yr unig argraffiad mewn print, er sobred ydyw, sef *Dosparth Edeyrn Davod Aur*, gol. J. W. Ab Ithel, 1856, cxii–cxxviii; gw. LlC, 1, 259 yml., 2, 71 yml.; *Beirniad*, 5, 266–73.)

i achlysur; ac nid oes i'r rheswm gwahaniaethu rhwng dosbarth a dosbarth unrhyw gyswllt â hanfodion celfyddyd.

2. *Cyferbyniad*

(a) *Cyrch-gymeriad*: Dyma ffigur pontiol, a gellid dadl ddilys ai ailadrodd ynteu cyferbyniad yw'r ffactor penderfyniadol sydd yma. Y mae'n amlwg fod yna ailadrodd gair neu eiriau, neu ffurf ar yr un gair, a hynny ar ddiwedd pennill wedyn ar ddechrau'r pennill nesaf; ond cyferbynnir safleoedd dechrau â diwedd, er bod yr ailadrodd yn amlwg. Y mae cyferbyniad bob amser yn wedd ar ailadrodd, sef y wedd negyddol: diffinnir y negyddol gan y cadarnhaol, a'r adwaith gan y gwaith. Felly, yn ei awdl i Syr Dafydd ap Tomas, y mae englyn cyntaf Dafydd Nanmor yn gorffen:

. . . Mwy na dynion mewn dinas.

A'r ail englyn yn dechrau:

O'r plas a'r dinas ni'm dawr, —er caffael . . .

Ymsefydlodd cyrch-gymeriad yn arferiad cyffredin mewn awdlau.

Gwedd ar yr un peth yw'r cyferbynnu safleol *Atyblyg* (Anadiptosis) a nodir gan W.S., e.e. '*Y neb a garo Dduw, Duw a'i câr yntau*'.

(b) *Adgymeriad* (Epanalepsis) W.S.; *Ailymgyrch* H.P.: Gellid gwrthgyferbynnu hyn â chyrch-gymeriad, oherwydd yn y fan yma, y mae dechrau ymadrodd yn cael ei ailadrodd yn y diwedd.

Er bod H.P. yn rhoi enghreifftiau, megis

Dedwydd fu, daed oedd ei fyd:
Da y diweddir dedwyddyd.   (Tud. Aled),

nid oes i'r ffigur hwn ddim pwysigrwydd o gwbl mewn prydyddiaeth Gymraeg.

(c) *Gwrthnewid*: Dyma derm W.S.; cf. *Dadymchweliad* H.P. (Epanodos): Y mae'n wedd ar gyfochredd negyddol Hebraeg, sef 'gwrthgystrawennaeth'. Dyfynna W. S. Gatw: '*Nid wyf i'n byw er bwyta, ond bwyta er byw*'. Gellid cynnwys yn y fan yma

res o eiriau, a ailadroddir tuag yn ôl—yn fras, felly—neu y
troir eu synnwyr am yn ôl. Noda H.P.:

> A chael i mi echel men:
> I Salbri, yn nes hwylbren.
> Echel men a chael i mi:
> Yn nes hwylbren, i Salbri.   (Daf. ab Edm.)

Llai peiriannol fyddai:

> Bu gennyf ffrind a cheiniog hefyd,
> Ac i'm ffrind mi rois ei benthyg.
> Pan eis i nôl fy ngheiniog adre,
> Collais i fy ffrind a hithe.
> *(Hen Benillion*, T.H.P.W., 30)

B. Ffigurau Cyfeiriad neu Symudiad

Nid mor allanol yw'r rhain. Y maent yn ymwneud ag
ymdeimlad o symudiad emosiynol, tuag at lwyddiant neu tuag
at aflwyddiant, gan drechu rhwystrau neu fethu â symud yn
eu herbyn; ac felly, dibynna eu hadnabod ar ymateb mwy
cyffredinol i ddatblygiad y thema. Nid mor hawdd bob amser
yw gweld eu patrwm gwahaniaethol; ac yn wir, teg y gellid
dadlau fod rhai arweddau ar ailadroddiad, megis cyfagwedd,
er enghraifft, yn creu ymdeimlad o esgynfa.

Gellir dosbarthu'r ffigurau symudiad yn ôl patrwm cyferbyn-
iol, gydag un dull yn gwrthddweud y llall. Y mae disgyniad,
wrth reswm, yn wrthwyneb i esgynfa; ond y mae'r ddau
gyda'i gilydd yn symudiad di-rwystr o'u cyferbynnu â sangiad
ac ataliaith. Ac yna, o sylwi ar y ffigurau rhwystredig —yn y
naill (sef sangiad) y mae rhwystr yn methu, ac yn y llall (sef
ataliaith) y mae'n llwyddo.

1. *Esgynfa*

(a) *Llusgiad* neu *Gytgan* (Clymax, Gradatis): dyma wedd
seml ar esgynfa, sy'n eithaf tebyg i gyfagwedd. Yr hyn sy'n ei
wahaniaethu yw hyn: mewn llusgiad patrymir y gyfres eiriol
fel y bo'r ail yn gynnydd ar y cyntaf, y trydydd ar yr ail, ac
yn y blaen. Hynny yw, nid lleoliad safleol sy'n dynodi patrwm
y ffigur, eithr cyfeiriad cynyddol. Dyry Henri Perri yr

enghraifft: 'Yn y dechreuad yr oedd y Gair; a'r Gair oedd gyda Duw; a Duw oedd y Gair'. Cyfeiria *Cerdd Dafod* at y ffaith fod y ffigur hwn ambell waith yn cynnwys cyrch-gymeriad:

> e.e. A ddarlleno ystyried;
>   A ystyrio cofied;
>   A gofio gwnaed;
>   A wnêl parhaed.

(b) *Esgynfa*: mwy cyffredinol yw'r defnydd arferol o'r term. Y mae'n cynnwys llusgiad syml; y mae hefyd yn medru cynnwys symudiad geiriol mwy cymhleth, lle y mae'r enwau neu'r berfau'n cynyddu mewn grym ac yn adeiladu cyffro'r darllenydd, fel arfer mewn sefyllfa gyfyngedig sy'n symud tuag at uchaf bwynt o'i mewn hi ei hun. Dyry *Cerdd Dafod* 78 enghraifft dda o ddisgrifiad Eben Fardd o'r brwydro ym 'Maes Bosworth'.

2. *Disgyniad*

Fel yr esgynfa, ymwneud â phennill, brawddeg, neu ran o waith helaethach (h.y. ag un sefyllfa mewn cyfres o sefyllfaoedd) y mae disgyniad. Dyma'r patrwm yn yr hen bennill (casgliad T.H.P.W., 134):

> Mae yn lân, ond bod ei lanach;
> Mae yn hardd, ond mae ei harddach;
> Mae yn annwyl i'w gofleidio,
> Er mwyn bwrw amser heibio.

3. *Sangiad*

Ceir dwy wedd ar sangiad, sef trychiad a sangiad llawn.

(a) *Trychiad* (Tmesis): Y toriad mwyaf eithafol, sef torri gair. Meddai Saunders Lewis yn *Williams Pantycelyn*, 32, 'Y mae'n debyg gennyf mai'r llinell hon yn *Theomemphus*:

> Yn Constant fawr inople,

yw'r llinell waethaf mewn barddoniaeth Gymraeg'.

(b) *Sangiad* (Parenthesis), neu fel y'i geilw William Salesbury, 'gwahaniad ymadrodd': Daeth yn ddyfais o bwys gan feirdd yr uchelwyr:[3] mae'n creu tyndra cyffrous ac yn ysgogi elfen ddisgwyl, e.e.:

> Gwae fi na ŵyr y forwyn
> Glodfrys, â'i llys yn y llwyn,
> Ymddiddan y brawd llygliw
> Amdani y dydd heddiw.   (D. ap G.)

4. *Ataliaith* (Aposiopesis)

Y mae hyn yn gwneud mwy na gwahanu ymadrodd, y mae'n ei atal yn llwyr. Y mae tawelwch yn negyddu'r sŵn, gan ei drechu. Gall ddigwydd am amryfal resymau. Yn ei arwrgerdd 'Y Storm' (yr ail Storm: rhan III) y mae Islwyn yn dweud:

> A lled a dyfnder amser! Yn y fan
> Rhydd ei holl feirw i fyny, —a thi, O fwynaf—

Y mae'r llinell o ran odl a mydr yn galw am iddo ynganu enw ei ddyweddi farw; ond y mae ef yn methu â'i ddweud. Mae'n mynd yn dagfa.

Nid yw sangiad yn annhebyg o ran effaith i drawsfynediad; ond mewn trawsfynediad nid oes dim ymadrodd ymyrrog gan fod adleoli rhannau'r frawddeg yn creu llamau neu rwystrau rhediadol heb fod yna un rhan nad yw'n gwbl reidiol yn rhediad y frawddeg yn normal. Sylwodd Saunders Lewis fod y ffigur hwn yn nodweddiadol o waith Pantycelyn, a dyry yn enghreifftiau:

> Nad allai un creadur fyth arall i'w fwynhau. /
> 'All amau ei anfoniad 'd oes angel fyth na dyn. /
> Yn brawf o dy ufudd-dod yn brawf ac o dy ffydd. /

Mewn modd cyffelyb nid yw ataliaith yn annhebyg i ddiffyg, a dyry Saunders Lewis yr enghreifftiau hyn o waith Pantycelyn:

> Dwed er mai du ac aflan dy fod di imi'n rhan. /
> Er oll mai gwaith ei fysedd, pob nant, pob afon gref. /
> Ac fe osododd eilwaith y gweinion dywod mân
> Er mai cyndeiriog ynfyd i sefyll yn ei flaen.

[3] Dangosir ei le yng ngwaith y Gogynfeirdd gan Saunders Lewis, *Meistri'r Canrifoedd*, 37–40.

Mewn diffyg fe orffennir y frawddeg fel petai, ond y mae'r rhediad wedi'i fylchu oherwydd fod pwysau teimlad wedi drysu rhediad cystrawennol arferol y meddwl.

Yn awr, fe all y drafodaeth hon at ei gilydd ymddangos fel pe na bai'n fwy na rhestr; ac yn wir, rhestr ydyw ar y cyfan, mae arnaf ofn. Ond yr enghreifftiau yn bennaf sy'n peri iddi ymddangos yn rhestrol felly: y tu ôl iddynt hwy y bwriad oedd cyffwrdd â rhai o'r egwyddorion dosbarthol sydd wedi patrymu ffigurau. Dangos yn gyntaf fel y patrymir ffigurau gan amlaf ar hyd gorwel amser yn wahanol (o leiaf ar yr olwg gyntaf) i'r troadau. Eu cyswllt hwy hefyd gan amlaf â theori 'Modd' mewn llenyddiaeth, gan ddangos fod a wnelo hynny yn sylfaenol â'r undod, ond y ffigurau gan amlaf â'r rhannau. Dangos hefyd y ffordd y mae'r ddwy brif nodwedd yn ein hymwybod ni o amser, sef yn gyntaf yr ymwybod sydd gennym o linell a safleoedd ar ei hyd ac yn ail yr ymwybod o symudiad cyfeiriol (a hynny mewn dau gyfeiriad posibl), yn dosbarthu ac yn rhoi cymeriad i ddau brif gategori ymhlith y ffigurau hyn. Dangos wedyn y berthynas rhwng ffigurau a'r ddau ddull sylfaenol sydd gan y meddwl dynol o roddi trefn ar y gwrthrychau a brawf er mwyn eu dirnad a'u hamgyffred yn ddeallus, sef cyferbynnu a chymharu, neu wahaniaethu ac ailadrodd. Elfen arall a fabwysiedir o fewn y gweithgaredd ffurfiol hwn yw'r defnydd cyferbyniol o absenoldeb/presenoldeb neu dawelwch/sŵn; a'r pegynau neu bennau arwyddocaol sy'n cael y lle blaenaf cyferbyniol yn y patrymwaith yw, wrth gwrs, dechrau-canol-diwedd. Y mae'r grŵp yma o egwyddorion seico-mecanaidd yn amodi'r ffigurau bron yn gyfan gwbl.

Yn awr, o fynd â'r egwyddorion hyn at y ffigurau felly, fe welir fel y mae'r dosbarthiad ffigurol yn gysylltiedig mewn gwirionedd â chyferbyniadau deinamig a mecanwaith canolog yn y meddwl dynol. Nid mân wahaniaethau arwynebol sy'n chwarae â geiriau yw'r hyn yn y bôn sy'n penderfynu'r dosbarthiadau ym myd ffigurau, eithr dulliau sylfaenol sydd gan y meddwl dynol o weithio er mwyn rhoi ffurf ar ei brofiad o'r greadigaeth.

Y mae'n wir mai mewn prydyddiaeth yn bennaf y datblyg-wyd ffigurau ymadrodd er eu bod yn digwydd mewn rhyddiaith hefyd. Y ffenomen gyfredol agosaf mewn rhyddiaith

yw'r trefniant o fotiffau mewn cynllwyn storïol. Yr uned elfennol neu'r uned storïol leiaf yw'r motiff: adeiledir motiffau yn gyfresi neu'n gyfuniadau. Clwstwr o gyduniadau cymhlethedig ydyw cynllwyn, wedi'i adeiladu'n gyfeiriadol fel arfer o gwmpas cnewyllyn ddigwyddiad. Er na pherthyn inni yn y fan yma ddadansoddi cynllwyn, fe ellir dweud ein bod yn cael patrymwaith digon tebyg, i'r hyn a geir gyda ffigurau, ym myd motiffau. Ceir cyduniadau safle: ailadroddiad, cyferbyniad; a cheir cyduniadau symudiad: esgynfa, disgyniad, sangiad, ataliaith. Fel hyn y mae T. Todorov (*Poétique de la prose*, Seuil, 1971, 22) yn cymharu cyduniadau safle. Ailadroddiad—
'*La construction en paliers est une forme ouverte* $(A_1 + A_2 + A_3 + \ldots A_4)$, *où les termes énumérés présentent toujours un trait commun; ainsi, les démarches analogues de trois frères dans les contes, ou bien la succession d'aventure d'un même personnage*'. Cyfosodiad o fotiffau yw cyduniad, ac fe ellir eu cyfosod yn gadarnhaol ac yn gynyddol, neu'n negyddol. Gellir eu patrymu yn ôl tebygrwydd neu wahaniaeth, gohirio, ac atal datblygiad, ac wrth gwrs ymyrryd yn y datblygiad drwy fewnosod motiffau anghymharus.

Yr hyn sy'n gyffredin i gyduniadau motiffau ac i ffigurau ymadrodd yw bod y ddwy ffenomen yn cael eu delweddu ar hyd echel amser, gyda phob elfen ynddynt yn cael eu diffinio yn ôl eu perthynas amseryddol, naill ai i'w safle mewn amser neu i'r ymwybod cyfeiriadol.

*　　*　　*

II. TROADAU YMADRODD

Wrth ddyfeisio neu ddarganfod gwyddor newydd, anodd i ddyn rag-weld weithiau pa mor bell y bydd dilyn y llwybr hwn yn ei arwain. Yr hyn sy'n bwysig yw ei fod yn ymwneud â realiti cyffredinol gwahanol, bod modd dod o hyd i egwyddorion sy'n cyfundrefnu hwnnw, a'i fod o gam i gam yn nodi'r casgliadau cydberthynol y gellir eu gwneud o fewn cylch yr wyddor honno.

Felly gyda Semantoleg. Sefydlwyd ers tro y gwahaniaeth rhwng Ffonoleg (neu Ffonemeg) a Seineg (neu Ffoneteg), y naill yn astudio'r cyfundrefnau seiniol mewn Tafod a'r llall yn astudio'r effeithiau amryfal mewn Mynegiant. Er na bydd ieithyddion bob amser yn cofio cadw'r casgliadau ynghylch seiniau yn eu priod leoedd, y mae'n syndod mor helaeth bellach yw'r cytundeb fod y ddau gylch gwahanol hyn yn bod, ac yn bod ar wahân (ac ynghyd).

Pan symudwn i fyd ystyr, ar y llaw arall, y mae'r sefyllfa'n wahanol. Buwyd ers tro yn ceisio sefydlu gwyddor ystyron iaith, a'i dynodi â'r enw Semanteg. Ond gwyddor yr amryw-iaeth ystyron, a'r gwahanu arnynt mewn mynegiant, yw hyn; a chydnabyddir fod yr amrywiaeth yn y fan yma'n ddiderfyn. Eithr mentrwyd yn ddiweddar honni fod yr astudiaeth o'r dulliau o gyfundrefnu ystyr, mewn systemwaith cyfyng canolog a 'haniaethol', yn wyddor hollol wahanol, ac eto'n bod. Rhoddwyd iddi yr enw Semantoleg.

Pan drown i ystyried Semantoleg lenyddol, y dasg gyntaf ydyw ceisio dosrannu'r gwahanol ffurfiau ystyrol sydd ar waith mewn iaith. Y maes neilltuol sy'n ein diddori ym myd ffurfiau llenyddol (heblaw ffigurau) yw *troadau*, sef symud neu newid ystyr lythrennol. Nid rhestru rhyw res o eiriau sy'n newid ystyr fel hyn ac fel arall ydyw'r dasg felly, eithr darganfod y dulliau sydd ar gael o drefnu ac o newid ystyr, dod o hyd i'r dulliau meddwl sydd o drafod perthynas ystyron â'i gilydd.

Pan ymdrinnir â throadau ymadrodd, y mae a wnelom â dyfais yn y meddwl dynol, dyfais sy'n gweithio mewn modd arbennig ac i bwrpas arbennig. Dyfais ydyw sy'n troi ystyr geiriau o'u defnydd priod i ryw ystyr y gellir ymdeimlo â rhyw fath o berthynas â hi.

Sut ddyfais ydyw?

Beth yw'r berthynas rhwng ystyr briod y geiriau a'u hystyr droadol?

Pam y gwneir hyn?

Ceisiwn ystyried y ddau gwestiwn cyntaf yn gyntaf, gan chwilio am yr hyn sy'n uno'r holl droadau ymadrodd gyda'i gilydd mewn un gyfundrefn gyfansawdd.

Yn wir, er mwyn iawn ddeall hyd yn oed egni a chymeriad pob troad, gwiw yw ystyried sut y mae'r meddwl yn trafod ystyron yn sylfaenol, sut fecanwaith sy'n ceisio egluro ystyr, sut y mae'r meddwl yn gweithredu wrth geisio ffurfio cynnwys

semantaidd gair. Gwelsom eisoes fod pob deall yn y gwraidd
wedi'i sylfaenu'n orfodol ar gyfuniad o ddwy egwyddor, sef
dirnad ac amgyffred, nid amgen symudiad deinamig y meddwl
yn ôl ac ymlaen o'r cyffredinol i'r arbennig:

1. Gwahaniaethu, cyferbynnu, didoli.
2. Chwilio am debygrwydd neu gyfagosrwydd, 'ailadrodd'
ystyr, clymu.

(i) *Cydgymeriad I a II*[4]

Efallai mai'r ffordd fwyaf boddhaol o ddiffinio craidd y
rhain, o safbwynt iaith yn gyffredinol, er nad dyma'r dull
arferol empiraidd neu ymarferol, yw mai dyma'r cyd-
fecanwaith meddyliol sydd ar waith ym mhob gweithred
ieithyddol, sef y symudiad oddi wrth y cyffredinol at yr
arbennig (gwahaniaethu), ac yna oddi wrth yr arbennig at y
cyffredinol (tebygu). Y troad ymadrodd canolog i amlygu
dwyochredd y proses hwn o droadu yw cydgymeriad: yr hyn
a wna yw cymryd gair o'i ystyr gyfarwydd, a thrwy un o'r
ddau symudiad hyn ei gydio wrth ystyr berthynol. Awgryma
J. Morris-Jones mai 'cymryd' yn yr ystyr o 'ddeall' sydd yn y
gair hwn; ac fe ellir 'cymryd' ystyr mewn dwy ffordd yn
sylfaenol—fe ellir ei chymryd drwy symud oddi wrth y cyfan
at y rhan (dirnad[5]), ac fe ellir ei chymryd drwy symud oddi
wrth y rhan at y cyfan (amgyffred[5]).

Felly, a chofio mai system o systemau yw llenyddiaeth, megis
iaith, disgrifiad nodweddiadol o beth o'r gyfundrefn hon o

---

[4] Diddorol fyddai myfyrio am darddiad hyn. Y gwir yw na ellir byth weld ond
rhan o bob peth bron, a bod y meddwl yn dysgu'n gynnar gyflenwi'r rhannau
eraill i'r cyfan. Nid anodd chwaith weld sut y mae rhan yn gallu cynrychioli'r
cyfan. Meddai Ernst Cassirer yn ei gyfrol *Language and Myth* (1946), '*Every part
of a whole is the whole itself; every specimen is equivalent to the entire species.*' (A meddylia
Cristnogion, wrth reswm, am Adda, am Grist, ac am y ddeddf) '. . . *whoever has
brought any part of a whole into his power has thereby acquired power, in the magical sense,
over the whole itself . . . To hold magical dominion over another person's body one need only
attain possession of his pared nails or cut-off hair, his spittle or his excrement; even his
shadow, his reflection or his footprints serve the same purpose . . . Wherever a genus is
involved at all, it always appears to be wholly present and wholly effective . . . An ancient
but still popular rural custom demands that the last sheaf be left out in the field; in this
remnant, the power of the fertility-god is concentrated, from which the harvest of the coming
year is to grow.*' Wrth gwrs, y mae'r proses meddyliol hwn yn perthyn i'r un proses
lle y mae'r enw ar un peth yn mynd yn enw ar bob peth o'i fath.

[5] Gwn fod y termau 'dirnad' ac 'amgyffred' yn cael eu defnyddio mewn modd
lletach o lawer nag yn yr ysgrif hon; ond yn y fan yma, ceisiaf (gan eu diffinio)
gyfyngu eu hystyron mewn modd mwy technegol.

droadau ynghyd â phatrwm cefndirol y mecanwaith o ddeall ystyr fyddai:

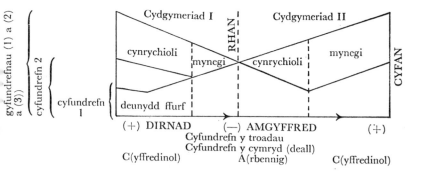

Mewn Cydgymeriad I dechreuir mewn gair ag un ystyr—sef y cyffredinol—a symudir tuag at bwynt arall—sef yr arbennig: e.e. a chymryd ein bod am y tro yn edrych ar y cydgymeriad o safbwynt ei luniwr, ac nid o safbwynt y sawl sy'n ceisio'i ddeall: '*Maen nhw'n cyfrif trethi yn ôl hyn a hyn y pen o'r boblogaeth*'. Dyma'r dull dirnadol. Mewn Cydgymeriad II mae cyfeiriad y meddwl yn ystyrol yn mynd oddi wrth y rhan tuag at y cwbl: e.e. '*Mae Cymru'n chwarae'n dda y prynhawn yma*'. Dyma'r dull amgyffredol.

Nid yw troadu, felly, yn y fan yma ond yn dilyn yr adeiladwaith angenrheidiol sydd ar gael eisoes wrth drafod ystyr. Er mwyn meistroli ystyr o gwbl, er mwyn ennill gallu dros y weithred o ddeall yr amgylchfyd yn rhesymegol, y mae'r gwaith deublyg hwn o wahanu ac o gymharu yn sylfaenol. Dyma'r ffiniau y mae'r iaith yn gweithredu o'u mewn. Felly hefyd, wrth wynebu'r dasg o ffrwythloni ystyron, o hybu a bywydu syniadaeth yn greadigol, tuedda'r meddwl i gydio yn y mecanwaith deublyg sylfaenol hwn. Sylwer ar hyn o bryd mai dull y meddwl o *esgor* ar droad sydd dan sylw yn hytrach na'i ddull o weithio wrth ei ddeall.

Yn y proses o ddwyn yr amgylchfyd o dan lywodraeth y deall, gwelwn fod yna ddwy ochr, sef dirnad (dadansoddi neu wahaniaethu delwedd) ac amgyffred (cynnwys y ddelwedd a ddidolwyd o fewn cyfan llawnach drwy gymharu). Tuedd dirnad yw tynnu'r arbennig o'r cyffredinol: unigoli ystyr, lleihau. Tuedd amgyffred yw troi'r arbennig yn ôl at y cyffredinol: mwyhau. Ond heb ddistrywio'r arbennig a enill-wyd, canlyniad y proses cyflawn yn y diwedd yw ennill cyffredinol mwy treiddgar.

Dau ddull gwaelodol o ddeall y bydysawd yw'r ddau ddull mawr cyferbyniol o droadu, troadu dirnad a throadu amgyffred. Cynhorthwy i lenor ddeall bywyd a llunio byd-ddarlun yw cydgymeriad a throsiad, megis trawsenwad ac eironi: cynhorthwy i fywiogi'r deall. Yn yr un modd, mecanwaith a ddefnyddir er mwyn egluro'n llawnach i'r deall ydyw amwysedd. Os ydym yn gywir felly, mai'r mecanwaith deublyg hwn, sy'n bwhwman rhwng cyffredinol ac arbennig, yw'r peth canolog sydd ar waith wrth ymaflyd ym mhob ystyr, yna fe ellir dosbarthu'r holl droadau yn ôl y ffyrdd y maent yn ymolygu, ai yn ôl y naill neu'r llall o'r ddwy ymagwedd hyn.

(ii) *Lleihad, Gormodiaith*

Cawn yr un cyferbyniad ag a welsom uchod mewn Cydgymeriad deublyg yn y pâr cydgysylltiol Lleihad/Gormodiaith. Mewn Lleihad, boed hynny er mawl neu er dychan, y mae'r llenor yn ei iaith yn gosod ei feddwl yn gyntaf mewn delwedd helaeth, ond rhaid i'r meddwl er mwyn ei dirnad hi'n fanwl a chyflawni bwriad y llenor, brinhau arni rywfaint (*troadu dirnad*): e.e. *bwyta tamaid.* Yna, mewn Gormodiaith, o anghenraid, canolbwyntir y meddwl ar lai na'r cyfan, fel man cychwyn, ond symuda meddwl y llenor yn ystyrol tuag at amgyffred y mwy (*troadu amgyffred*): e.e. '*Dau alwyn doe a wylais*' (Tudur Aled).[6] Dyna rym mewnol y ddau droad hyn wrth gyfleu synnwyr llenor.

Yn awr, y mae'r ddau waith hyn o wahaniaethu neu ddirnad (neu arbenigo neu leihau) ac o gymharu neu am-gyffred (neu gyffredinoli neu fwyhau) nid yn unig yn peri egni a symudiad cyfeiriadol, eithr hefyd y maent yn cymryd amser meddyliol er lleied y bo hynny—i'r llenor megis i'r darllenydd yntau: mae iddynt egni ysmudiadol; ac felly, gellir eu disgrifio hwy drwy ddelweddau gofodol, gan mai dyna'r ffordd sy gan y meddwl o ddiriaethu amser. Tebyg yw'r

---

6 Cofiwn, bid siŵr, fod deinameg gyfeiriol meddwl y darllenydd bob amser yn wrthwyneb i'r egnïon dychmygol a esgorodd ar y troad ym meddwl y llenor.

naill broses i'r llall; ond yn y naill, y mae'r tyndra'n cyfyngu, yn y llall y mae'n ehangu. O fewn yr un gweithgaredd meddyliol eir oddi wrth y mwyafswm at y lleiafswm: yna, cychwynnir yn y lleiafswm, a symudir mewn dull gwrthwyneb tuag at y mwyafswm. Y mae'r naill yn symudiad negyddol (—), a'r llall yn symudiad cadarnhaol (+). Ac os cywir yw hyn fod pob proses meddyliol, pa mor gyflym bynnag y bo, yn cymryd amser, yna fe ellir amlinellu'n ddisgrifiol y proses hwnnw ar hyd llinell, sy'n ffordd anochel o ddelweddu amser.

Os yw'r dadansoddiad hwn yn un iawn, fe ddylem mwyach allu mynd at droadau eraill, nad ydynt mor drawiadol amlwg yn ffitio'r patrwm hwn, ac fe ddylent hwythau ildio'u cyfeiriad egnïol fel y gallwn ganfod eu perthynas yn y gyfundrefn gyffredinol sy'n bywydu ystyron.

(iii) *Eironi*

Cymerer, felly, y troad 'eironi'.

Un o briod ystyron gwreiddiol y gair yw 'dweud yn llai'. Yn nialogau Platon tueddai Socrates i actio'n anwybodus ac yn fychan ei ddeall. Hynny yw, ei fan cychwyn ystyrol oedd y lleiafbwynt. Y mae'r llenor yn *dirnad* yr ystyr. Ond yr oedd cyfeiriad yr eironi i'r darllenydd effro ac yn wir ei holl rym, yn y ffaith fod y lleiaf (a fynegir) yn troi'n fwyaf, a'r isaf yn mynd yn uchaf. Wedi deall y bychan, y mae'n gwbl angenrheidiol deall y mawr. Y mae yna ystyr ddeublyg i'r hyn a ddwedir; ond y mae yna hefyd gyfeiriad a symudiad egnïol o fewn y fframwaith o berthynas. Yn y math hwn o eironi, felly, yr ydym yn cael y rhan gyntaf o'r mecanwaith deublyg a ddisgrifiwyd uchod; a chyfetyb i Gydgymeriad I neu i Leihad.

Ond nid dyma'r unig fath o eironi sydd ar gael. Fe all sefyllfa mewn drama neu stori gael ei hadeiladu'n wych fawreddog (sef dweud yn fwy); fe all dyn fod yn bothell hyderus; fe all gweithredoedd ymddangos yn llwyddiannus ardderchog—y mae'r llenor yn *amgyffred* yr ystyr; ond o'r golwg, yn y dyfodol, ym mhen draw eu hystyr i'r darllenydd, y mae yna drychinebau. Y maent yn cael eu cyflawni yn y diddim a'r bychanu. Fe all hyd yn oed gormodiaith fod yn fodd i wawdio fel hyn (medd Lleu am Flodeuwedd, '*wraig ddihalog*'). Mewn proses felly yr ydym yn cael yr ail ran o'r mecanwaith deublyg a ddisgrifiwyd uchod; a chyfetyb i Gydgymeriad II neu i Ormodiaith.

Y pegynau a'r ymsymud rhwng y pegynau hyn yw'r peth cyntaf y mae'n rhaid ei sylweddoli wrth drafod eironi, megis y troadau eraill. Newid ystyr gair yn egnïol yn ei gyd-destun nes ei fod yn cael effaith groes neu'n dweud y gwrthwyneb emosiynol neu syniadol i'r hyn yr ymddengys neu y mae'n arfer ei ddweud, dyna'r hyn a wna eironi. Ceir amryw droadau o'r math hwn sydd fel petaent yn elyniaethus i briod ystyr y gair yn y bôn, gan ymosod arno naill ai o ran gradd neu o ran ei gyfeiriad cadarnhaol, gan ei droi tua'r mawr neu tua'r bach. Nid ydym yn symud i gylch syniadol gwahanol o anghenraid: yr hyn sy'n diffinio'r proses hwn yw bod y syniadau a gyflëir, er eu bod yn aros yn yr un cylch, yn newid o ran nerth naill ai i fod yn gwbl negyddol neu'n radd gadarnhaol, yn is neu'n uwch. Cedwir un cysondeb (sef y pwnc) er mwyn caniatáu anghysondeb (sef yr ansawdd).

Trown yn awr i ystyried rhai o'r troadau hynny a all 'newid y pwnc' yn hytrach na'r radd neu'r statws, fel pe bai, ac a bair ein symud i faes semantaidd gwahanol i'r ystyr y cychwynnir ohoni yn y ddelwedd lythrennol.

(iv) *Trawsenwad*[7]

Cymerer trawsenwad. Ein tasg gyntaf ar hyn o bryd yw nid cyferbynnu'r troadau â'i gilydd, a diffinio'u cydberthynas er mwyn egluro'u nodweddion gwahaniaethol, eithr amlygu ar hyn o bryd sut y maent yn ffitio yn y mecanwaith gwaelodol o droadu. Nid sut y maent yn wahanol i'w gilydd ac yn cael eu lliw priodol, eithr sut y maent yn ennill eu hegni sylfaenol.

Yn awr, gyda thrawsenwad fel gydag eironi, canfyddwn fod yna ddwy ochr i'r un mecanwaith hwn yn bosibl. Fe ellir yn gyntaf symud oddi wrth y cyfan at y rhan. Fe all trawsenwad enwi diriaeth er mwyn cynrychioli haniaeth fwy amlochrog,

---

[7] Yr wyf eisoes yn *Tafod y Llenor* wedi crybwyll rhaniad mawr seicolegol/ ieithyddol Jakobson rhwng tebygrwydd (trosiad) a chyfagosrwydd (trawsenwad), a hyd yn oed arwyddocâd meddygol hyn. Cyfeiriad ychwanegol defnyddiol yw *Text-book of Experimental Psychology* gan C. S. Myers (Cambridge, 3ydd arg. 1925), 142.

megis dweud *penwynni* gan olygu holl briodoleddau *henaint*.
Y pryd hynny y mae'r meddwl yn cario'r llenor yn unionsyth
o gyfeiriad llydanrwydd at un nodwedd neilltuol.

I'r gwrthwyneb wedyn. Cymerer yn enghraifft yr un a rydd
Cerdd Dafod gan Eben Fardd, pan ddywedodd am Risiart
ddarfod i Syr Rhys:

> Daro'i fwyall drwy'i *fywyd*.

Sylw diddorol J. Morris-Jones am hyn oedd iddo 'ddywedyd
mwy na'r disgwyliad' (cf. Cydgymeriad II). Dyry'r bardd
haniaeth gyffredinol sy'n fwy na'r manylion, ond fe â meddwl
y darllenydd er ei waethaf, heb ymadael â'r gair 'bywyd'
sy'n diffinio ac yn bwrw'i gysgod dros yr holl symudiad
emosiynol, tuag at y corff, a rhan y corff a drywanwyd mewn
man neilltuol, o anghenraid, gan y fwyall. Y mae enwi
haniaeth yn lle diriaeth yn peri bod meddwl y darllenydd
(yn wahanol i'r llenor) yn ymsefydlu'n gyntaf yn y cyffredinol
eithr yn gyrru'n ystyrol tuag at yr arbennig.

(v) *Trosiad*

Gallwn weld yr un math o symud ystyrol ar gerdded mewn
trosiad ac amwysedd. Fe all trosiad gael ei ddefnyddio mewn
dychan i fychanu gwrthrych, fel y gall amwysedd hefyd os
yw'r 'ail' ystyr a gyrhaeddir yn tueddu i fod yn ostyngiad ar
y gyntaf (medd Charles Edwards, '*Bedd agored ydyw'r geg, ac
arogl erchyll gyda'r lleferydd yn dyfod oddi wrth gorff marwolaeth, sef
y burgyn yn y galon.*'); neu fe all trosiad gael ei ddefnyddio mewn
mawl, yn syml er mwyn dyrchafu a mawrhau'r gwrthrych
cychwynnol ('*Ai dellt aur yw dy wallt di*', Gwallt Llio); fel y
geill amwysedd yntau ein cario o un ystyr i ystyr arall mewn
modd yr un mor ehangol a chadarnhaol. Dyma'r fframwaith
egnïol i'r ddau droad sy'n rhoi iddynt eu hymafliad cyffrous.
Dyma ddisgrifiad o gyfeiriad symudol y meddwl ym moment
y deall.

Hawdd gweld y berthynas rhwng hyn a Chydgymeriad, gan
fod rhan ar un peth mewn trosiad yn debyg i'r rhan ar beth
arall: felly yr â'r rhan i gynrychioli'r cwbl wrth bwysleisio un
ansawdd, a'r cyfan yn cael ei uniaethu â chyfan arall:

> cyfan ⟶ rhan ⟶ cyfan.

Os caf ddyfynnu Cassirer eto: '*For mythic thinking there is much more in metaphor than a bare "substitution", a mere rhetorical figure of speech; . . . what seems to our subsequent reflection as a sheer transcription is mythically conceived as a genuine and direct identification*'.[8] Dyna pam y cymer trosiad le mor amlwg yn natblygiad semantaidd iaith. Y mae'n un o hanfodion y proses o feddwl mewn iaith.[9]

(vi) *Amwysedd*

Gydag amwysedd, o fewn yr un gair yn seiniol, cynhwysir mwy nag un ystyr; a chaniateir i'r rhain ymyrryd â'i gilydd: '*Cyfod i orffen cyfedd/I edrych a fynnych fedd*' (Marwnad Lleucu Llwyd). Y mae hyn yn debyg i drosiad (ac yn wahanol yn aml i eironi, lleihad, gormodiaith) oherwydd fe all yr ystyron amrywio am eu bod yn perthyn i feysydd semantaidd gwahanol (ac ni ellir bod yn sicr a ddylai'r meddwl symud oddi wrth y mawr at y bach ynteu fel arall): hynny yw, symudir oddi wrth un testun at destun arall gan aros o fewn yr un corff seiniol geiriol. Yr effaith a roddir yw bod yr un gair ffonolegol yn syrthio ar wahân yn ystyrol, gan gyfeirio tua gwahanol gyfeiriadau yr un pryd, er bod yn glir fel arfer fod yna fan cychwyn ystyrol yr ymyrrir â hi gan ystyron eraill. Yn y mecanwaith hwn, serch hynny, er bod y fframwaith (a'r continuum) yr un fath ag o'r blaen, ni ellir bod yn sicr sut i

---

[8] Cf. *Structure du langage poétique* gan Jean Cohen (Flammarion, Paris, 1966), 115, 134, 214; *Russian Formalism* gan Victor Erlich (Mouton, The Hague, 1969), 213, 232.

[9] Crybwyllwyd y tebygrwydd rhwng peirianwaith Cydgymeriad a pheirianwaith Trosiad. Fel y mae'n briodol inni'n hatgoffa'n hun fod amryw o'r troadau hyn yn gorgyffwrdd â'i gilydd, megis y lleihad sy'n gallu bod yn eironi, neu'r trosiad sy'n medru bod yn ormodiaith, felly y mae'n weddus cofio am y gorgyffwrdd sydd rhwng y ddau fath o ddullweddau, sef ffigurau a throadau: meddai Dr. Gwyn Thomas (*Yr Aelwyd Hon*, 15), 'Mae'r llinellau cyntaf yn y ddau englyn sy'n dilyn . . . yn ymddangos fel petaent yn amherthnasol i'r gweddill o'r englynion:

> Rhedegog ton ar hyd traeth.
> Hawdd iawn daw torri arfaeth.
> Cynta' i ffoi yng nghad yw'r ffraeth.
> Gwasgara ffrwd am glawdd caer.
> A minnau, mi fwriadaf
> Mai chwilfriw 'nharian cyn y ciliaf.

O edrych yn fanylach ar y ddau englyn hyn gwelir mai rhyw lun o daro'r post i'r pared glywed sydd yn y "llinellau llanw" sydd ynddynt. Awgrymu, trwy gyfeiriad trosiadol, y bydd Gwên yn rhedeg yn yr ymladd y mae Llywarch pan ddywed fod y don yn rhedeg hyd y traeth. Ateb o'r un math yw llinell Gwên am nentydd yn gwasgaru o gwmpas clawdd caer: yr awgrym yw y bydd ef, fel caer, yn sefyll yn erbyn y grymusterau fydd o gwmpas'.

ddosrannu'r ddau symudiad meddyliol, neu'n hytrach ym mha 'hanner' o'r mecanwaith, ai'r lleihaol ynteu'r mwyhaol, y mae meddwl y llenor am inni ddod o hyd i'r man cychwyn.

Neilltuolrwydd trosiad

Gyda throsiad, ar y llaw arall—ac y mae'r un peth yn wir am yr holl droadau cymharol, megis cyffelybiaeth, personoli, trawsenwad, rhag-gymeriad (prolepsis) a chydgymeriad—y mae yna symudiad sylfaenol tuag at undod rhwng gwahanol wrthrychau a chanddynt enwau ffonolegol gwahanol. Dyma ni, yn awr felly, yn dechrau ystyried nid yr hyn sy'n nodweddu'r holl broses o droadu, ac yn cynysgaeddu'r holl droadau fel ei gilydd â galluoedd pwerus, eithr yn ceisio chwilio beth yw'r priodoleddau gwahaniaethol sydd i'r amryfal droadau hyn. Gwelwn fod yna rai troadau sy'n tueddu i drosglwyddo gair o un cylch ystyrlon i gyd-destun *testunol* cwbl wahanol gan gyd-ddosbarthu felly a chyplysu pethau sydd eisoes ar wahân, a'u dodi gyda'i gilydd. Wrth i hyn ddigwydd, yr hyn a wna trosiad yw cydio mewn gwahanol bethau a cheisio'u huniaethu. Newidir y pwnc, eithr cedwir natur haniaethol y peth.

Gwelsom eisoes, sut bynnag, fod rhaid i'r trosiad o fewn mecanwaith cynhwysfawr troadu symud oddi wrth y mwy i'r llai neu oddi wrth y llai i'r mwy. Yr unig gasgliad y gallwn ei wneud yw bod gennym fecanwaith neilltuol i'r trosiad sy'n peri—am ei fod yn gwneud y gwaith o gymharu, yn ôl ei natur arbennig o fewn y gyfundrefn o droadau—mai ei ffordd neilltuol ei hun yw symud tuag at y cyffredinol a'r cyfan, drwy gydio gwrthrych mewn gwrthrych; ond yn gysylltiedig â'r mecanwaith neilltuol hwnnw, y mae'r posibiliadau eraill ar waith sy'n nodweddu'r holl waith o droadu, sef tuag at y llai neu'r mwy, hynny yw, fe all y gwrthrych y cysylltir ag ef fod yn lleihaol neu'n fwyhaol.

Neilltuolrwydd amwysedd

Digon tebyg yw neilltuolrwydd mecanwaith amwysedd. Y mae iddo ei duedd gyffredinol ei hun; ac yna, yn gysylltiedig â hynny, yr un pryd y mae dau symudiad cyfun troadu yn peri, fel y gwelsom eisoes, fod modd symud oddi wrth ystyr

gychwynnol bosibl at droad mwys a all fod yn 'fwy' neu'n
'llai', yn gadarnhad neu'n negyddiad. Ond beth yw nodwedd
neilltuol amwysedd ei hun yn gyflawn, nid y symudiad dwbl
sydd ar gerdded o'i fewn? Hanfod y mecanwaith cyflawn yw
bod y meddwl yn ymsefydlu mewn un ystyr bosibl o fewn
corff ffonolegol gair, ac yna'n llithro oherwydd posibilrwydd
arall yr un corff at ystyr arall, gan gydio dwy ystyr nes bod y
naill yn goleddfu lliw'r llall. Nid yw'n annhebyg i'r trosiad yn
y cyplysu semantaidd hwn sy'n digwydd iddo. Cyfuno un rhan
â rhan arall a wna mewn cyfan mwy; dyna natur a gorfodaeth
gynhenid pob amwysedd, boed yn ffafriol neu'n anffafriol.
Oherwydd cydio ystyron wrth ei gilydd, er dieithred i'w
gilydd y bônt, y mae peth o liw'r naill yn cael ei rwbio
ar y llall.

Neilltuolrwydd eironi

Beth, wedyn, am neilltuolrwydd eironi? Mentraf awgrymu
mai troad ydyw sy'n sylfaenol yn negyddu ei angorbwynt: nid
yw'n ceisio cydio maes wrth faes, eithr cais ddatod y safon
gychwynnol. Ond fel y gwelsom, yn y fan yma eto, wrth gwrs,
o fewn y mecanwaith neilltuol hwn oddi wrth y cadarnhaol
a'r cyfan tuag at y negyddu a'r datod, y mae yna bosibiliadau
mewnol sy'n perthyn i droadau fel proses deublyg o ddeall, sef
tuag at y llai neu tuag at y mwy.

Dichon, yn y gwaith hwn o arddangos neilltuolion y
gwahanol droadau o'u cyferbynnu â'i gilydd, fod modd
ystyried sut y mae pob troad yn ôl ei natur gyflawn ei hun yn
gogwyddo'n gyffredinol, ai'n syml drwy negyddu'r ystyr
gychwynnol (ac wrth reswm, rhaid i bob troad yn ôl ei hanfod
fod yn ymadawiad ag un fan semantaidd er mwyn cyrchu
man arall) neu a oes ymgais arall gyffredinol (boed yn ffafriol
neu beidio) tuag at uno ystyr ag ystyr arall, tuag at gyfannu.

Pwynt arall sydd eisoes wedi'i awgrymu wrth ymdrin â
throadau'n gyffredinol yw hyn. Gwyddys fel y bydd beirniaid
wrth ddiffinio rhai troadau'n neilltuol yn defnyddio termau
achlysurol megis rhan, cyfan; arbennig, cyffredinol; mwy, llai.
Yn awr, gwelsom—ni a obeithiwn—fod a wnelo'r rhain â'r
holl broses cyfansawdd o droadau, ac y gallant ar ryw olwg fod
yn wir am y cwbl oll. Y mae setlo'r mater yna yn ein rhyddhau

bellach i ystyried priodoleddau gwahaniaethol eraill; ac wrth symud oddi wrth drafod troadau'n gyffredinol i ymdrin â neilltuolion y troadau, fe gyfyd y ddwy ystyriaeth hyn, (1) Pa un ai negyddol a datodol yw'r troad o ran natur gyflawn, ynteu cadarnhaol a chyd-ddosbarthol hefyd? a (2) Pan fo troad yn symud tuag at y rhan neu tuag at y cyfan, beth yw'r dull neu'r offeryn neilltuol a ddefnyddir ar gyfer hynny?

Dechreuwyd eisoes ateb ychydig ar y cwestiwn cyntaf drwy awgrymu mai tuedd wahaniaethol rhai troadau (yn symudiad cyferbyniol y meddwl naill ai at y cyfan neu at y rhan) yw fel y canlyn:

(a) Yr holl droadau cymharol: alegori, trosiad, cyffelybiaeth, personoli, trawsenwad, cydgymeriad, rhag-gymeriad (*prolepsis*), y mae'r rhain oll yn gweithio o ran eu mecanweithiau cyflawn tuag at ledu ystyr a chyd-ddosbarthu'n gyffredinol. Cysylltant wrthrychau'n gadarnhaol, o leiaf yn ôl eu norm.

(b) Amwysedd: y mae hyn hefyd yn gweithio tuag at gysylltu ystyron ond o fewn yr un uned ffonolegol.

(c) Eironi: dyma droad sy'n cynhenid negyddu a datod ystyr, sef newid ystyr ac ymadael â hi heb geisio ymuno yn y proses o gyffredinoli.

Pan drown i ystyried yr ail gwestiwn ac i ymholi pa fath o berthynas sydd rhwng y ddwy ystyr, yr un cyn troi a'r un wedi troi, pa ffenomen sy'n eu cysylltu, sut y maent yn yr un dosbarth â'i gilydd, dichon y gallwn grynhoi cymeriad y gwahanol droadau mewn tabl cyfansawdd fel hyn. Cysylltir y bywydu ystyr a ddigwydd mewn troadau ymadrodd â'r ddau ddull y mae'n rhaid i'r meddwl dynol eu mabwysiadu yn y gwaith o ddarostwng ei brofiadau o'r amgylchfyd i'w ddeeaelltwriaeth: sef gwahanu a chysylltu. Ceisiwyd dadlau fod yr egni meddyliol a ollyngir yn y proses deublyg hwn yn dosbarthu'n gynhwysfawr yr holl droadau gyda'i gilydd mewn symudiad ystyr o un safle (+ neu —) i safle arall (— neu +).

Er mwyn cael symudiad meddyliol fel hyn o un safle ystyrol i safle ystyrol arall, rhaid i'r meddwl gael rhywfaint o amser i weithredu. Er lleied yr amser yna, y mae iddo fodolaeth bendant ac olrheiniadwy. Fel y dywedai Gustave Guillaume, rhaid

	I. SYMUDIAD DIRNAD	II. SYMUDIAD AMGYFFRED
	Dull meddwl y llenor: o'r mawr i'r bach (dull meddwl y darllenydd: o'r bach i'r mawr)	Dull meddwl y llenor: o'r bach i'r mawr (dull meddwl y darllenydd: o'r mawr i'r bach)
CYDGYMERIAD (symudiad ansawdd: heb newid y maes semantaidd yn benodol)	O'r cyfan i'r rhan; o'r cyffredinol i'r arbennig	O'r rhan i'r cyfan; o'r arbennig i'r cyffredinol
LLEIHAD/GORMODIAITH (newid gradd: gellir newid maes, ond y cymhelliad yw dweud llai neu fwy)	LLEIHAD Newid maint o'r mawr i'r bach, gan wanhau neu ymatal yn uniongyrchol	GORMODIAITH Newid maint o'r bach i'r mawr, gan gadarnhau'n uniongyrchol
TRAWSENWAD (cysylltu gwrthrychau oherwydd cyfagosrwydd allanol—lle ac amser, achos ac effaith, cynnwys a chynhwysydd)	O'r haniaethol i'r diriaethol; o'r achos i'r effaith	O'r diriaethol i'r haniaethol; o'r effaith i'r achos
TROSIAD (cysylltu gwrthrychau oherwydd tebygrwydd mewnol—undod ansawdd)	I ddychanu (lleihau emosiynol); darostwng	I foli (mwyhau emosiynol); dyrchafu
EIRONI (celwydd ymwybodol neu anymwybodol sy'n dweud yn groes, ac felly'n negyddu'n emosiynol: h.y. pan ddwedir llai, y bwriad yn aml yw meddwl yn fwy; ac wrth ddweud yn fwy, bwriedir weithiau sarhau neu frathu)	Dweud yn llai	Dweud yn fwy
AMWYSEDD (o fewn undod y sŵn cysylltir gwahanrwydd y rhannau ystyrol)	Ni ellir bod yn siŵr fel arfer pa un o'r ddau begwn yw'r man cychwyn a pha un yw'r terfyn i'r symudiad meddyliol (— ynteu +); ond yr hyn sy'n sicr yw bod y symudiad yn digwydd a bod ei rym yn union gyffelyb i'r uchod yn y proses o weddnewid.	

wrth amser i feddwl fel y mae'n rhaid wrth amser i gerdded:
yr enw a rydd ef arno yw '*temps opératif*', amser gweithredol.
Fe ellir adnabod ac olrhain gweithredoedd y meddwl a oedd
ar waith y tu ôl i'r troadau ymadrodd, ac yna eu harosod ar
hyd gorwel delweddol yr amser gweithredol a oedd yn eu

cario. Fe all y datblygiadau ystyrol fod wedi cymryd canrifoedd yn hanes semantaidd yr iaith er mwyn cael eu dwyn i ben,[10] neu fe allant ym meddwl llenor fod wedi gweithio mewn cyfran fechan o eiliad; ond yr un fath, y mae modd disgrifio'r newid mewn dull diagramatig yn ôl llinell yn cyfeirio ar hyd gorwel rhwng dau eithafbwynt, llinell y mae yna symudiad ar hyd-ddi ynghyd â chyfres benodol o newidiadau. Yr un mecanwaith sydd iddynt ill dau, yng nghanrifoedd yr iaith ac yn eiliad dychymyg y llenor. Ein gwaith yw disgrifio'r proses hwnnw a fu ar waith rhwng y ddau begwn yna, rhwng y norm (yr iaith botensial) a'r abnorm (yr iaith effeithiol), gan geisio diffinio cyfeiriad a grym y symudiad ac olrhain natur ei lwybr.

Yn ein hiaith ddidroad y mae yna system eisoes wedi'i chorffori sy'n gwneud gwaith digon tebyg (ar ryw olwg, a braidd yn baradocsaidd) i system troadu, sef system y fannod, cyfundrefn fwyaf haniaethol a mwyaf dirgel yr iaith, cyfundrefn wedi'i seilio ar symud yn feddyliol rhwng pegynau cyffredinol ac arbennig. Cyfetyb y troadu llenyddol i'r gyfundrefn ieithyddol honno. Creu iaith o fewn iaith a wna troadu: defnyddio'r prosesau crisial cynhenid a oedd yn angenrheidiol wrth lunio iaith yn gyntaf gynhenid er mwyn ailfywhau'r iaith ar y lefel uchaf. Fel y mae mydr yn cydio mewn elfennau sy'n angenrheidiol ac yn greiddiol i iaith ei hun (sef cyferbynnu pwysedd neu dôn) ac yn trafod y rheini o'r newydd, felly gydag ystyron: y mae'r arbenigoli a'r cyffredinoli a oedd yn gwbl angenrheidiol i lunio iaith o gwbl yn cael eu harosod am ben neu o fewn yr iaith honno gan ei hadfywhau drwy'r awen.

Bid siŵr, yn yr ysgrif hon bu rhaid imi gwtogi a hepgor llawer o'r hyn y carwn fod wedi'i ddweud am y dullweddau ymadrodd gwahanol; ond dichon y ceir cyfle eto i ymhelaethu

---

[10] Gellid awgrymu fod hanes semantolegol yr iaith wedi datblygu yn ôl y dosbarthiadau a'r ddeinameg a ddisgrifiwyd yn yr ysgrif hon: gw. *Our Language* gan Simeon Potter (Harmondsworth, 1950), 107–114. (1) Cydgymeriad I, dechrau yn y cyffredinol a symud at ystyr fwy cyfyngedig, e.e. meat (bwyd→cig), deer (anifail→carw); (2) Cydgymeriad II, dechrau yn yr arbennig ac ymestyn, e.e. dog (ci o frid hynafol→ci), place (lle llydan, sgwâr→lle); (3) Trawsenwad, troi haniaethol yn ddiriaethol, e.e. wealth (cyflwr o fod yn dda→golud), cf. eich mawrhydi, a lluosog rhai enwau haniaethol fel trugareddau; (4) Trosiad, e.e. dependent (hongian o), precocious (aeddfed yn rhy gynnar).
Y mae'r datblygiad ystyrol i'r gair *tête* (*testa*—crochan, pot) nes golygu 'pen' (yr hen 'chef') wedi cymryd rhai canrifoedd er mwyn peidio â bod yn drosiad slanglyd (cf. *mug* Saesneg); y mae'r hyn a gymer ganrifoedd yn hanes yr iaith yn dibynnu ar weithgaredd 'barddonol' cychwynnol a gymer gyfran o eiliad.

arnynt yn unigol. Y nod syml yn y fan yma oedd mapio'r 'gyfundrefn' (neu'r cyfundrefnau) fel petai, gan ddiffinio orau y gallwn y priodoleddau gwahaniaethol sydd ar waith nid yn unig yn y prosesau o ffurfio llenyddiaeth, eithr hefyd yn ffrwythlondeb tyfiannol sydd yn yr iaith ei hun.

DWY GERDD O'R *BARZAZ BREIZ*[1]:
EU CEFNDIR A'U NODWEDDION ARWROL

R. WILLIAMS

MAE sawl rheswm pam y dewisais ddwy gerdd o'r *Barzaz Breiz* i'w trafod yma. Y prif reswm wrth gwrs yw y teimlwn mai iawn oedd trafod cerddi o'r Llydaweg mewn cyfrol deyrnged i'r Athro J. E. Caerwyn Williams am mai ef a gyflwynodd ei llenyddiaeth hi i ni'r Cymry; yn ail, am mai'r *Barzaz Breiz* yw'r gyfrol bwysicaf a'r fwyaf cyffrous yn llenyddiaeth Llydaw; ac yn drydydd, beth bynnag yw eu dyddiad, a phwy bynnag oedd eu hawdur, mae llawer yn y ddwy gerdd i'w gymharu â'r Hengerdd Gymraeg, y maen nhw, wedi'r cwbwl, yn ddisgynyddion uniongyrchol neu anuniongyrchol, pell ohonynt. Yn wir, honnai Kervarker (Théodore-Claude-Henri Hersart de La Villemarqué), golygydd y gyfrol, fod y Llydaweg yn nes i iaith yr Hengerdd nag yw'r Gymraeg, ac i geisio profi hynny cyhoeddodd argraffiad o gerddi'r Cynfeirdd mewn orgraff Llydaweg Diweddar, ynghyd â chyfieithiadau Ffrangeg ohonynt.[2]

Gwaetha'r modd, 'd oes fawr ddim olion parhad y canu arwrol cynnar wedi goroesi yn Llydaw, ac eithrio'r corff o ganu crefyddol yn moli Duw, yr Iesu a'r Seintiau, ac un gwaith gwefreiddiol, er byrred yw, sef cyfieithiad Lladin o gerdd fach Lydaweg a welir ym Muchedd Sant Iudicael a sgrifennwyd gan Ingomar ar ddechrau'r unfed ganrif ar ddeg.[3] Brenin Domnonea yn y seithfed ganrif oedd Iudicael, *'le grand personnage de la Bretagne du VIIe siècle . . . sans conteste'*,[4] arwr glew y gwelodd ei gofiannydd yn dda gynnwys cerdd foliant iddo sy'n hŷn na'r fuchedd yn ôl yr Athro L. Fleuriot, a'i cyhoeddodd, gyda chyfieithiad Ffrangeg, o dan y teitl *La 'gorchan' de Iudicael*.[5] Cyfeiriodd yr hanesydd Borderie at

---

[1] Théodore-Claude-Henri Hersart de la Villemarqué, *Barzaz Breiz: Chants Populaires de la Bretagne* (Paris, argffd. 1963).
[2] *Les Bardes Bretons, Poèmes du VIe siècle, Traduits pour la première fois en français avec le texte en regard, Revu sur les plus anciens manuscrits* (Paris a Roazhon, 1850).
[3] *Chronique de Saint-Brieuc*, BN, llsgrau Lladin 6003 a 9888.
[4] Jean Markale, *Histoire secrète de la Bretagne* (Paris, 1977), 102.
[5] L. Fleuriot, *Documents de l'Histoire de la Bretagne*, gol. J. Delumeau (Paris, 1971), 156–9.

bwysigrwydd y testun ac at ei harddwch garw,[6] ond L. Fleuriot
yw'r cyntaf i ddangos y tebygrwydd hynod rhyngddo a'r
Hengerdd Gymraeg, a'i farn bendant, ar ôl astudio arddull a
rhuthm y cerddi Cymraeg a'r cyfieithiad Lladin hwn, yw fod
yna ganu arwrol yn gywir yr un fath â'i gilydd ar naill ochr y
Môr Udd ac ar y llall. 'D yw hyn ddim yn syndod, medd yr
Athro Fleuriot, '*la communauté de langue, les rapports très étroits,
jusqu'au Xe siècle au moins, entre les parties du monde brittonique
laissent supposer une activité littéraire sur des thèmes apparantés et sous
des formes voisines*'.[7] Ac fe ddylid cofio fod Iudicael yn
ddisgynnydd, ar ochr ei fam, o frenhinoedd Cymru.[8]

Mae'r ddwy gerdd *Jannedik-Flamm* 'Sioned-Fflam' ac *Ann
Alarc'h* 'Yr Alarch', er eu bod yn perthyn i gyfnod llawer
diweddarach, yn sicr yn yr un traddodiad. Fe'u ceir ymhlith y
gyfres o gerddi yn croniclo hanes Llydaw o'r bedwaredd ganrif
hyd at y Chwyldro Ffrengig, nad oeddynt yn fersiwn cyntaf y
Barzaz Breiz ym 1839, ond a ychwanegwyd yn argraffiad 1845.
Yr ymdeimlad cenedlaethol a'r mynegiad o atgasedd at y
gelyn (yn Ffrancod ac yn Saeson) yn ugain o'r rhain a
dynnodd y beirniaid am ben Kervarker a pheri i rai honni
nad cerddi'r bobl oeddynt, gan nad oedd dim tebyg yng
nghasgliadau An Uhel (Luzel) ac eraill. Yn wir deil Gourvil
nad oes olion o ddim tebyg yn holl lenyddiaeth Llydaw,
'*Il semble que, ni en prose, ni en vers, à aucune époque de l'Histoire de
la Bretagne, on n'en puisse relever le moindre indice*'.[9] Eto yng
ngorchan Iudicael, ar ôl ei ddisgrifio'n gwasgar ei elynion a'u
bwydo i'r anifeiliaid a'r adar ysglyfaethus, a'i ddyrchafu
uwchlaw pob rhyfelwr o ran cryfder a dewrder, fe'i molir yn y
llinellau olaf am ladd y Ffrancod (Franci)

> 50–56   Et precipue multas strages in Francos fecit et
>   prouinincias eorum multoties deuastauit, pro eo
>   quod Franci uolebant Britanniam subiugare.
>   [Ac yn bennaf gwnaeth laddfa fawr o'r Ffrancod ac
>   anrheithiodd eu taleithiau yn aml oherwydd y dymunai'r
>   Ffrancod ddarostwng Llydaw.]

[6] Arthur le Moyne de la Borderie, *Histoire de Bretagne* (Roazhon, 1896–1914),
I, 477.
[7] Fleuriot, 156–7.
[8] N. K. Chadwick, *Colonization of Brittany from Celtic Britain*, PBA 51 (1965), 277.
[9] F. Gourvil, *Théodore-Claude-Henri Hersart de La Villemarqué (1815–1895) et le
'Barzaz-Breiz' (1839–1845–1867)* (Roazhon, 1959), 393.

O amau'r adran hanesyddol dechreuwyd cyhuddo Kervarker o dwyll, ac yr oedd ei ystyfnigrwydd yntau yn gwrthod ateb ei feirniaid ac yn pallu dangos ei waith ymchwil wrth gasglu yn peri i'w feirniaid honni nad oedd yna gasgliadau. Bellach, fodd bynnag, ar ôl cael caniatâd gor-ŵyr Kervarker i weld llyfrau sgrifennu yn cynnwys gweithgarwch ei hen-dad-cu yn y cyfnodau 1833–8, 1841–2, 1863–4, ac o astudio'r cyntaf yn fanwl, barn ddiymwad yr ysgolhaig disglair o Lydawr, Donatien Laurent, yw i Kervarker weithio'n ddyfal yng Nghernyw Llydaw yn casglu'r deunydd ar gyfer cyfrol 1839.[10] 'D oes dim gwadu nawr '*Aujourd'hui le doute n'est plus permis. Les carnets sont la, écrits de la main du jeune La Villemarqué*',[11] ac er nad yw'r ddwy gerdd a drafodir yma yn eu plith, fel y dywed y Dr. Laurent, 'd yw hynny ddim yn profi dim[12] a 'd yw'r holl ddadlau yn eu cylch yn mennu dim ar werth y cerddi i ni.

Y CEFNDIR HANESYDDOL

Daw arwyr y ddwy gerdd a ddewisais o gyfnod cythryblus iawn yn hanes Llydaw, y dywedodd Froissart amdano wrth ei gyflwyno

> Ore entrerons en la grant matère et histoire de Bretaigne, qui grandement renlumine ce livre, pour les biaus fais d'armes et grandes aventures qui y sont avenues.[13]

Cyfeiria at y chwarter canrif argyfyngus yn dilyn marwolaeth Yann (Jean) III ym 1341, a Rhyfel yr Olyniaeth yn Llydaw. Rhaid mynd yn ôl i hanes ei dad, y dug Arzhur (Arthur) II (1305–15), i ddeall y cefndir. Priododd yntau â Mari, is-iarlles Limoges, ym 1275 a ganwyd tri mab o'r briodas hon, sef Yann III, Gwion Breizh (Guy de Penthièvre) a Per (Pierre). Ym 1295 priododd Arzhur II â Yolanda (Yolande) Dreux, iarlles Monforzh (Montfort) ac esgorodd honno ar fab, Yann Breizh neu Yann Monforzh (Jean de Montfort). Olynwyd

---

[10] D. Laurent, *La Villemarqué, Collecteur de Chants Populaires. Etude des sources du premier Barzaz-Breiz à partir des originaux de collecte (1833–1840)* thèse de doctorat d' Etat, Univ. R. Descartes (Paris, 1974), 2 et alia.

[11] D. Laurent, 'Aux origines du Barzaz-Breiz: Les premières collectes de La Villemarqué (1833–1840)', *Bulletin de la Société Archéologique du Finistère*, 102 (1974), 174–5.

[12] Ibid.

[13] Jean Froissart, *Chroniques de Jean Froissart* gol. S. Luce (S.H.F., 1869–1966 yn parhau).

Arzhur II yn naturiol gan ei fab hynaf Yann III, ond pan fu
hwnnw farw yn ddietifedd, gan fod ei frodyr Gwion a Per wedi
ei ragflaenu, 'r oedd dau yn cystadlu am yr hawl i etifeddu
dugiaeth Llydaw, sef ei hanner brawd, Yann Monforzh, a'i
nith Janed Penteür (Jeanne de Penthièvre), sef merch ei frawd
Gwion a fuasai farw ym 1331. Yann Monforzh oedd ei
berthynas agosaf, ond mewn rhai gwledydd, megis Llydaw, y
pryd hynny, ystyrid plant y sawl fuasai agosaf (sef Gwion yn y
cyswllt hwn) yn nes nag unrhyw frawd neu chwaer arall.
Yn ôl traddodiad Llydaw felly Janed Penteür oedd etifedd
Yann III. Ond fel y dangosodd Borderie,[14] 'r oedd dau brif
reswm i'w rhwystro rhag cael y ddugiaeth.

Yn gyntaf, 'd oedd Ffrainc ddim yn arddel dull Llydaw o
etifeddu, ond yn deddfu mai'r tylwythyn byw agosaf oedd â'r
hawl. Yn ail, yn ôl yr arfer yn y naill wlad a'r llall ni châi
gwraig etifeddu tir ond pan na fyddai gŵr ar gael i'w etifeddu,
a hynny am reswm cwbwl ymarferol: ymladdwr, yn anad dim,
oedd perchen tir, yn barod i amddiffyn ei dir a'i ddeiliaid
yn ddewr.

Er bod Jean Markale yn pwysleisio fod Llydaw yn dal i fod
yn rhydd:

> la Bretagne était toujours, théoriquement du moins, libre et
> independante. Ce n'était pas un fief donné par la couronne
> française, mais un *État* qui avait des liens avec la monarchie
> française comme il en avait avec la monarchie anglaise . . .
> Il convient de le préciser: au XIVe siècle, *la Bretagne ne fait
> pas encore partie de la France*, même si ses élites et ses chefs se sont
> francisés depuis les invasions normandes,[15]

eto 'r oedd cysylltiad agos rhwng y ddugiaeth a choron Ffrainc
oddi ar i ddug Llydaw gael ei gydnabod yn un o arglwyddi
Ffrainc ym 1297. Golygai hyn, ymhlith pethau eraill, dalu
teyrnged i frenin Ffrainc, ei gynghori pan fyddai angen, bod
yn bresennol mewn seremonïau arbennig ynghyd â'i gynorth-
wyo, os byddai angen, mewn rhyfel. Cydnabyddid hawl
brenin Ffrainc i osod trethi o fewn y ddugiaeth ac i wneud
apwyntiadau eglwysig.[16]

---

[14] Borderie, III, 412–13.
[15] Markale, 155.
[16] Michael Jones, *Ducal Brittany 1364–1399* (Rhydychen, 1970), 2–3.

I gymhlethu pethau ymhellach ochrai Phillipe VI (Phillipe de Valois), brenin Ffrainc, gyda Janed Penteür oblegid ei bod yn briod â'i nai Charlez Bleaz (Charles de Blois), mab ei frawd, ac 'r oedd yn naturiol felly i brif arglwyddi Llydaw, gydag ambell eithriad, ynghyd â saith o'r naw esgob, ei chefnogi oherwydd eu teyrngarwch i goron Ffrainc. Barnai cyfreithwyr enwocaf Ffrainc yn y 14 g. mai Yann Monforzh ddylai olynu Yann III, ac fe'i cefnogid gan arglwyddi llai Llydaw, esgobion Kemper a Gwened a mwyafrif poblogaeth y gorllewin Llydewig.

Gan fod brenin Ffrainc ar du Janed, ac Edward III, brenin Lloegr, yn ceisio hawlio gorsedd Ffrainc, 'r oedd yn naturiol i Edward gefnogi Yann Monforzh. Ac fel 'r oedd rhwymau rhwng Llydaw a choron Ffrainc, 'r oedd ganddi gysylltiad agos â choron Lloegr hefyd. Byth oddi ar oruchafiaeth y Norman, Gwilym Goncwerwr, ar Loegr ym 1066 bu gan ddugiaid Llydaw diroedd ac eiddo ym Mhrydain, gan i Alan ar Rous (Alain Le Roux), nai Alan III, gael iarllaeth Richmond yn rhodd am ei wasanaeth a'i deyrngarwch wrth gynorthwyo Gwilym I.[17] O hynny ymlaen bu iarllaeth Richmond ym meddiant dugiaid Llydaw o bryd i'w gilydd. Ar adegau, fe atelid y iarllaeth, a'i hadfer yn ôl y berthynas ar y pryd rhwng brenin Lloegr a dug Llydaw.[18]

Dylid cofio hefyd fod porthladdoedd Llydaw yn dra phwysig i Loegr am o leiaf dri rheswm. Er 1337 'r oedd yn rhyfel rhwng Lloegr a Ffrainc am na fynnai Edward III dalu gwrogaeth i frenin Ffrainc am Aquitaine (neu Guyenne), sef rhan o dde Ffrainc a oedd ym meddiant Lloegr oddi ar i Eleanor o Aquitaine briodi â Harri II ym 1152. 'R oedd Llydaw yn safle hwylus i filwyr Edward lanio ar y cyfandir i ymosod ar Ffrainc. 'R oedd ei phorthladdoedd yn bwysig hefyd i longau Lloegr a gludai filwyr, ceffylau a nwyddau i Aquitaine, a llwythi o win oddi yno,[19] i ymochel mewn storm ac i gael dŵr ffres a chyfle i drwsio'r llongau ar y daith. Yn y 14 g. hefyd daeth dau o

[17] Cy. E. C[okayne], *The Complete peerage of England, Scotland, Ireland, Great Britain and the United Kingdom, extant, extinct or dormant* gol. V. Gibbs, H. A. Doubleday, G. H. White, a Lord Howard de Walden (Llundain, 1910–59), X, 779; M. Jones, 4.
[18] Ibid., 802, 810, 812 etc.
[19] Frances A. Mace, *Devonshire Ports in the 14th & 15th centuries*, TRHS, iv, VIII, 120.

allforion Llydaw yn bwysig i Loegr sef halen o Gwennrann i gadw cig a physgod, i drin lledr ac yn feddyginiaeth,[20] a chynfas i wneud sachau ar gyfer allforio gwlân o Loegr.[21]

Nid rhyfel rhwng Ffrainc a Lloegr yn cael ei hymladd ar dir Llydaw oedd Rhyfel yr Olyniaeth fodd bynnag ond brwydr fewnol rhwng dwy blaid o Lydawyr, '*une guerre fratricide entre Bretons*'[22] a'r naill ochr yn cael ei chynorthwyo gan y Ffrancod a'r llall gan y Saeson.

Cychwynnodd yr ymrafael am y ddugiaeth yn union ar ôl angladd Yann III yn Plouarzel. Dychwelodd Charlez Bleaz yn ddibryder i Baris, ond ar gyngor ei wraig hirben, Janed Fflandrys, prysurodd Monforzh â byddin fechan i Naoned (Nantes) i'w ddatgan ei hun yn ddug Llydaw ac i sicrhau llw o deyrngarwch gan drigolion y ddinas.[23] Aeth i Limoges i sicrhau trysor y teulu ym mis Mehefin, ac yng Ngorffennaf aeth o gylch Llydaw i ddarostwng y prif ddinasoedd a'r prif drefi i'w awdurdod. Wrth ei ochr, ble bynnag yr âi, 'r oedd ei wraig Janed Fflandrys, a Herve Leon, un o'r ychydig farwniaid a oedd o'i blaid. Ym mis Awst aeth Yann i Loegr i sicrhau cefnogaeth Edward III. Ar y seithfed o'r mis canlynol galwodd Phillipe VI ei arglwyddi, ei farwniaid a'i esgobion ynghyd i Conflans yn ymyl Paris i wrando ar geisiadau Yann a Charlez. Gan fod cyfraith Ffrainc o blaid Yann, a'r brenin ei hun o blaid Janed Penteür a Charlez, aethpwyd ati ym Mharis i hau celwyddau ynghylch llinach Yann Breizh, dug Monforzh. Prawf fod y rhain yn cael eu derbyn yn gyffredinol yn Ffrainc, fel y dangosodd Borderie,[24] oedd fod croniclydd megis Froissart[25] yn cofnodi un yn ffaith, sef mai hanner brodyr o'r un fam oedd Yann III a Yann Monforzh ac felly nad oedd yr olaf yn hanu o Arzhur II ac nad oedd ganddo hawl ar y ddugiaeth.

Pan ddeallodd Yann fwriad y brenin i gyhoeddi ei nai yn ddug Llydaw, ciliodd o Baris yn ddirgel liw nos a dychwelyd

[20] A. Bridbury, *England and the Salt Trade in the Late Middle Ages* (Rhydychen, 1955), 157–75.
[21] A. Bridbury, *Economic Growth—England in the Later Middle Ages* (Llundain, 1962), 104–5.
[22] Markale, 155.
[23] *Chronographia regnum Francorum*, gol. Moranvillé (S.H.F., 1891–7), II, 167.
[24] Borderie, III, 415.
[25] Froissart·Luce, II, 267.

i Naoned. Ar unwaith dyma Philippe yn cymryd ei hawl ar Monfort-l'Amaury oddi arno. 'D oedd iarllaeth Richmond ddim ym meddiant Llydawr ar y pryd felly daeth brenin Lloegr i'r adwy drwy gyflwyno Richmond o'r newydd i'r sawl a gydnabyddai'n ddug Llydaw, sef wrth gwrs i Yann Monforzh.

Danfonodd Philippe VI fyddin gref yng ngofal rhai o'i brif farchogion, yn eu plith Yann, dug Normandi, ei fab a'i etifedd, i ddymchwel Yann Monforzh er mwyn sefydlu Bleaz unwaith ac am byth yn ddug Llydaw. Yn ôl Borderie[26] Monforzh a benderfynodd mai dwli oedd dal ati i ymladd i amddiffyn Naoned ac mai gwell fyddai dod i gytundeb â'i warchaewyr. Fe'i twyllwyd gan Yann, dug Normandi, i fynd i drafod ei achos gyda'r brenin gan roi trwydded ddiogelwch iddo i fynd i Baris ac yn ôl yn ddianaf, ond fe'i daliwyd yn y llys ar unwaith, a'i garcharu yn y Louvre tan fis Medi 1343.

Ac yntau'n tybio bod y frwydr ar ben, danfonodd Bleaz lythyron at y trefi a oedd ym meddiant Monforzh yn eu gorchymyn i ddanfon cynrychiolwyr ato yn Naoned i dalu gwrogaeth iddo fel dug Llydaw. Ond er bod Monforzh yn y carchar, 'd oedd Bleaz na'r brenin ddim wedi ystyried bod gwrthwynebydd cryf a phenderfynol yn ei le.

Pan glywodd Janed Fflandrys fod ei gŵr yn garcharor, er ei thristwch a'i gofid, aeth ati fel dyn cryf a dewr, yn hytrach na gwraig, i ysbrydoli ei phobl ddigalon, gan godi ei chrwt bach yn uchel i'w ddangos iddynt a'u cyfarch:

> Ha! seigneurs . . . ne vous desconfortez mie et ne vous esbahissez pour mon seigneur que nous avons perdu. Ce n'estoit que un seul home. Véés ci mon petit enfant qui sera, si Dieu plaist, son *restorier* et vous fera du bien assez.[27]

Ac felly yr aeth hi â'r Yann bach drwy'r prif drefi yn cysuro dilynwyr Monforzh, yn ennyn brwdfrydedd ynddynt â'i geiriau balch a thanllyd ac yn talu'r milwyr; a thrwy ei safiad cadarn a'i haelioni enillodd galon a theyrngarwch ei phobl.

Eto llwyddodd Charlez i gymryd Roazhon cyn arwain ei fyddin tua diwedd mis Mai 1342 i Henbont, lle 'r oedd Janed wedi ymsefydlu oherwydd cyfleustra aber yr afon i gael

---

[26] III, 439.
[27] Froissart-Luce, II, 115.

cymorth gan filwyr Lloegr, a hithau wedi danfon neges at Edward III. Cododd Bleaz wersyll cadarn gan y tybiai y byddai'n rhaid brwydro am amser go faith ond rhoddwyd y cyfan ar dân un noson gan neb llai na gwraig Monforzh a byddin fechan yn ei chanlyn, gweithred a enillodd iddi'r llysenw 'Jannedik-Flamm' neu 'Jeanne de Flamme'—'*une renommé que les siècles n'ont pas étouffée*'.[28]

Jannedik Flamm

Gwelwn lawer o nodweddion yr arwrgerdd yn y gân hon i un nad oes dim amheuaeth o'i dewrder yn ôl y disgrifiadau gwiw a geir ohoni gan yr haneswyr.

Wrth ei disgrifio yn cysuro dilynwyr Monforzh pan garcharwyd ei gŵr, cyfeiria Borderie[29] at '*Ce fière langage et cette virile attitude*' a barodd i'w dilynwyr deimlo'n gwbwl ffyddiog ei bod yn well cael y wraig hon i'w harwain nag unrhyw ddyn. 'D oedd neb, bellach, am gefnu ar yr achos, a hithau, '*pour mettre des actes au bout de ses paroles, loin de céder devant le vainqueur, elle l'attaque*'.

Ceir tystiolaeth loyw gan Baud[30] i'w harweiniad glew mewn disgrifiad ohoni yn calonogi'r trefwyr i wrthsefyll y cyrch, gan annog y merched a'r gwragedd i godi cerrig yr heolydd i'w taflu o ben y gaer ar yr ymosodwyr islaw, a'r rhyfelwyr yn cael eu sbarduno gan ei llais eofn i daflu meini trymion, llond cawgiau o galch brwd, a dŵr berwedig am ben yr ysgolion oedd yn blingad o Ffrancod.

Cyfeiria Froissart[31] ati fel un a feddai '*courage d'homme et cœur de lion*', neu '*cœur d'homme et de lion*', a honna yr edmygai'r Ffrancod eu hunain allu milwrol rhyfeddol '*cette vaillante comtesse*' gan farnu mai diawliaid oedd yn ei chynnal. Mae Froissart yn sôn am nodwedd arall ganmoladwy mewn arweinydd a welid yn y wraig danbaid hon, sef ei haelioni tuag at ei milwyr, '*Et paioit et donnoit largement partout*'.

Sonia Poisson[32] am '*fière attitude*' a '*l'energie farouche*' y dywysoges. Cyfeiria Choffel,[33] a'i galwai'n '*cette terrible amazon*',

[28] Markale, 157.
[29] Borderie, III, 442.
[30] Pierre Le Baud, *Histoire de Bretagne*, BN. llsgr. ffr. 8266, f. 199.
[31] Froissart-Luce, II, 115; 88, 114; 362–3; 115.
[32] H. Poisson, *Histoire de Bretagne* (Roazhon, 1975), 123.
[33] Jacques Choffel, *La Guerre De Succession De Bretagne* (Paris, 1975), 27; 23.

at ei hegni hefyd, '*elle avait certainement la valeur et l'énergie*', a honna ei bod yn ddiamheuol yn arian byw, '*Décidément, cette femme est du vif argent*'.

Mae Jean Markale[34] yn crynhoi'r cwbwl yn ei ddisgrifiad ohoni fel '*une femme remarkable par son intelligence, sa ténacité et son courage*'.

Deil Markale, ond heb fanylu, fod dylanwad *Y Gododdin* ar y gerdd '*Jannedik Flamm*':

> De toute évidence, La Villemarqué, en ecrivant—ou en inventant?—ce poème, s'est souvenu des fameux 'chants de mort' ou des 'gorchan' (chants de louange) qui abondent dans les manuscrits anciens du Pays de Galles. On dirait presque des strophes du barde Aneirin, qui vécut au VIᵉ siècle et dont on a retrouvé les poèmes légèrement remaniés et rajeunis.[35]

Sylwn ar unwaith fod y ddwy gerdd a ddewiswyd i'w trafod mewn cwpledi o linellau yn odli â'i gilydd,[36] a cheir ynddynt ailadrodd a chymeriad geiriol ynghyd â deialog[37]— nodweddion cerddi a draddodid ar lafar. Gwelir hyn yn agoriad '*Jannedik Flamm*'

> Petra a ia gad ar mene?
> Eur rumm meod du gredann e;
>
> Eur rumm meod du n-ed eo ket;
> Soudarded, ne lavarann ket,
>
> Soudarded a vro-C'hall o tont
> Da lakat seziz war Henbont.

> [Beth sy'n dringo'r mynydd?/'R wy'n credu taw gyrr o ddefaid duon ŷnt;
> Nid gyrr o ddefaid duon ŷnt,/Ond milwyr, 'wna'i ddim gwadu,
> Milwyr o Ffrainc yn dod/I osod gwarchae ar Henbont.]

---

[34] Markale, 154.
[35] Ibid., 157.
[36] Gw. H. M. ac N. K. Chadwick, *The Growth of Literature* (Caergrawnt, 1932), I, 43.
[37] Ibid., 30, 43.

Gellid dweud, fel y dywed D. D. R. Owen am *Gân Rolant,*

> whether spoken or sung, the verse is full of music with its
> strong beat, assonance and occasional alliteration, repeated
> lines and phrases, verbal point and counterpoint, reappearing
> motifs and echoes of all kinds.[38]

Yng ngweddill y gerdd cyflwynir yr arwres mewn cyfres o
olygfeydd sydyn, diwastraff a byw a chyfleir gwahanol
deimladau Jannedik yn unol â'r arfer mewn cerdd epig.[39]

Yn yr ail adran mae'n marchogaeth fel unrhyw arwr drwy'r
dre ar gefn ceffyl gwyn, a'i mab bach gyda hi yn ei chôl, i sain
clychau a bonllefau gwŷr Henbont. Fel y byddid yn galw am
gymorth Zeus a duwiau eraill yn yr *Iliad,* ac yn naturiol yn
erfyn am nawdd Duw yn erbyn y paganiaid yng *Nghân Rolant,*
gweddïa'r bobl am nodded Duw dros y iarlles, ac ar iddo beri
dryswch i'r gelyn, sef y Ffrancod

> Doue skor ar mab hag ar vamm,
> Ha ro d'ar C'hallaoued estlamm!

[Duw a gynhalio y mab a'r fam,/Ac a roddo benbleth i'r
Ffrancod!]

Drwy'r *Iliad* ceir rhyw arwr neu'i gilydd yn poeri bygythion
ar ei elyn (e.e. Achilles ar Agamemnon I, Diomedes ar Hector
ac ar Baris IX, Hector ar Aias XIII ac Achilles ar Hector XX)
ac yma clywn y Ffrancod yn bygwth Jannedik a'i mab

> Paket vo breman enn ho c'heo,
> An heiez hag he c'harvik beo,
>
> Karkaniou aour zo evit he,
> D'ho staga'nn eil deuz egile.

[Nawr caiff yr ewig a'i charw bach/Eu dal yn fyw yn eu ffau
Mae cadwyni aur ar eu cyfer/I'w rhwymo y naill wrth y
llall.]

Peth cyffredin yw rhoi enw anifail gwyllt ar arwr[40] ac y mae
'blaidd' yn dra chyffredin, ond yma, wrth ateb y bygwth, y

---

[38] D. D. R. Owen, *The Legend of Roland, a Pageant of the Middle Ages* (Llundain, 1973), 40.

[39] W. P. Ker, *Epic and Romance, Essays on Medieval Literature* (Llundain, 1897), 19.

[40] C. M. Bowra, *Heroic Poetry* (Llundain, 1952), 97.

mae Jannedik yn chwarae ar y gair. Yngenid ail elfen ffurf
Lydaweg enw Charles de Blois, sef Bleaz, yn od o debyg i'r
Llydaweg *bleiz* sef 'blaidd' (cymh. â'r chwarae ar enw *Blaen*,
CA XVI), a cheir cyferbynnu o fewn y cwpledi

> Ne ked ann heiez vo paket,
> Ar c'hoz-bleiz ne lavarann ket.

> Ma en deuz henoaz anoued,
> He doull d'ezhan a vo tommet.
> [Nid yr ewig gaiff ei dal/Ond yr hen flaidd ddywedwn i,
> Os yw hwnnw yn oer heno/Caiff ei dwll ei dwymo iddo.]

Yna cawn ddisgrifiad cryno ohoni'n disgyn yn frwd, yn
ymarfogi fel unrhyw filwr ac yn dewis byddin o dri chan gŵr

> Oa ket peurlavaret he ger,
> Pa oa deut d'ann traon, hag hi ter;

> Hag eur c'horfkenn-houarn a wiskaz,
> Hag eunn tok-houarn du a lakaz;

> Hag eur glenv dir lemm a dapaz.
> Ha tri chant den a zibabaz,

> Hag, eur skod-tan ru enn he dorn,
> A ez mez ar ger dre eur c'horn.
> ['D oedd hi ddim wedi cwpla dweud y gair/Pan ddaeth i
> lawr i'r gwaelod yn ffyrnig;
> Ac fe wisgodd arfwisg o haearn,/A phenwisg o haearn du;
> A chydiodd mewn cleddyf dur llym,/A dewisodd dri chant
> o ddynion,
> Ac â phentywyn coch yn ei llaw,/Aeth allan o'r dre drwy
> gornel.]

Mae'r drydedd adran hefyd yn ein hatgoffa o'r *Gododdin* yn
y disgrifiad o'r milwyr yn gwledda ac yn yfed yng ngwersyll y
Ffrancod, a chawn yr ailadrodd nodweddiadol yma eto

> Re Bro-C'hall laouen a gane,
> Ouz ann dol azeet neuze;

> Gwasket enn ho zinellou klouz
> Re Bro-C'hall a gane enn nouz.

[Canai'r Ffrancod yn llawen,/Yn eistedd wrth y ford y pryd
hynny;

Wedi'u gwasgu yn eu pebyll caeēdig,/Canai'r Ffrancod yn
y nos.]

Yna clywir cân Jannedik yn eilio'r Ffrancod o bell, a phob
cwpled yn ein hatgoffa o gwpledi megis

Ket yvem med gloyw wrth leu babir
Ket vei da e vlas y gas bu hir   (CA XV)

gan fod awdur y gerdd Lydaweg yntau yn gwrthgyferbynnu
cyflwr y Ffrancod yn gwledda â'u tranc

Meur a hini a c'hoarz henoaz,
A ouelo kent ha benn arc'hoaz;

Meur a hini zebr bara gwenn,
A zebro douar du ha ien. [41]

Meur a hini a skuill gwin ru,
A skuillo bremaik goad dru.

Meur a hini a rei ludu,
A c'hoari 'vad he zen doc'htu.

[Bydd sawl un sy'n chwerthin heno,/Cyn y bore fory'n wylo;
Bydd sawl un sy'n bwyta bara gwyn,/Yn bwyta pridd du ac
oer!

Bydd sawl un sy'n tywallt gwin coch,/Yn tywallt gwaed yn
lli maes o law.

Bydd sawl un yn troi'n lludw'n union,/Sy'n ei lordio hi ar
hyn o bryd.]

Mae'r cymeriad geiriol yng ngeiriau Jannedik yn cael ei
ailadrodd yn y cwpled disgrifiadol yn dilyn

Meur a hini stoue he dal
War bordig ann dol, meo dal.
[Pwysai sawl un ei dalcen/Ar ymyl y ford yn feddw twll.]

Newidia'r olygfa'n ddisymwth â bloedd

Ha pa oa losket eur glemvan
'Ann tan! potred, ann tan! ann tan!

---

[41] Cymharer â thynged milwyr y naill ochr a'r llall yn yr *Iliad* (IV, xxiv).

Ann tan! ann tan! tec'homp, potred!
Jannedik-flamm deuz han laket!'
[Pan ollyngwyd cri/'Y tân! fechgyn, y tân, y tân!
Y tân! Y tân! ffown, fechgyn! / Jannedik-flamm a'i
cyneuodd!']

a disgrifir mewn ychydig eiriau y difrod a wnaethai'r arwres
drwy gynnau tân ym mhedwar cornel y gwersyll nes bod y nos
ddu yn goleuo i gyd, y pebyll yn cael eu llosgi a'r Ffrancod
yn cael eu rhostio

Ha tri mil anhe luduet,
Ha nemet kant ne oa chomet.
[Gwnaed tair mil yn lludw,/A dim ond cant oedd ar ôl.]

Yn yr adran olaf mae Jannedik yn ôl yn ei thŵr drannoeth
yn chwerthin wrth edrych ar wersyll y gelyn yn lludw ac yn
fwg, ac yn meddwl am y cynhaeaf a ddaw o'r tir gan ddweud

Gwir a laret amzer gwech-all:
'N'eus netra kouls hag eskern gall,

Kouls hag eskern Gall burzunet,
Da lakat da zevel ann ed'.
[Gwir a ddywedid slawer dydd:/' 'D oes dim byd cystal ag
esgyrn Ffrancod,
Cystal ag esgyrn Ffrancod wedi'u briwsioni/I wneud i'r ŷd
dyfu'.]

'D oes dim dwywaith nad yw'r awdur, pwy bynnag oedd,
yn llurgunio'r ffeithiau hanesyddol i'w ddibenion ei hun a'i
bod yn rhaid cydnabod '*le lyrisme et l'exagération épique*' sydd yn y
gerdd.[42] Fe'i barnwyd am anghofio bod Llydawyr ar y ddwy
ochr. Eto ni ddywedir mai brwydr rhwng Llydawyr a Ffrancod
sydd yma, er ei bod yn rhaid cydnabod y cawn ein cyflyru i
feddwl mai dyna yw oherwydd y cyfeirio cyson at y gelynion
fel '*Ar re bro-C'hall*', ac '*ar C'hallaoued*', a'r honiad ar y diwedd
nad oes dim byd tebyg i esgyrn y Ffrancod yn wrtaith i'r
caeau ŷd.

Yn ôl yr haneswyr, wrth archwilio'r sefyllfa yng ngwersyll y
gelyn o'i thŵr uchel, a chanfod ei fod yng ngofal ychydig

_____
[42] Markale, 157.

warchodwyr nwyddau, cogyddion a bechgyn stablau'r ceffylau
tra bod y milwyr mewn cyrch o gwmpas y gaer y gwelodd
Janed ei chyfle i arwain byddin fechan o'i chaer, drwy borth
nad oedd yn cael ei warchod, i roi'r gwersyll gweddol wag ar
dân. Luis Sbaen oedd ar flaen byddin Ffrengig-Lydewig Bleaz,
ac er iddo weiddi ar ei filwyr i anelu am byrth Henbont er
mwyn dal y dduges wrth iddi ddychwelyd, rhagwelsai'r
arwres graff hyn, ac arweiniodd ei dynion i gastell Alre
(Auray) i gael lloches dros dro, gan ddychwelyd liw nos
ymhen rhyw bum niwrnod.[43] Felly dychmygol yw'r olygfa olaf
ohoni'n chwerthin am ben y distryw drannoeth yr orchest, ond
fel y dywed W. P. Ker:

> To require of the poetry of an heroic age that it shall
> recognize the historical meaning and importance of the events
> in which it originates, and the persons whose names it uses, is
> entirely to mistake the nature of it. Its nature is to find or make
> some drama played by kings and heroes, and to let the
> historical framework take care of itself. The connexion of epic
> poetry with history is real, and it is a fitting subject for
> historical inquiry, but lies behind the scene. The epic poem is
> cut loose and set free from history, and goes on a way
> of its own.[44]

Hwyrach fod y ffaith na chyfeirir at ei dewrder a'i dyfalbara
yn yr ail warchae a fu ar Janed yn Henbont yn awgrymu fod
cnewyllyn y gerdd yn mynd yn ôl i adeg gwarchae canol 1342.

'D oes dim sôn chwaith am ei diwedd truenus.

Aethai Edward III ei hun draw i Lydaw ganol fis Tachwedd
1342, a rhai o'i brif farchogion, megis ieirll Northampton,
Norfolk a Warwick gydag e, i oresgyn tiroedd Bleaz ac i
feddiannu ei geyrydd hyd nes i Bleaz orfod cael cymorth y
brenin Philippe ei hun. Drwy ymyrraeth dau gardinal yn
ymbil ar ran y Pab am gymod, cytunwyd ym Malastreg i gael
cadoediad o 19 Ionawr 1343 hyd at ddiwedd Medi yr un
flwyddyn. Cytunwyd i ryddhau Yann Monforzh o'i garchar yn
y Louvre er na wnaed hynny tan y cyntaf o fis Medi y flwyddyn
honno. Erbyn hynny 'r oedd ei wraig a'u dau blentyn, o'r un
enwau â'u rhieni, yn Lloegr, wedi mynd yno ar fwrdd un o

[43] Borderie, III, 452.
[44] W. P. Ker, 27.

longau'r brenin pan ddychwelodd Edward i'w wlad tua
diwedd Chwefror 1343. Ac yn Lloegr y bu hi weddill ei hoes.
Nid gyda'i phlant a theulu'r brenin yn Llundain, fodd bynnag,
ond gydag is-swyddogion y goron, cwnstabliaid Tickhill yn
Efrog, yng Nghaer ac yn Walton, yn ôl llyfrau cownt y brenin,
'yn cael ei hala o law i law fel pecyn'.[45] Y cofnod olaf yn nodi
tâl am ei chadw oedd yn Chwefror 1374.[46] Felly bu'r wraig
wydn, ddewr a brwd hon am dros ddeng mlynedd ar hugain
ar drugaredd dieithriaid. 'D oes dim ond un rheswm am y
newid, y dirywiad hwn, yn ôl Borderie,[47] sef bod ei synhwyrau,
ar ôl y brwydro egnïol, wedi'u drysu, er bod rhai yn amau fod
hyn yn rhan o gynllwyn Edward III i sicrhau ei afael ar
Lydaw,

> elle était trop gênante pour lui, et le roi d'Angleterre
> espérait tirer un bon parti de la situation en soutenant le
> jeune Jean et en s'instituant son tuteur officiel. La guerre
> continuait et il n'y avait aucune raison qu'elle cessât, le roi de
> France soutenant toujours son candidat.[48]

Felly er bod Yann yn y carchar ym Mharis, ei wraig a'i
etifedd bach yn Lloegr, daliai achos Monforzh i gael ei frwydro
yn Llydaw o dan arweiniad rhai o farchogion brenin Lloegr.
Yn wir, am gyfnod bu arweinydd yr wrthblaid, Charlez Bleaz,
yn garcharor yn Lloegr ar ôl cael ei drechu gan Thomas
Dagworth a'i fyddin yn Ar Roc'h Derrien ym 1347 a Llydaw
am flynyddoedd yng ngofal cynrychiolwyr brenhinoedd
Ffrainc a Lloegr.

Nid rhyfedd fod y Llydawyr o'r naill blaid a'r llall gyda'r
blynyddoedd wedi hen alaru ar y rhyfela di-baid, a'u bod yn
unol yn eu dymuniad taer am heddwch.

> Les deux partis . . . en étaient venus à s'unir dans un même
> sentiment: la lassitude de cette guerre interminable et le vif
> désir de la paix . . .[49]

'Fu gan y werin fawr ddim diddordeb o'r dechrau yn yr
ymryson ond parasai'r holl golledion a dioddefaint a gawsent

[45] Borderie, III, 491.
[46] 'Godefrido Foljambe, militi, super sustentatione ducisse Britannie, in
comitiva sua existentis', *Issue Rolls*, 48 Edw III, Michaelmas, m. 12.
[47] III, 490.
[48] Markale, 158.
[49] Borderie, IV, 5.

yn sgîl y rhyfela i bawb deimlo *'un ardent désir d'en voir la fin'*.[50] Ymdeimlwn â'r awydd hwn yn y gerdd *'Ann Erminik'* yn y *Barzaz Breiz*, sef alegori lle y cawn Guillaou ar Bleiz (Gwilym y Blaidd) yn cynrychioli'r Ffrancod ac ochr Bleaz, a Yann an Tarv (Siôn y Tarw, neu 'John Bull') yn cynrychioli'r Saeson ac ochr Monforzh, yng ngyddfau'i gilydd, a Katellik an Erminik (Catws y Carlwm) yn pipo arnyn nhw o'i gwâl ac yn chwerthin am eu pennau. Mae'r llinellau sy'n disgrifio'r difrod a wneir o gnydau'r wlad yn adlewyrchu'r hyn a ddioddefodd gwerin Llydaw oherwydd yr ymrafael a fu rhwng y ddwy blaid, a dymuniad y gwladwr o Lydawr oedd dymuniad Catws

> Me garfe, 'm gwirione,
> 'N em dagfent 'nn eil egile.
> [Mi garwn i, ar fy ngair,/pe bai'r naill yn tagu'r llall.]

A Llydaw yn ysglyfaeth i wŷr ysgeler a oedd â'u bryd ar reibio'i thiroedd a'i thrigolion,[51] aeth y rhyfel yn ei blaen yn ddigon hir nid yn unig i Charlez Bleaz ddychwelyd i faes y gad ym 1355, ond hefyd i'r Yann ifanc, yng nghwmni Lancaster, ymuno â Latimer, cynrychiolydd Edward yn Llydaw, ym 1362. Cymerai Yann le ei dad a fuasai farw ym 1345. Daeth Bleaz a Yann wyneb yn wyneb yn Alre ar 29 Mawrth 1364. Lladdwyd Bleaz a charcharwyd Du Gwesklin. Dywedir fod Yann wedi llefain uwch corff ei wrthwynebydd gan resynu i'r fath anffodion ddod i ran Llydaw oherwydd i'w gefnder Charlez Bleaz ymladd dros ei ddaliadau.[52]

Ymhen blwyddyn, yn ôl cytundeb Gwennrann (Guérande) ar 12 Ebrill 1365, cyhoeddwyd mab Yann Monforzh a Jannedik-Flamm, Yann IV, yn ddug Llydaw, a hwn yw gwrthrych *'Ann Alarc'h'*, yr ail gerdd i'w thrafod.

Lleddfwyd ychydig ar ddioddefiadau Llydaw yn dilyn marwolaeth Bleaz. 'R oedd ei feibion yn dal yn wystlon yn Lloegr oddi ar iddo gael ei ryddhau o'i garchar, ac 'r oedd Janed Penteür ei weddw wedi encilio i Gwengamp wedi llwyr ymlâdd, ac wedi penderfynu rhoi'r gorau i'r ymgiprys am y ddugiaeth er mwyn ei gwlad, *'pour sauver la patrie il lui*

[50] Ibid., 6.
[51] Markale, 159.
[52] Borderie, III, 595.

fallait immoler son droit: vraie Bretonne, vraie patriote, elle n'hesita pas. Elle fit ce sacrifice d'un coup, grandement, sans esprit de retour'.[53]

Bu heddwch am ryw bum mlynedd ac yna dechreuodd barwniaid Llydaw ymaflonyddu.

Gan iddo gael ei godi a'i addysgu yn Lloegr o dan nawdd y brenin, ac iddo briodi â merch Edward III, ac yna, â merch y Tywysog Du ym 1366, a chan iddo, fel ei rieni o'i flaen, gael cymorth milwrol gan Edward III, 'r oedd yn naturiol fod gan Yann IV Saeson yn ei osgordd ac yng ngosgordd ei wraig a bod ganddo ymrwymiad o deyrngarwch i goron Lloegr. Ni fu ei gyd-wladwyr yn hir cyn dangos eu hanfodlonrwydd i hyn.

Cawn ei ysgrifennydd a'i hanesydd yn ei gymhennu:

Trop avez d' Englois entour vous;
Ne peuvent pas bien estre ô vous,
Ils ne nous aiment poay ne grant,
Nous les haïons mortellement.[54]

Gwnaeth Borderie fôr a mynydd o'i gysylltiadau â Lloegr o'i bapur cyntaf ar hanes Yann IV lle y mae'n ei drin fel bradwr i Lydaw gan ei feio am barhau'r rhyfela yn ei wlad drwy bryfocio'r brenin Charles V,[55] hyd at baragraffau olaf hanes Yann IV yn ei *Histoire* lle y cyfeiria at ei '*anglomanie absolument morbid*'.[56] Dilynodd haneswyr eraill ei syniadau ond gwelwn yn ôl dadansoddiad cytbwys Michael Jones o lys y dug a'i ddull o lywodraethu nad oedd dylanwad Lloegr mor drwm arno ag y tybid.[57]

Pan ailgychwynnodd Ffrainc y rhyfel yn erbyn Lloegr ym 1369 gan ddiddymu cytundeb Brétigny-Calais (1360), 'r oedd Yann mewn tipyn o gyfyng-gyngor gan ei fod yn rhwym wrth frenin Ffrainc yn ôl cytundeb Gwennrann, ac ar yr un pryd yn dra awyddus i gadw'n gyfeillgar â Lloegr. Gwnaeth gytundeb dirgel ag Edward ar 19 Gorffennaf 1372 a bu'r ffaith iddo ganiatáu i fyddin Lloegr lanio yn Sant Vazhev, ym mis Medi, yn dilyn y cytundeb, yn andwyol iddo. Danfonodd y

[53] Ibid., 596–7.
[54] Guillaume de Saint André, *Histoire rimée du duc Jean IV* yn Dom Morice, *Preuves*, II, 330.
[55] '*La Politique de Jean IV, 1364–73*', *Revue de l'Ouest*, 2 (1855), 545–68.
[56] IV, 140.
[57] M. Jones, *Ducal Brittany*.

brenin Charles V Du Gwesklin i Lydaw i archwilio'r sefyllfa, daeth hwnnw ar draws copi gwreiddiol y cytundeb rhwng Edward a Yann wrth chwilio eiddo'r dduges ar y ffordd rhwng Roazhon a Gwened. Bu'n rhaid i Yann encilio i Loegr rhag llid ei farwniaid yn ogystal â rhag dial brenin Ffrainc.

Eto Charles V ei hun, drwy wneud camgymeriad aruthrol, a gynorthwyodd Yann i adennill y ddugiaeth ym 1378 ar ôl blynyddoedd o ymgyrchu ofer o Loegr. Camdybiodd y brenin fod Llydaw yn barod i ddod o dan adain Ffrainc oherwydd dicter y barwniaid tuag at Yann a'r Saeson. Pasiodd y brenin ddeddf ym Mharis ar 18 Rhagfyr i ddiorseddu Yann a chymryd Llydaw i'w feddiant ei hun.

Bu'r ymateb yn sydyn ac yn frwd a phawb yn ddiwahân yn teimlo '*que c'etait la ruine de l'independance et de la nation bretonnes*'.[58] Unodd pob dosbarth yn glymblaid genedlaethol, '*association national*', '*ligue bretonne*' neu '*ligue patriotique*', a Janed Pentëur hithau yn uno â'r barwniaid i ddanfon negesau taer at Yann yn ymbil arno i ddychwelyd yn ddug Llydaw.

Gresyn nad oes ofod i drafod adroddiadau'r gwahanol haneswyr o'r cynnwrf pan laniodd Yann yn ymyl Dinarz (Dinard) ar 3 Awst 1379. Rhaid bodloni ar ddisgrifiad M. G. Lejean o'r digwyddiad a ysbrydolodd ein hail gerdd:

> Une vibration électrique parcourut tout ce peuple à la vue de l'homme en qui s'incarnait en ce jour l'idée de la liberté et de nationalité bretonnes. On voulut l'étreindre, l'enlever en triomphe, et le vieux cri national: *Malo! Malo au riche duc!*[59] éclata en salves joyeuses de Saint-Servan à Saint-Enogat, sur les deux rives de la Rance.
>
> Ce fut là l'un des plus beaux, peut-être même le plus beau jour de notre histoire; depuis les temps de Nominoë on ne lui trouve pas de pendant pour la majesté et la grandeur du spectacle. Plus de partisans de Blois ou de Montfort, plus de seigneurs et de bourgeois, plus d'amis de l'Angleterre ou de la France sur cette plage historique de Dinard, mais une nation, un peuple, une race, une Bretagne.[60]

Mae'r cyffro'n dirgrynu drwy'r gerdd.

---

[58] Borderie, IV, 48.
[59] Llygriad o *Meul ar reiz duc* 'Mawl i'r dug iawn!' yn ôl Poisson, 136.
[60] M. G. Lejean, *Biographie Bretonne* gol. P. Levot (Paris, 1850–57), I, 641.

Ann Alarc'h

Cyffelybir Yann IV, neu Yann Goncwerwr, i alarch, yn
unol â'r arferiad o gyffelybu arwr i aderyn neu anifail nerthol,
a'r alarch yn aderyn nodedig o lachar a chryf a hardd. Mae
dychweliad yr aderyn hwn i wledydd y gogledd ar ôl gerwinder
y gaeaf yn symbol o obaith am well byd, yn arwydd o ddiwedd
cyfnod o galedi ac o nychdod ac o ddechrau cyfnod o fywyd
newydd a llwyddiant a llawenydd. Felly y gwelir gobaith yn
nychweliad Yann i Lydaw o'i alltudiaeth yn Lloegr

> Eunn alarc'h, eun alarc'h tre-mor,
> War lein tour moal kastel Arvor!
> [Alarch, alarch o dros y môr,/Ar frig tŵr moel castell Arfor!⁶¹]

a'r gytgan egnïol mor frwd ag unrhyw anogaeth i frwydr mewn
unrhyw gerdd arwrol, a'r ailadrodd yn grymuso'r anogaeth,
ac yn ei gwneud yn hawdd i wrandawyr uno yn y gân

> Dinn, dinn, daon! dann emgann! dann emgann!
> O! dinn, dinn, daon! d'ann emgann a eann!
> [Ding, ding, dong! i'r gad! i'r gad!/O! ding, ding, dong!
> i'r gad yr af!]

Ceir gwrthgyferbyniad, mor nodweddiadol o'r *Gododdin*, yn
y cwpled nesaf

> Neventi vad d'ar Vretoned!
> Ha malloz-ru d'ar C'hallaoued!
> [Newyddion da i'r Llydawyr!/A melltith uffern ar y Ffrancod!]

Ac mae'r melltithio hwn yn ein hatgoffa o'r Archesgob
Turpin yng *Nghân Rolant* (1608), a Rolant yntau (1632), yn
erfyn am felltith Duw ar y paganiaid.

Megis y gelwir Urien yn 'Reget diffreidyat' (CT III) ac yn
'diffreidyat gwlat' a 'gwlat diffreidyat' (IV), dychwelodd Yann
yntau i amddiffyn ei wlad

> Digouet ann otrou Iann endro
> Digouet eo da ziwall he vro;

⁶¹ Llydaw.

D'hon diwall doc'h ar C'hallaoued,
A vac'hom war ar Vretoned.
[Fe ddaeth yr Arglwydd Yann yn ôl,/Fe ddaeth i amddiffyn
ei wlad;
I'n hamddiffyn rhag y Ffrancod,/Sy'n gormesu'r Llydawyr.]

'R oedd bloedd gwŷr Urien yn hyglyw dros y tir, 'Mal
tonnawr tost eu gawr dros eluyd' (CT II), a chaiff dilynwyr
Yann eu tanio i roi bloedd sy'n atseinio'n hynod o debyg i un
arall a ddisgrifir gan Taliesin

> tauaw gwas yr drws   gwarandaw py trwst
> ae dayar a gryn   ae mor adugyn.   (X)

> Ken a losker eur iouaden,
> A ra d'ann od eur grenaden;

> Ken a zon ar meneiou Laz;
> Ha froen ha drid ar gazek c'hlaz[62];

> Ken a gan laouen ar c'hleier,
> Kant leo tro-war-dro, e pep ker.

[Nes y gollyngir bloedd,/Sy'n peri i'r arfordir ddirgrynu;
Nes i'r mynyddoedd Laz atseinio/Ac i'r gaseg las[62] weryru
a chyffroi;
Nes i'r clychau ganu'n llawen/Am filltiroedd o gwmpas
ymhob tre.]

Yn yr *Iliad* disgrifir Hector fel seren lachar ac fel llucheden
(XI), ac yn debyg i fflamau anniffodd ffwrn gof (XVII), ac yn
y *Gododdin* cyffelybir Morien i rym tân (CA XXXIV). Yn y
gerdd hon cymherir Yann â grym ysol disglair arall o
fyd natur[63]

> Deut eo an heol, deut eo ann han;
> Deut eo endro ann otrou Iann!

[Fe ddaeth yr haul, fe ddaeth yr haf;/Fe ddaeth yr Arglwydd
Yann yn ôl!]

Er na chaiff Yann y mawl eithafol a gaiff Urien

> glewhaf eissyllyd   tydi goreu yssyd
> or a uu ac a uyd.   nyth oes kystedlyd   (CT III)

eto 'd oes dim dwywaith nad oedd yn foi da!

---

[62] Y môr.
[63] Gw. C. M. Bowra, 97.

Ann otrou Iann a zo potr mad;
[Mae'r Arglwydd Yann yn ddyn da;]

ac yn meddu ar y cyneddfau hanfodol i filwr, sef traed chwim fel Achilles, Iris a Polydorus a llygaid effro Athene

Ker prim he droad hag he lagad;
[Ei droed mor chwim â'i lygad;]

yn debyg i Morien fab Caradog 'yn dyd gwyth bu ystwyth' (CA XXXV).

Mae yma falchder yn ei dras Lydewig. Fel yr ymhyfryda Taliesin fod Owain ab Urien yn 'eissylut y tat ae teit' (CT X), ac Aneirin wrth ddisgrifio Heini fab Nwython yn dweud amdano 'oid eillt' (CA XCVIII), ymhyfryda'r bardd hwn

Lez eur Vreizadez a zunos
Eul lez ken iarc'h evel gwin koz.
[Sugnodd laeth Llydawes,/Llaeth mor iach â hen win.]

Sylwn ar yr elfen o falchder cenedlaethol yn hytrach na theuluol yn y gerdd Lydaweg, peth prin mewn cerddi arwrol fel y dangosodd H. M. Chadwick.[64]

Byddai pob milwr gwerth ei halen yn gofalu'n dda am ei arfau fel y'u bod, wrth fynd i'r frwydr, yn disgleirio, a'r cleddyfau, 'kledyuawr glas glan' (CA I), wedi'u hogi. Cofiwn am y pelydrau o arfau Agamemnon yn fflachio i bellterau'r awyr (*Iliad* XI), a Hector yn ei arfau pres yn melltennu fel lluched Zeus (XI), ac ym Mrwydr y Llongau (XIII) y llygad yn cael ei ddallu gan lewyrch pres yr helmau, y llurigau gloyw a'r tariannau disglair, felly hefyd y bydd Yann yn dallu'r sawl a'i gwêl

Luc'h a dol he c'hoaf pa'n horell,
Ken a vrumenn ann neb a zell.
[Fflachia ei waywffon gymaint pan chwifia hi,/Nes ei bod yn dallu'r sawl a'i gwêl.]

Mae grym ergyd Urien 'dwys dy peleitrat pan erclywat kat' (CT III), a Cheredig 'kledyual dywal diwan' (CA XXIX),

[64] *The Heroic Age* (Caergrawnt, 1912), 329.

a Chadlew 'dywal y gledyual'/'oed cadarn e gledyual' (CA XXVI A/B) yn nhrawiad Yann

> Pa c'hoari klenv, ker kre e zarc'h,
> Ken a zaou-hanter den ha marc'h
> [Pan fydd yn chwarae cleddyfau, bydd ei ergyd mor gryf,/
> Nes y bydd dyn a cheffyl yn ddau hanner]

yn union fel y lladdodd Rolant rai o'r paganiaid megis Chernuble (CRol 1326–35), Valdabron (1583–9) a Grandoire (1644–50) â'i gleddyf Durendal ac Olifer yntau yn lladd Justin (1370–5) â Halteclere.

I rymuso'r elfen ddramatig, defnyddir deialog[65] o eiriau cwta, acennog, mewn tri chwpled, yn annog Yann a'r Llydawyr yn eu blaen

> Darc'h ato, dalc'h mad, otrou duk,
> Dao war 'nhe! ai-ta! bug-ho! bug!
>
> Neb a drouc'h 'vel a drouc'hez-te,
> N'en deuz otrou nemed Doue!
>
> Dalc'homp, Bretoned, dalc'homp mad!
> Arzao na true! goad oc'h goad!
> [Dal i daro, dal ati, arglwydd ddug,/Ar eu pennau! ymlaen-te! golch nhw! golch nhw!
> 'D oes gan y sawl sy'n cymynu fel y cymyni di/Neb yn arglwydd ond yr Arglwydd Dduw!
> Daliwn ati, Lydawyr, daliwn ati yn dda!/Dim cadoediad na thrugaredd! gwaed am waed!]

Yn '*Jannedik-Flamm*' clywsom y bobl yn erfyn am nawdd Duw ar yr arwres; gweddïo am gymorth y Santes Fair a wneir yma

> Itron Varia Breiz, skoaz da Vro!
> [Arglwyddes Fair Llydaw, cynorthwya dy wlad!]

Yn yr *Iliad*, 'd yw'r cŵn a'r adar ysglyfaethus byth ymhell o Gaer Droea, yn barod i wledda ar gelanedd yr ymrysonfeydd. Yng *Nghân Rolant* dymuniad yr Archesgob yw iddo gael ei gladdu mewn coffin yn yr eglwys ymhell o afael dannedd y

---

[65] Gw. H. M. & N. K. Chadwick, *The Growth of Literature*, **I**, 30, 43.

bleiddiaid a'r moch a'r cŵn (132). Mae peri bwyd i fleiddiaid
ac adar yn dynodi milwr dewr a chryf yn y *Gododdin*, e.e.
Caradog 'ef llithyei wydgwn oe anghat' (CA XXX), a
Chadwal 'bwyt e eryr erysmygei' (CA XIX). Yn dilyn cyfres
o chwe chwpled yn gwawdio Charles V, brenin Ffrainc, a'i lu
am ddychmygu y gorchfygent Lydaw a chynaeafu ei chnydau,
disgrifir bleiddiaid deallus (!) Llydaw yn ysgyrnygu pan
glywant gyhoeddi'r frwydr wrth synhwyro y bydd y Ffrancod
yn ysglyfaeth yn y man

> Skrigna ra bleizi Breiz-izel,
> O klevet embann ar brezel,
>
> O klevet ar iou, a iudont:
> Gand c'houez ar C'hallaoued a reont
> [Mae bleiddiaid Gorllewin Llydaw yn ysgyrnygu,/Wrth
> glywed cyhoeddi'r rhyfel,
> Wrth glywed y floedd, udant:/Wrth synhwyro aroglau'r
> Ffrancod]

  Golygfa gyfarwydd yn y cerddi epig yw gwaed yn llifo ar
waywffon neu gleddyf, ar wyneb neu law, ar lawr neu ddyffryn,
ac yma

> Enn henchou, e-berr e welour
> O redeg ar goad evel dour,
> [Ar y ffyrdd, cyn bo hir, fe welir/Y gwaed yn llifo fel dŵr]

a chawn ein hatgoffa o fyngau'r ceffylau yn cael eu golchi gan
afon Iddon yn goch gan waed (CT II), a gwar a gwddf march
Rolant yn wlyb diferol gan waed (CRol 1343), o weld yr
hwyaid a'r gwyddau yn y gerdd hon yn cael eu staenio gan
y llif coch

> Ken iei ru-glaou brusk ann houidi,
> Hag ar wazi gwenn o neui.
> [Hyd nes y bo plu'r hwyaid yn troi'n goch fel tân,/A'r
> gwyddau gwynion, wrth nofio.]

Mae'r cyffyrddiad hwn yn drawiadol o debyg i gwpled gan
Gynddelw ym marwnad Owain Gwynedd

> Gwyach rut goruut goralwei
> Ar donnyar gwyar gonofyei.   (H 94, ll. 23–4)

Mae'r disgrifiad o bicil maes y gad yn dilyn gorchestion Yann

> Muioc'h a dammou goaf, e sklent,
> Eged skoultrou goude barr-went;
> [(Gwelir) mwy o dameidiau o waywffyn, ar wasgar,/Nag o frigau ar ôl corwynt;]

yn debyg i'r difrod a wna Cadwal o arfau ei elynion

> aessawr dellt anibellt a adawei.
> pareu rynn rwygyat
> dygymynei. e gat
>   blaen bragat briwei (CA XIX)

a Cheredig yn yr un osgordd yn peri 'gwaewawr uswyd agkyuan' (XXIX).

Mae gormodiaith y cwpled nesaf yn nodweddiadol o'r canu arwrol

> Ha muioc'h a bennou-maro,
> Eged e karneliou ar vro.
> [A mwy o benglogau,/Nag yn esgyrndai'r wlad.]

tebyg i'r lluosogi a geir mewn llinellau megis 'seith gymeint o loegrwys a ladassant' yn y *Gododdin* (LVIII), a phan anoga Rolant ei wŷr i ymladd mor ffyrnig fel y gwelo Siarlymaen, pan ddychwel i Ronsyfál, bymtheg o baganiaid yn farw am bob un o'i farchogion ef.

Bydd y 'peithwyr gorweidawc' (CT XI) yn gorwedd hyd ddydd y Farn lle y cwympant, hyd nes iddynt gael eu barnu a'u cosbi ynghyd â'u harweinydd 'an Trubard', 'Y Bradwr', sef Bernard Du Gwesklin, ac y mae'r trosiad effeithiol sy'n cloi'r gerdd yn nodwedd arall o'r canu arwrol

> An deveradur euz ar gwe,
> Rai dour benniget war he ve!
> [Bydd y diferion o'r coed,/Yn ddŵr swyn ar ei fedd!]

Teyrnasodd Yann am ugain mlynedd arall hyd ei farw (hwyrach oherwydd iddo gael ei wenwyno) yn Naoned ar ddydd calan gaeaf 1399, heb gael yr undod a gafwyd ar 3 Awst 1379 byth wedyn; yn wir cafodd gynifer o ysgarmesoedd fel y geilw Borderie ragfarnllyd ef yn 'prince querelleur et *belligueux*.[66] Diau na fu Llydaw ddim mor unol ar unrhyw adeg yn ei hanes ag ar y prynhawn heulog hwnnw o Awst chwe chan mlynedd yn ôl.

Dibynna cyfrinach llwyddiant barddoniaeth arwrol ar allu'r awdur i ddychmygu ac i bortreadu'r cymeriadau a'u codi'n ddramatig.[67] Yn y cerddi hyn y mae Janed Fflandrys a'r dug Yann IV yn sicr yn cael eu dyrchafu uwchlaw lefel ryddieithol hanes. Yn y ddwy gerdd, yn enwedig yn yr ail, mae'r amlygiad o falchder cenedlaethol bron mor amlwg â'r mawl i'r arwr. Daeth Yann, i rai, yn *'le symbole de l'independance du duché c'est-a-dire, en termes de notre époque éclairée, de la Bretagne libre'*.[68] Yn ei ragymadrodd, dywed Owen am Rolant, *'With Roland France found her great national hero'*, ac am ei enw, *'Even today its echoes stir the soul'*.[69] Gellid tybio fod hyn yn wir am Yann IV wrth glywed ieuenctid Llydaw yn canu *'Ann Alarc'h'* gydag afiaith mewn gwersyll, a gŵyl, a neithior, ond y balchder cenedlaethol yn unig sy'n aros, 'd oes fawr ohonyn nhw'n gwybod cefndir y gerdd am na chânt, hyd yn oed yn *'notre époque éclairée'*, chwedl Choffel, ddysgu hanes eu cenedl yn eu hysgolion.

[66] IV, 107.
[67] W. P. Ker, 19.
[68] Choffel, 28.
[69] D. D. R. Owen, 6.

Y DAIL A'R BÔN
†David Greene

Yr oedd Tadhg Ó Donnchadha (Torna) yn fardd a hefyd yn ysgolhaig, fel T. Gwynn Jones, y cyfoeswr a'r cyfaill iddo a gyfieithodd rai o'i gerddi i'r Gymraeg: gweler, er enghraifft, *Awen Y Gwyddyl*, tt. 70–72. Fel y dywed J. E. Caerwyn Williams yn *Traddodiad Llenyddol Iwerddon*, t. 219, nid oedd hwn yn gyfnod disglair iawn yn hanes barddoniaeth Wyddeleg, ac erbyn heddiw aeth cerddi Torna bron yn angof. Ond gall bardd digon distadl fod er hynny'n feistr ar dechneg ac mae'n ymddangos i mi y gellir seilio ar sylw a wnaed gan Torna, yn ysgrifennu fel ysgolhaig, rai sylwadau ar broblemau mydr mewn Gwyddeleg a Chymraeg y gobeithiaf y bydd i Gaerwyn eu derbyn fel arwydd o'm cyfeillgarwch a'm hedmygedd.

Yn 1925 cyhoeddodd Tadhg Ó Donnchadha lyfr dan y teitl *Prosóid Gaedhilge* yn ymdrin ag adeiladwaith mydryddol y farddoniaeth acennog Wyddeleg o'r cyfnod 1650–1850, a oedd wedi disodli'r farddoniaeth sillafog a fuasai'n arferedig am y mil blynyddoedd cyn hynny. Ar y pryd, credai'r rhan fwyaf o ysgolheigion fod y farddoniaeth acennog yn ddiweddarach na'r farddoniaeth sillafog ac nad oedd mewn gwirionedd yn ddim ond llygriad ohoni, a derbyniai Ó Donnchadha y farn hon. Yr oedd yn 1937 cyn i Bergin gyhoeddi ei erthygl dyngedfennol, 'On the origin of Modern Irish rhythmical verse' yn y *Mélanges offerts à Holger Pedersen*, a dyna gychwyn yr astudiaethau y mae erthygl James Carney, 'Three Old Irish accentual poems', *Ériu*, 22 (1971), 23–80, y ddiweddaraf a'r fwyaf radicalaidd ohonynt. Gwêl Carney 'berthynas agos iawn' rhwng barddoniaeth acennog Wyddeleg 'y chweched ganrif a'r canrifoedd cyn hynny' a barddoniaeth acennog y cyfnod modern y sonia Torna amdano. Dylid dweud wrth fynd heibio mai ychydig o'i gydweithwyr sydd wedi eu hargyhoeddi eto y gellir canfod unrhyw ddeunydd cynharach nag eiddo'r chweched ganrif ond nid yw hynny, wrth gwrs, yn amharu dim ar ei ddadl; y mae wedi gwneud achos da iawn dros ddyddio peth o'i ddeunydd cyn y syncop y byddai Jackson yn ei osod yng nghanol neu yn ail hanner y chweched ganrif, LHEB, 141, n. 3.

Yn ei astudiaeth o'r patrymau Gwyddeleg modern, dengys Carney (t. 59) y gellid ysgrifennu cerdd Aodhagán Ó Rathaile, *Mac an Cheannuidhe*, mewn cymalau *ochtfhoclach*; fel mater o ffaith, rhoddodd Ó Donnchadha (t. 64) yr union driniaeth i gerdd arall o'r un cyfnod. Y mae'r mesur *ochtfhoclach* wrth gwrs yn adnabyddus iawn i ysgolheigion y tu allan i Iwerddon ers 1912 pan ddangosodd W. P. Ker, yn y *Miscellany presented to Kuno Meyer*, t. 327 ac ymlaen, iddo gael ei ddefnyddio gan feirdd cyn belled oddi wrth ei gilydd mewn lle ac amser â Byron mewn Saesneg ac Wolfram von Eschenbach mewn Almaeneg Uchel Canol. Yr oedd ei syniad ef am ei darddiad yn syml: '(it is) a variety of the *rime couée, rithmus caudatus*, so common in medieval Latin'.

Gellir cyfieithu'r gair *ochtfhoclach* fel 'wyth-cymal' ac fe'i defnyddir mewn Gwyddeleg am fydr y gellir ei osod allan mewn penillion wyth llinell gyda'r amod angenrheidiol fod i ll. 1–3 yr un adeiladwaith mydryddol yn union â ll. 5–7, mewn gwrthgyferbyniad â ll. 4 ac 8 sydd â'r un adeiladwaith yn union â'i gilydd ond bod hwnnw'n wahanol i eiddo'r chwe llinell arall. Dyna'r termau angenrheidiol symlaf y gellir disgrifio'r *ochtfhoclach* drwyddynt, fel y gwelwn yn un o enghreifftiau Carney, y tro hwn o'r chweched ganrif:

> Glinnset coicthe
> codda ler
> lerga iath
>   nEremoin
> iar loingis
> Lochet fiann
> flaithi Goedel
>   gabsus.

Cymer Carney y gair olaf yn ei ffurf cyn-syncop fel *gabussus*. Y mae gennym felly fydr sy'n hollol amddifad o odl ac mae hyn yn cydweddu'n dda â'r dyddio cynnar a gynigir, ac yn cynnwys wyth cymal wedi eu huno â chyseinedd. Realeiddir y gwrthgyferbyniad mewn adeiladwaith rhwng ll. 1–3, 5–7 ar yr un llaw a ll. 4 ac 8 ar y llall drwy roi dwy acen i'r rhai

cyntaf tra bo'r lleill yn eiriau teirsillaf unigol gyda'r acen, yn
ôl rheolau'r gyfundrefn seinyddol Wyddeleg, ar y sillaf gyntaf.
Sut bynnag, dengys astudiaeth o'r gerdd y cymerwyd y pennill
ohoni ei bod yn amheus a ddylid rhannu'r gerdd yn benillion
wyth-llinell gan fod y cyseinedd cydiol yn rhedeg drwy'r
gerdd ar ei hyd. Y mae'r un peth yn wir am y darnau hynny
o'r *Gododdin* lle y gwelir, fel y nodwyd gan D. Ellis Evans
(AAYH, 105–6), gymalu tebyg iawn i'r hyn a geir yn yr
ochtfhoclach. O gymryd ei bedair llinell hir (203–5, 209–11,
213–15, 218–20) gellid eu hysgrifennu:

(i) Mawr meint e vehyr
    yngkyuaruot gwyr
    bwyt e eryr

      erysmygei

(ii) Pareu rynn rwygyat
    dygymynei. e gat
    blaen bragat

      briwei

(iii) a werthws e eneit
    er wyneb grybwylleit
    a llavyn lliveit

      lladei

(iv) Ermygei galaned
    o wyr gwychyr gwned
    em blaen gwyned

      gwanei

Ond nid ydynt yn ymffurfio'n bennill wyth-llinell, maent yn
dal yn llinellau hirion gyda'r adeiladwaith a nodwyd gan
Ellis Evans: 'mae'r tri chymal cyntaf ym mhob un yn odli
â'i gilydd, a'r pedwerydd yn cynnal y brifodl'. Erbyn y cyfnod
hwn yn natblygiad mydryddiaeth, y mae odl wedi ymddangos
ond ni phenodwyd rhif y sillafau ymhob cymal.

    Pan ddadansoddodd Tadhg Ó Donnchadha gerdd Seán
Ó Tuama, *Fáilte agus céad duit*, fel *ochtfhoclach*, aeth ymlaen i
ddweud: 'Y mae'n *ochtfhoclach* pan fo tair deilen a bôn, fel y
feillionen, yn ffurfio chwarter y pedwarawd, ni waeth pa faint
o linellau sydd yn y testun'. Yr oedd wedi ynysu felly yr uned
sylfaenol o dri chymal yn odli â'i gilydd a'r pedwerydd yn
cynnal y brifodl, gan ei ddisgrifio'n farddonol fel meillionen.
Pan gyfunir yr unedau yma bob yn bedwar ym mydr acennog
Gwyddeleg modern, y maent yn gwneud penillion wyth-llinell
gyda'r brifodl ar ddiwedd pob ail linell, a dyna gyfiawnhau'r
term *ochtfhoclach* eto. Ond wrth gwrs term eilradd ydyw, yn
union fel y pennill wyth-llinell pa un ai mewn Hen Wyddeleg

neu Wyddeleg modern y digwydd. Yr hyn sy'n bwysig yw'r uned sylfaenol lle y mae tair 'deilen' yn gwrthgyferbynnu ag un 'bôn'—gair sy'n ein hatgoffa ar unwaith o'r *cauda* yn y *rhythmus caudatus* Lladin. Ni fedrai Ó Donnchadha gynnal ei gymhariaeth farddonol pan ddaeth at fydr acennog arall nad oedd iddo ond dwy ddeilen ac na ellid felly ei ddisgrifio fel meillionen. Yr enghraifft a gymerodd oedd *barántas* ysgafn Eoghan Ruadh sy'n dechrau

A éigse is suadha/Sléibhe Luachra/éistidh linne seal
I laoithibh éifeacht/daoibh go léighfead/fé mar scriosadh me ...

ac yn mynd ymlaen am 64 llinell, gydag odlau mewnol y dail yn newid o linell i linell tra bo eiddo'r bôn yn dal yr un drwyddo. Cawn gynddelw o'r seithfed ganrif yn y gerdd a elwir *Tiughraind Bhécáin* yn yr unig lawysgrif ac a olygwyd gan Fergus Kelly, *Ériu*, 26 (1975), 66–98. Yma, nid yw'r dail yn odli; y mae i bob un bedair sillaf ac fe'i cysylltir â'r cymal blaenorol ac â'r un dilynol gan gyseinedd:

To-fed an-des/i ndáil fíadat/findáil caingel
Columb Cille/cétaib landa/lethan caindel.

Y mae'r unedau tri chymal yma'n odli mewn cwpledau ac fe'u hargreffir felly gan y golygydd; mewn Gwyddeleg diweddarach gwelir hwy yn y pedwarawdau a elwir yn *dechnad cummaisc* ac a osodir allan fel 8^2 4^2 8^2 4^2 gyda llawer o amrywiadau. Ymddengys yn debygol fod y gofynion cymharol gaeth am odl lawn mewn Gwyddeleg cynnar yn un ffactor beth bynnag yn nhwf y pedwarawd fel uned normal barddoniaeth; yr oedd yn anodd odli mwy na dau fôn neu *caudae*. Nid yw hyn yn dal mewn barddoniaeth Wyddeleg fodern lle y defnyddir aseinedd yn unig, ac nid yw'n broblem ddifrifol mewn Cymraeg lle y mae'r system odli'n llai anhyblyg. Y mae Ellis Evans (op. cit., t. 107) yn dyfynnu o'r *Gododdin* yr hyn sy'n ymddangos yn debyg iawn i ddilyniant o bum llinell hir yn y mydr tri chymal hwn, a adnabyddid yn ddiweddarach yn y Gymraeg fel *rhupunt*, gyda *cauda* yn -*eu*. Diddorol yw sylwi pan estynnwyd y patrwm hwn mewn Gwyddeleg i bedair deilen a bôn mai yn y bôn yn unig y cafwyd odl. Gosodaf allan yr enghraifft hon o'r *cúicshrethaid* a geir yn *Early Irish*

Metrics Gerard Murphy mewn dwy linell er iddo ef ei hargraffu
mewn deg llinell

> Coimdiu cáid cumachtach/Críst cain, ar clothbile/
>   comarba noíbnime/nertaid fíal fírinne/fri ferba fáth
> mac Maire ingine/Ísu ard airechda/ar n-ardfhlaith oirdnide/
> rí betha ic breithemnas/ar bríg do bráth.

Gan ddechrau gyda'r *ochtfhoclach* o dair deilen a bôn,
gwelsom y gellir torri'r dail i lawr i ddwy neu eu hymestyn i
bedair. Arweinir ni'n anorfod felly at uned sylfaenol hŷn fyth,
lle nad oes ond dau gymal, yn gwahaniaethu oddi wrth ei
gilydd drwy aceniad a hefyd drwy hyd sillafog; hwn yw'r
seithsillaf diodl gyda therfyniad teirsillafol a ddisgrifiwyd gan
Bergin (op. cit., t. 284) fel 'one of the earliest metres' ac a
ddadansoddwyd gan Calvert Watkins, *Celtica*, 6, 218 ac
ymlaen. Yr enghraifft a gymerodd Bergin oedd

> . . . fri dath snechtai   samlamar
>   sét a détgni   dianim.
>   Géisid fót brú   búrithar
>   bé find fota   foltlebor
>   imma curaid   cossénat,

ac â ymlaen i ddweud: 'The fifth syllable is always stressed;
before the trisyllabic ending there are generally two stresses,
sometimes only one, sometimes three. But, while the number
and position of the opening stresses varies, the strong beat of
the ending gives the effect of rhythm'.

Gallwn sylwi ymhellach fod y ddau gymal sy'n ffurfio'r
llinell wedi eu cysylltu fel rheol drwy gyseinedd, fel y mae'r
llinellau sy'n ffurfio pennill. Ni ellir amau hynafiaeth y mydr
hwn ac fel y dywed Watkins (op. cit., t. 220) '(it) runs through
the oldest strata of our legal texts; that it should be a seventh-
century experiment on the model of the Latin hymns is
contradicted by everything we know about Irish law'. Y mae
mor frodorol, yn wir, fel y parhawyd i'w arfer, fel y dangosodd
Bergin, yn y *Caithréim Thoirdhealbhaigh* o'r 14eg ganrif, yn y
roscad sy'n dechrau

> Dénaid calma a chaomhshluaghu
> a chlanna Táil   triathnertmhair . . .

Hyd yn oed pan addasir y mydr hwn i'r arddull uchelwrol drwy ychwanegu odl, mae'n dal yn gadarn rythmig. Mewn barddoniaeth Wyddeleg Modern Cynnar, ymddengys yn aml mewn *brúilingeacht*, arddull lle mae'r patrwm odli'n fwy llac nag yn y *dán díreach*, fel y gwelir yn yr esiampl hon o'r 16eg ganrif, a gyfansoddwyd mewn penillion wyth-llinell:

> Fíon derg le hól d'iomarcaidh
>   gerr bhus lón 'na liosaitreibh,
> fán ól daoineach deocharsaidh
>   aoinneach fós ní fiosraighther.
> Gan chrodh ag flaith fionnOiligh
>   an sgol air ní fhionnadar,
> beag maoine an Mhég Uidhirsi
>   —sé 's an t-aoidhi inaithbhir.
>   (*Duanaire Mhéig Uidhir*, 2292–99)

Yn ogystal â'r llinell saithsillafog yn cynnwys 'dail' a 'bôn', y mae hefyd yn yr Wyddeleg linynnau o gymalau cyseiniol dwyacennog diodl fel

> . . . intlechtaib raith
>   rethaib sofis
> srethaib imbais
>   imber n-ecne
> ellach suithi
>   sruaim n-ordan . . .

a geir mewn llawer o'r deunydd cynnar; daw'r enghraifft hon o'r gerdd a elwir 'Caldron of Poesy', *Anecdota from Irish Manuscripts*, V, 26. Pan ychwanegir odl cawn bedwarawdau o'r math a olygwyd gan Carney (op. cit., t. 27):

> Sét no tíag
> téiti Críst;
> crích i mbéo
> bíth cen tríst.

Fel y dywed Carney, y mae'r math hwn wedi goroesi hyd at y traddodiad poblogaidd modern, ac awgryma ef ei fod 'the most basic form of Irish versification', sylw sy'n cytuno'n drawiadol â gosodiad R. M. Jones (B, 27, 534) mai cywydd deuair hirion yw 'calon pob datblygiad llinellol yn y Gymraeg'.

Nid wyf yn sicr i ba raddau y mae hyn yn wir am fydryddiaeth y Gymraeg ond ni chredaf y gellir derbyn syniad Carney am yr Wyddeleg; nid yn unig mae hynafiaeth y llinell saithsillaf yn ddiamheuol ond hefyd mae'r cyferbyniad rhwng y ddau gymal yn elfen anhepgorol mewn datblygiadau diweddarach. Rhaid i mi gymryd mai aceniad *a* rhif sillafau yn ogystal â chyseinedd oedd elfennau gwreiddiol y system fydryddol Wyddeleg. Erys tarddiad a dyddiad yr odl yn broblem anhydrin; mae'n amlwg o leiaf nas defnyddiwyd yn y ffurfiau mwyaf hynafol ar fydryddiaeth Wyddeleg.

I derfynu, gwelir bod syniad Ker am darddiad yr *ochtfhoclach* Wyddeleg yn gwbl ddi-sail; fel y mesurau cyfochrog Cymraeg, twf hollol frodorol ydyw. Ar y llaw arall, ymddengys bod dweud gyda Carney (op. cit., t. 57) fod i fodolaeth ffurf gyntefig ar yr *ochtfhoclach* yn Iwerddon yn y chweched ganrif yr hyn a eilw ef '(a) significance outside the immediate Irish scene', ac ailadrodd dyfyniad Ker o ffurf gyfochrog mewn Almaeneg Uchel Canol, yr un mor rhyfygus. Mae'n bosibl, wrth gwrs, fod i'r Gwyddelod a'r Cymry ran yn natblygiad y *rhythmus* Lladin Canol ond 'r wy'n amau a ellir profi hynny fyth. Mae'n hawdd iawn cyrraedd at y patrwm 'dail a bôn' drwy gyfuniad o gymalau byrion acennog ac y mae enghreifftiau lluosog o'r patrwm hwn mewn barddoniaeth Ladin Canol a gyfansoddwyd ymhell o Iwerddon.

(Cyfieithwyd gan Mair Jones)

YNYSOEDD AC YNYSWYR

R. A. Q. Skerrett

Un o nodweddion bron pob un o'r sgrifenwyr gorau mewn Gwyddeleg diweddar a Gaeleg yr Alban yw eu bod wedi treulio blynyddoedd ffurfiant eu meddwl mewn cymdeithas wladaidd a chanddi werthoedd eithaf gwahanol i werthoedd cymdeithas drefol fodern. Yn *An t-Oileánach* gan Tomás O Criomhthain, ceir cip ar y gymdeithas gyn-gyfalafol honno i raddau helaeth heb ei chyffwrdd gan yr ugeinfed ganrif. Fel y'i portrëedir mewn llenyddiaeth ac fel y sylwir gan sylwebyddion cydymdeimladol o'r tu allan—efallai mewn modd gorddelfrydol—unir y gymdeithas wladaidd, nid yn y lle cyntaf gan yr awydd i fasnachu nac i brynu a gwerthu, ond gan yr angen i barhau i fyw mewn amgylchfyd garw. Y mae arian yn gyfyngedig ei werth, ac fe'i defnyddir yn bennaf mewn masnach â'r byd y tu allan. Y tu mewn i'r ynys, o leiaf ar lefel mân drafodion, cymwynasau rhwng pobl gyfartal a chyd-gymorth yw'r arian cymeradwy. Nid yw'r teulu yn 'deulu canolog' modern ac ynddo neb ond rhieni a phlant, ond grŵp estynedig o berthnasau. Gall cymdogion fod bron mor agos â pherthnasau. Y mae'r agosatrwydd hwn yn cynnal, ac yn cyfyngu. Y mae perygl i'r unigolyn gael ei ystyried yn rhyfedd neu'n ddrygionus, ac felly y mae pwysau mawr i gydymffurfio.

Mewn stori gan Liam O'Flaherty, *Dau Anifail Hardd*,[1] dangosir y gwrthdaro rhwng gwerthoedd y gymdeithas wladaidd a'r gyfundrefn gyfalafol yn ymdrech Colm Derrane i godi dau lo'n hytrach nag un er mwyn 'codi yn y byd'. Drwy brynu ail lo gan gymydog gweddw y mae ei buwch wedi trigo, y mae'n troseddu yn erbyn cyfraith anysgrifenedig y gymdeithas, oherwydd y mae'n rhaid iddo ddefnyddio'r llaeth sydd ganddo dros ben i fwydo'r llo, ac yn ôl y traddodiad y mae'n rhaid i'r teuluoedd hynny a chanddynt laeth dros ben roi llaeth i'r teuluoedd hynny sydd heb ddim. Yng ngeiriau

---

[1] Liam O'Flaherty, *Two Lovely Beasts* (Argraffiad clawr papur Consul, 1961). Fe'i cyhoeddwyd yn wreiddiol yn argraffiad clawr caled gan Victor Gollancz Cyf., London, 1948.

Andy Gorum, y llefarydd dros y gwerthoedd traddodiadol, 'Dyna sut yr ydym yn byw yn y pentref hwn, drwy helpu'n gilydd. Y mae ein tir yn wael ac y mae'r môr yn wyllt. Y mae'n anodd byw. Nid ydym yn dod i ben â byw ond drwy gadw gyda'n gilydd. Fel arall byddem i gyd yn marw . . . Daw'r sawl sydd yn ceisio sefyll ar ei ben ei hun a gweithio dim ond er ei les ei hun yn elyn i bawb'.

Daliodd gwerthoedd traddodiadol y gymdeithas wladaidd—gwerthoedd y dylid pwysleisio nad oeddynt bob amser mor glodwiw â'r syniadau a fynegir uchod—yn fyw hwyaf mewn ynysoedd bach. Am resymau tebyg arhosodd yr Wyddeleg a Gaeleg yr Alban gryfaf mewn ynysoedd ac mewn cymunedau gwledig diarffordd. Felly, nid yw'n syndod fod cefndir ynysol gan lawer o'r sgrifenwyr mwyaf arwyddocaol yn y ddwy iaith. Gan fod sefyllfa diwylliant Gaeleg a'r ieithoedd Gaeleg fel y mae, y mae'r ynys yn arbennig o addas fel sumbol o unigrwydd, arwahanrwydd, nerth, gwrthsafiad, a'r holl nodweddion rhagorol y gellir eu gweld yng ngoroesiad ieithoedd a diwylliant pobl a fu ar un adeg yn fawr. Yn y cyfraniad bach hwn er anrhydedd i ysgolhaig o fri sydd wedi rhoi'i fywyd i astudio'r Gymraeg a'r Wyddeleg, hoffwn dynnu sylw at y ffordd y mae dau fardd ynysol, Máirtín Ó Direáin o Ynysoedd Aran a Ruaraidh Mac Thòmais (Derick Thomson) o Ynys Lewis, wedi mynegi peth o'u hagwedd at eu cefndir ynysol.

Lleolir stori O'Flaherty, y sonnir amdani uchod, ar ddechrau'r Ail Ryfel Byd, ar adeg pan oedd y gwrthdaro rhwng yr hen wareiddiad a'r newydd wedi dwysáu, a phan oedd yn amlwg fod y gwareiddiad newydd yn dechrau mynd yn drech. Yr un adeg y dechreuodd Ó Direáin farddoni, yn wyth ar hugain oed. Hyd nes iddo fynychu darlith gan yr Athro Tadhg Ó Donnchadha nid oedd wedi ymddiddori'n arbennig mewn barddoniaeth, ac nid oedd wedi darllen ond ychydig iawn yn y ddwy iaith, yr Wyddeleg a'r Saesneg. Yr oedd wedi rhoi cynnig ar sgrifennu traethodau a storïau byrion heb fawr o lwyddiant. Ar ôl clywed sgwrs Tadhg Ó Donnchadha penderfynodd y byddai wedi hynny'n mynegi pa feddyliau bynnag a fyddai ganddo mewn barddoniaeth. Y mae ei waith cynnar, y cyfeiriodd ato mewn cerdd ddiweddarach fel 'snámh smigín ar mhuir an dáin', ymdrechion cyntaf i nofio ar fôr barddoniaeth, yn bradychu prinder ei gefndir llenyddol ac absenoldeb patrymau boddhaol, ond er gwaethaf eu symlrwydd, yr oedd yn amlwg fod Ó Direáin yn siarad â'i lais ei hun a bod ganddo rywbeth i'w ddweud.

Ymddangosodd ei gasgliad cyntaf *Coinnle Geala* (Canhwyllau Disglair)[2] ym 1942, a'i ail gasgliad *Dánta Aniar* (Cerddi o'r Gorllewin)[3] y flwyddyn wedyn. Yn *Rogha Dánta* (Detholiad o Gerddi)[4] a gyhoeddwyd ym 1949, cafwyd detholiad o gerddi o'r ddau gasgliad cynharach a rhai cerddi newydd sydd yn dangos mwy o sicrwydd arddull. Dengys *Ó Morna agus Dánta Eile* (Ó Morna a Cherddi Eraill),[5] 1957, fod Ó Direáin wedi aeddfedu ac wedi llunio arddull sydd erbyn hyn wedi datblygu'n llawn.

Y mae agwedd y bardd at ei gefndir ynysol a'i berthynas â'r cefndir hwnnw yn un o'r prif themâu yn y casgliadau cynnar, ac y mae'n cael ei hail-wau a'i hailystyried yn gyson yn y cyfnod canol. Er ei bod yn cilio i'r cefndir rywfaint yn ei waith diweddarach, y mae o hyd yn bresennol i ryw raddau. Y mae Ó Direáin ei hun yn sylwi ar hyn yn *Ionraiceas* (Onestrwydd)

Dúirt file mór tráth
Go mba oileán is grá mná
Ábhar is fáth mo dháin
Is fíor a chan mo bhráthair.

Coinneod féin an t-oileán
Seal eile im dhán,
Toisc a ionraice atá
Cloch, carraig is trá.

Dywedodd bardd mawr unwaith
Fod ynys a chariad merch
Yn sylwedd a symbyliad fy marddoniaeth
Gwir y dywedodd fy mrawd.

[2] Máirtín Ó Direáin, *Coinnle Geala*.
[3] Máirtín Ó Direáin, *Dánta Aniar*.
[4] Máirtín Ó Direáin, *Rogha Dánta*.
[5] Máirtín Ó Direáin, *Ó Morna agus Dánta Eile*.

Cadwaf yr ynys
Ennyd arall yn fy marddoniaeth
Gan mor onest yw
Maen, carreg a thraeth.

(OM 61)

Yn y cerddi cynharaf, y mae'r agwedd a fynegir yn syml. Y mae'r alltud yn hiraethu am gynhesrwydd a chymdeithas cartref y teulu, a duwioldeb syml a lletygarwch yr ynyswyr, sydd yn cyferbynnu â'r digwyddiadau anfad a oedd ar y pryd yn Ewrop ac yn y byd y tu allan i Iwerddon. Nid yw'r ynys ymhell yn ddaearyddol yn unig ond y mae hefyd fel pe bai'n perthyn i gyfnod arall—cyfnod o ddiniweidrwydd.

Coinnle ar Lasadh

In oileán beag i gcéin san iarthar
Beidh coinnle ar lasadh anocht;
I dtithe ceann tuí, is i dtithe ceann-slinne,
Dhá cheann déag de choinnle geala bheas ar lasadh anocht.

Mo chaoinbheannacht siar leis na coinnle geala
A bheas ar lasadh anocht,
Is céad beannacht faoi dhó
Le láimh amháin a lasfas coinnle anocht.
Oíche Chinn an Dá Lá Dhéag 1939

Canhwyllau'n Llosgi

Mewn ynys fach ymhell i ffwrdd yn y Gorllewin
Bydd canhwyllau'n llosgi heno;
Mewn tai to gwellt, ac mewn tai to llechi,
Bydd deuddeg cannwyll ddisglair yn llosgi heno.

Â fy mendith hoff i'r gorllewin at y canhwyllau disglair
A fydd yn llosgi heno,
A chan bendith ddwywaith drosodd
At un llaw a fydd yn cynnau canhwyllau heno.
Noswyl Ystwyll 1939

(CG 7, RD 9)

Cuireadh do Mhuire	*Gwahoddiad i Fair*
An eol duit, a Mhuire,	A wyddost, Fair,
Cá rachair i mbliana	I ble'r ei heno
Ag iarraidh foscaidh	Yn chwilio am gysgod
Dod Leanbh Naofa,	I'th Blentyn Santaidd,
Tráth bhfuil gach doras	Pan fo pob drws
Dúnta Ina Éadan	Ar gau yn Ei erbyn
Ag fuath is uabhar	Gan gasineb a balchder
An chine dhaonna?	Yr hil ddynol?
Deonaigh glacadh	Cytuna i dderbyn
Le cuireadh uaimse	Gwahoddiad gennyf
Go hoileán mara	I ynys yn y môr
San iarthar chianda:	Yn y Gorllewin pell:
Beidh coinnle geala	Bydd canhwyllau disglair
I ngach fuinneoig lasta	Ym mhob ffenestr yn llosgi
Is tine mhóna	A thân mawn
Ar theallach adhanta.	Wedi'i gynnau ar yr aelwyd.
Nollaig, 1942	Nadolig 1942
	(DA 11, RD 18)

Yn y gwaith cynnar hwn ceir dwy thema arall sydd yn berthnasol i holl waith Ó Direáin. Y gyntaf yw effaith ddinistriol bywyd y ddinas ar y dyn naturiol, yr ynyswr sydd mewn cymundeb â'r elfennau—y môr, yr awyr a'r tir. Dyma'r dyn sydd yn ymwybodol o'r gorffennol yn ei linach, ac sydd yn trosglwyddo traddodiadau sydd yn hŷn nag a sylweddola ac nad yw'n llawn sylweddoli eu gwerth. Yn y ddinas y mae'n cwrdd â hil o ddynion nad oes ganddynt ymwybyddiaeth o'r gorffennol, nad ydynt, fel petai, yn gwybod eu henwau eu hun, heb sôn am enwau eu neiniau a'u teidiau. Nid ydynt yn paratoi at y dyfodol, nac yn adeiladu dim. Gellir gweld cnewyllyn y thema hon yn rhan o'r alarnad *Triúr a Báthadh* (Tri a Foddodd). Hyd yn hyn, ni ddatblygwyd hyd a lled dieithrwch yr ynyswr i fywyd y ddinas ac i'w gefndir ei hun ac y mae'r gerdd yn llai effeithiol nag a allai fod oherwydd nad yw Ó Direáin yn ddigon o feistr ar iaith yn y cyfnod hwn.

> Mise annseo anois i bhfad ó bhaile
> I measg daoine nach díobh mé;
> Dream nach eol dóibh fáth mo bhuadhartha,

Dream nach dtuigeann cúis mo bhróin;
Óir níorbh aithnid dóibh an triúr,
Acht romhór le rádh iad annsiúd.

Dyma fi'n awr ymhell oddi cartref
Ymhlith pobl nad wyf yn perthyn iddynt
Pobl na wyddant y rheswm am fy mlinder
Pobl na ddeallant achos fy ngofid
Gan nad adwaenent y tri dyn
Ond acw y mae hiraeth trist amdanynt.

(CG 16)

Chwedleuwr oedd un o'r tri dyn a foddodd, ac y mae'r
gerdd *Slán leis na Seanchaidhthe* (Ffarwél i'r Chwedleuwyr) yn
yr un casgliad yn mynegi gofid y bardd am yr hil hon sydd
yn diflannu. Y mae hon hefyd yn gerdd anfoddhaol oherwydd
ei gwendidau technegol ac oherwydd yn ei hanfod fod y
berthynas rhwng y bardd a'r chwedleuwr yn berthynas
bersonol. Yn *Deireadh Ré* (Diwedd Cyfnod), ar y llaw arall,
cerdd ddiweddarach a mwy aeddfed, y berthynas â'r
traddodiad a gynrychiolir gan y chwedleuwyr.

Fir na scéal mo léan!
Is an bás dá leagadh,
Mná na seál dá leanacht
Is mise fós ar marthain,
Imeasc na bplód gan ainm,
Gan 'Cé dár dhíobh é' ar a mbéal
Ná fios mo shloinne acu.

Ní háil liom feasta dar m'anam!
Dáimh a bhrú ar chlocha glasa,
Ní fáilteach romham an charraig,
Mé ar thóir m'óige ar bealach,
Mé im' Oisín ar na craga,
Is fós ar fud an chladaigh,
Mé ag caoineadh slua na marbh.

Y chwedleuwyr, ysywaeth!
Y mae angau yn eu torri i lawr,
A'r menywod yn eu siolau ar eu hôl
Tra fy mod i'n byw ymlaen
Ymhlith y torfeydd dienw,
Na ddywedant byth 'I ba deulu y mae ef yn perthyn'
Na wyddant ychwaith f'enw.

Ni ddymunaf bellach, ar fy llw!
Wasgu ar fy mherthynas â cherrig gleision,
Nid yw'r garreg yn fy nghroesawu,
Yr wyf yn chwilio am fy ieuenctid ar hyd y ffordd,
Yr wyf fel Oisín ar y creigiau,
Ac ar hyd y glannau,
Wrth imi alarnadu lluoedd y meirw.
(OM 35)

Daw dieithrwch y bardd oddi wrth fan ei eni yn rhannol o
gydnabod nad yw bellach yn byw yn yr un byd. Y mae fel
Oisín a ymadawodd ag Iwerddon yr oes arwrol a dychwelyd
o Wlad y Bythol Ieuainc i gael bod corachod yn byw yn ei
fro enedigol. Gwelir yr ynys yn oer ac yn elyniaethus, fel cosb
am weithred yr alltud yn troi'i gefn ar ei etifeddiaeth o gerrig,
traeth, tir a môr.

. . . Ach bhí cannrán doichill dúir
Ag gach carraig is leic lom
A d'fhaisnéis dom gan truagh
Gur thugas-sa cúl le dúchas.

Ond yr oedd cwyn oeraidd arswydus
Gan bob carreg a llechen lom
Yn rhoi gwybod imi, yn ddidrugaredd,
Fy mod wedi troi cefn ar fy ngenedigaeth-fraint.
(DA 15)

Swm a sylwedd y brad hwn yw ymuno â bywyd y dosbarth
canol a bortrëedir yn ddiffrwyth ac yn ddiystyr. Y cwpwrdd
ffeilio, y ddogfen swyddogol ac arian papur yw sumbolau'r
diffrwythder hwn.

A thuistí tháinig romham sall
Go dtí Domhnall an tSrutháin,[6]
Olc liom mar tháscaim díbhse,
Nár chuireas is nar bhaineas
Is nár thógas fós fál,
Nach ndearna mac chun fónaimh
Dár bpór, dar nós, dár ndúchas.

---

[6] Domhnall an tSrutháin (Domhnall o'r Ffrwd), un o hynafiaid y bardd sydd
yn sefyll dros berthynas y werin â'r gorffennol.

Táir agam gach giota páir
Mar luach, mar dhuais nuair fháim,
Ar shaothar suarach gan cháil,
Seach bhur ngleic le toinn aird,
Le cré in éadan carraige,
Ag rámhadh in aghaidh bhur ndáin
Ar ucht ard na farraige.

Hynafiaid a'm rhagflaenodd
Yn ôl mor bell â Domhnall an tSrutháin,[6]
Yr wyf yn gofidio wrth adrodd ichwi
Nad wyf wedi hau ac nad wyf wedi medi
Ac nad wyf eto wedi codi mur
Nad wyf wedi gwneud mab i wasanaethu
Ein hil, ein harfer, ein hetifeddiaeth.

Y mae'n gas gennyf bob dernyn o bapur
Pan y'i caf yn dâl, yn wobr,
Am waith annifyr heb fri
I'w gymharu â'ch ymdrech â'r don uchel,
Â phridd yn erbyn carreg,
Yn rhwyfo yn erbyn eich tynged
Ar fron uchel yr eigion.

                                        (OM 59)

    Yn *Blianta an Chogaidh* (Blynyddoedd y Rhyfel) nid gwrth-
gyferbyniad syml rhwng bywyd yr ynyswr alltud a'r ynyswr
sydd wedi dal yn ffyddlon i'w wir hunaniaeth yw'r gwrthgyfer-
byniad hwn rhwng y ddwy ffordd o fyw; y mae hefyd yn
wrthgyferbyniad rhwng y dosbarth canol Gwyddelig ar ôl y
rhyfel a rhinweddau'r gwareiddiad Gaeleg a Christnogol sydd
yn diflannu:

        Ní sinne na daoine céanna
        A dhiúgadh na cáirt,
        Is a chuireadh fál cainte
        Idir sinn is ar gcrá. . . .

        Níor chuireamar is níor bhaineamar
        Is níor thógamar fál go hard,
        Ach fál filíochta is argóna,
        Idir sinn is an smaoineamh:

Go raibh muid silte gan sinsear
Go rabhamar stoite gan muintir
Go rabhamar gan gaisce gan grá
Gan aisce don fháistin
Ach scríbhinn i gcomhad.

Nid ydym yr un bobl
A fyddai'n llyncu'r cwartiau
A chodi mur o siarad
Rhyngom ein hunain a'n gofid. . . .

Ni heuasom ac ni fedasom
Ac ni chodasom fur uchel,
Dim ond mur o farddoniaeth a dadlau,
Rhyngom ein hunain a'r meddwl:
Ein bod yn ddiffrwyth heb linach
Ein bod wedi ein diwreiddio heb bobl
Ein bod heb arwriaeth heb gariad
Heb yr un rhodd i'r dyfodol
Ond dogfen mewn cwpwrdd ffeilio.

(OM 73)

Gellir cymharu'r gerdd hon â *Gleic mo Dhaoine*

Cur in aghaidh na hanacra
Ab éigean dom dhaoine dhéanamh,
An chloch a chloí, is an chré
Chrosanta thabhairt chum míne,
Is rinne mo dhaoine cruachan
Is rinne clann chum cúnaimh . . .

Slíodóireacht níor chabhair i gcoinne na toinne
Ná seifteanna caola i gcoinne na gcloch úd . . .

Gwrthwynebu anffawd yr oedd yn rhaid i'm pobl ei wneud,
Trechu carreg a dofi'r pridd ystyfnig
A daeth fy mhobl yn galed
A gwnaethant blant i'w cynorthwyo . . .

Nid oedd cyfrwyster gwael yn gymorth yn erbyn y don
Nac ystrywiau dichellgar yn erbyn y cerrig hynny . . .

(OM 33)

Y thema arall a geir drwy holl waith Ó Direáin yw thema'r cof, yn boenus ac yn bleserus yr un pryd:

> Cuimhní a thagann dar gcrádh
> . . . ar aoibhneas a thug a seal.
> Cé geal linn faoiseamh uaibh,
> Ná teighigidh i bhfad as láthair.

> Atgofion a ddaw i'n poeni
> . . . am lawenydd sydd wedi gorffen ei rawd.
> Er ein bod yn chwennych gorffwys rhagoch,
> Peidiwch â mynd ymhell i ffwrdd.

(CG 11)

Yn *Cuimhní Cinn* (Atgofion) y mae anwyldeb yn y cof am wisgoedd hen ffasiwn y gwŷr a'r gwragedd wrth iddynt fynd i'r offeren ddydd Sul am fod y bardd wedi'u cysylltu yn ei feddwl â meddyliau am lendid, ffresni a hyd yn oed santeiddrwydd:

> . . . Maireann a gcuimhne fós im aigne
> Cótaí cóirithe fada dearga
> Cótaí gorma le plúirín daite
> Seálta troma aniar as Gaillimh
> Bhíodh a mhná pioctha néata
> Ag triall ar an aifreann mar an gcéanna;
> Is cé go bhfuilid ag imeacht as faisean,
> Maireann a gcuimhne fós im aigne
> Is mairfidh cinnte go dté mé i dtalamh.

> Byw yw'r cof amdanynt o hyd yn fy meddwl
> Peisiau twt hir coch
> Peisiau glas ac ynddynt liwiau dulas
> Sioliau trwm wedi'u cludo draw o Galway
> Ar wragedd difrycheulyd o gymen
> Yn mynd i'r offeren hefyd
> Ac er eu bod yn mynd allan o ffasiwn,
> Erys yn fyw yn fy meddwl y cof amdanynt
> A hyn a wna'n sicr hyd oni'm cladder.

(DA, RD 19)

Yn *Mí an Mheithimh* (Mis Mehefin), y gerdd olaf yn *Ó Morna agus Dánta Eile,* datblygir thema'r cof poenus a chymhwysir sumbol y cwpwrdd ffeilio at yr emosiynau:

Ní tusa domsa Mí an tséin
Ach mí an léin is an duifin,
Ní súilíní gréine a thugair[7]
Ach súilíní cuimhne a fhilleann
Amhail bhainfeá an glas
De chomhad an chroí
Nó an leac de nead na gcuimhní
Ar thréimhse úd an aoibhnis
Nuair ba tú im' mheabhairse
Tinte chnámh is laethe meala
Mí fhéile Choilm is Mí Eoin
Mí fhéile Pheadair is Mí Phóil
Mí an Phátrúin is an rince[8]
Nuair a bhí mo dhaoine sona
Nuair nach mbíodh ag curach uain
Lobhadh ar dhuirling d'easpa cuain
Nuair nach mbíodh an leic mhór
Aon Domhnach gan a tionól
Cuir ar ais, a mhí, an leac,
Is cuir ar an gcomhad an glas.

Nid ti i mi yw'r mis Hapus
Ond mis y gofid a'r prudd-der
Nid â gold yr ŷd y doi[7]
Ond â llygaid bach y cof sydd yn dychwelyd
Fel pe bait wedi agor clo
Ar gwpwrdd ffeilio'r galon
Neu wedi codi'r garreg oddi ar nyth y cofion
Am yr amser llawen hwnnw
Pan oeddit yn fy meddwl
Yn danllwythi ac yn ddyddiau o fêl;
Mis gŵyl Sant Columba a Sant Ioan
Mis gŵyl Sant Pedr a Sant Paul
Mis dydd y nawddsant a'r ddawns[8]
Pan oedd fy mhobl yn hapus
Pan na fyddai cyfle i'r corwg

---

[7] *súilíní gréine:* yn llythrennol 'llygaid bach yr haul'.
[8] *an Phátrúin:* dathliad o ddydd sant lleol yn y wlad.

Bydru ar y traeth caregog oherwydd prinder môr
Pan na fyddai'r Garreg Fawr
Yr un Sul heb ei chynulliad
Rho'n ôl, o fis, y garreg
A rho ar y cwpwrdd ffeilio y clo.

(OM 75)

Ar ôl *Ó Morna*, y mae cerddi sydd yn ymdrin yn arbennig â'r ynys ac agwedd y bardd at ei gefndir ynysol yn prinhau. Yn y cerddi o feirniadaeth gymdeithasol fel y gerdd a roes ei henw i'r gyfrol *Ar Ré Dhearóil* (Ein Hoes Druenus), gwelir yr un a fu gynt yn wladwr yn gaeth yn y ddinas:

Tá cime romham
Tá cime i mo dhiaidh
Is mé féin ina lár
I mo chime mar chách
Ó d'fhágamar slán ag talamh, ag trá
Gur thit orainn
Crann an éigin.

Y mae caeth o'm blaen
Y mae caeth y tu ôl imi
A minnau yn eu canol
Yn gaeth fel pawb
Ers inni ffarwelio â thir a glan
A syrthiodd arnom
Goelbren gorfodaeth.

(ARD 7)

Yn *Dán an Tí* (Cerdd y Tŷ), y mae tŷ gwag ar unwaith yn sumbol o'r diwylliant gwerin wedi'i adael ac o lymder y bywyd cenedlaethol. Sieryd gwahanol rannau'r tŷ, pob un yn cynrychioli agwedd ar fywyd cymdeithasol a theuluol. Yn y diwedd, llefara'r tŷ:

Labhradar uile
Gach giolla i ndiaidh a chéile
Is fógraim an clabhsúr ar an méad sin.
Ná gabhadh fuacht ná heagla an té sin
A théann tharam go déanach
Ná déanadh feadaíl ná babhta reatha

Óir ní gá dó díon ar eagla romhamsa
Ach roimh an dán is dual dó
Is don treibh ar díobh é
Ó chuaigh cleacht eile
Lastuas dá gcleacht dhílis.

Y maent i gyd wedi siarad
Pob gwas yn ei dro
Ac yn awr yr wyf yn datgan bod y drafodaeth ar ben.
Na fydded iddo deimlo oerni ofn,
Y sawl sydd yn mynd heibio imi fin hwyr,
Na fydded iddo chwibanu na rhedeg ychydig
Oherwydd nid oes angen iddo gysgodi rhag f'ofn i
Ond rhag ofn y dynged a ddaw iddo
Ac i'r llwyth y mae'n perthyn iddo
Gan fod arfer arall
Wedi mynd yn drech na'i briod arfer.

(ARD 15)

Yn y cerddi hynny sydd yn ymdrin yn uniongyrchol â'r ynys, y mae'n amlwg fod y bardd o'r diwedd wedi dod i delerau â'i alltudiaeth o'r ynys, er bod nodyn gofidus o hyd. Felly, yn *Do Aint Dom* (I Fodryb imi)

Níor chóir duit triall
Ar an áit úd thiar,
Coilleadh[9] do óige toradh
Do chuairte ó chéin,
Is dá gcuirfeá an scéal i mo chead
Sul ar sheolais anall,
Mise roinnfeadh leat
Mo chiall cheannaigh féin,
Ós éan chun sochaird
Ar nead atá coillte
Mé anois le seal

Ni ddylaset fod wedi teithio
I'r lle hwnnw yn y Gorllewin,
Yr oedd ysbeilio[9] dy ieuenctid
Yn ganlyniad i'th ymweliad o bell,
A phe bait wedi ymgynghori â mi yn ei gylch

---

[9] *Coilleadh* yw'r gair a ddefnyddir am ddwyn o nyth.

Cyn iti hwylio draw,
Buaswn wedi rhannu â thi
Fy noethineb fy hun a brynwyd yn ddrud,
Gan fy mod innau'n aderyn yn mynd i orffwys
Ar nyth sydd wedi'i ysbeilio
Yn awr, ac yr wyf wedi bod ers tro.

(ARD 35)

Ac yn *Buíochas*

Mithid dom mo bhuíochas
A ghabháil libh a dhúile,
An comhar a dhíol libh
A chreaga loma,
A fharraigí cháite
A chuireadh deocha
Go lách faoi mo ghruanna,
Nuair nach mbíodh cara cáis agam
A d'fhulaingeodh m'ualach,
Ná a d'osclódh doras an fheasa
Sa dún diamhair do mo fhuascailt,
Is neart na tola dorcha
Ag borradh chugamsa.

Y mae'n bryd imi roi diolch
I chwi elfennau
I wneud cymwynas â chwithau
Chwi greigiau llwm
Chwi foroedd ewynnog
A wlychai
Fy ngruddiau yn addfwyn
Pan na fyddai gennyf yr un i ymddiried ynddo
A ddygai fy maich
Neu a agorai ddrws gwybodaeth,
Yn y gaer dywyll i'm rhyddhau
Pan oedd nerth yr ewyllys dywyll
Yn codi tuag ataf.

(ARD 38)

Yn y ddau gasgliad diweddaraf, *Cloch Choirnéil*[10] (Conglfaen)
a *Crainn is Cairde*[11] (Coed a Chyfeillion), nid oes ond ychydig

---

[10] Máirtín Ó Direáin, *Cloch Choirnéil*.
[11] Máirtín Ó Direáin, *Crainn is Cairde*.

gerddi sydd yn uniongyrchol berthnasol i fywyd yr ynys, er
bod delweddau wedi'u tynnu o fywyd cynnar y bardd yn
gyffredin. Y mae *Berkeley* (CC 17) yn sylw eironig ar nerth yr
ynys yn edwino:

> An Dochtúir Johnson fós
> Thug speach do chloch in'aice,
> Mar dhóigh go ndearna an buille
> Ar an rud ionraic smionagar
> Dod' aisling a chur i gcás
> Gur istigh san aigne bhí
> Gach ní beo is marbh.
>
> Ní shéanaim go raibh mo pháirt
> Leis na móir úd tamall,
> Ach ó thosaigh na clocha glasa
> Ag dul i gcruth brionglóid im' aigne,
> Níl fhios agam a Easpaig chóir!
> Nach tú féin a chuaigh ar an domhain
> Is nach iad na móir a d'fhan le cladach.
>
> Heblaw hynny rhoes Dr. Johnson
> Gic i garreg yn ei ymyl,
> Fel pe bai'r ergyd
> Ar y peth onest yn dryllio
> Dy freuddwyd a dybiai
> Mai yn y meddwl
> Yr oedd bodolaeth popeth byw a marw.
>
> Nid wyf yn gwadu fy mod i ym mhlaid
> Y mawrion hynny am dalm,
> Ond er i'r cerrig gleision
> Ddechrau cymryd arnynt lun breuddwyd yn fy
>   meddwl
> Ni wn, Esgob da!
> Nad ti a fentrodd i'r dŵr dwfn,
> Ac nad hwy'r mawrion a arhosodd wrth y lan.

O'r diwedd, yn *Crainn is Cairde*, gwelwn y bardd yn ymgodi
ychydig o'i besimistiaeth, gan gadw peth ffydd yng ngrym y
traddodiad brodorol ac yng ngallu'r iaith frodorol i ddal ei
gafael, ni waeth pa mor wan y bo'r afael honno. Yn *Greim*

Cúil an Dúchais (Gafael Traddodiad ar y Gwegil), tynnir gwers
o'r ffaith fod perthynas pell, cefnder i daid y bardd, a oedd yn
ynad ac a oedd 'wedi troi'i gefn ar ei etifeddiaeth', wedi malu
awyr yn ddryslyd yn yr Wyddeleg ar ei wely angau:

> I gcruthúnas go raibh cúig
> Fanta fós i láimh an chine,
> Is gur nós leis an dúchas
> Greim cúil a fháil ar deireadh.

> Gan brofi bod cerdyn
> Yn dal i fod yn llaw'r hil,
> A'i fod yn arfer yr etifeddiaeth
> I gael gafael ar y gwegil o'r diwedd.
>
> (C & C 14)

Yn yr un modd, er bod y 'dyn-forgrugyn' *an seangán-fhear*,
trigolyn y ddinas nad adeiladodd ddim erioed ac nad oes
ganddo ddim synnwyr traddodiad, yn dal yn wrthrych
atgasedd, dangosir agwedd fwy cymedrol at y dosbarth canol
sydd wedi'i Seisnigeiddio neu wedi'i Americaneiddio:

> *An Gad Stoite*
> Nuair théim os cionn staidéir,
> Nuair thagaim ar mo chéill,
> Tuigim nach oraibh a chol,
> Ach ar bhur dtuistí féin,
> Nó ar a dtuistí siúd siar,
> De dheoin cúinsí crua na staire
> Go bhfuil gad imleacáin an chine
> In bhur bpáirtse stoite;
> Is meabhraím murach fál na toinne
> Is iargúlacht mo chine
> Go mbeinnse mar atá sibhse
> Gan inné agam mar chiste.

> *Y Llinyn wedi'i Dorri*
> Pan fyddaf yn myfyrio,
> Pan fyddaf yn dod i'm synhwyrau,
> Yr wyf yn deall nad eich pechod chwi ydyw
> Ond pechod eich rhieni,
> A'u rhieni hwythau o'u blaen,
> Oherwydd amgylchiadau tost hanes

Fod llinyn bogel y genedl
Wedi cael ei dorri yn eich achos chwi;
Ac yr wyf yn sylweddoli, oni bai am fur y don,
Y byddwn innau fel chwithau
Heb fod gennyf ddoe yn drysor.

(C & C 36)

Y mae'r gerdd olaf yn y casgliad hwn yn fyfyrdod ar y doe
hwn a gadwyd '*i gcaint Dhónaill an tSrutháin*' :

An fear a chaith splanc ón tine chnámh
Isteach i ngarraí an dorais
Níorbh eol dó athair an ghnímh a rinne;
Ach chomhlíon cuing ghnáis,
A rinne aon chine amháin,
De chlann an fhóid anall
Ón Ind go dtí An Sruthán

Ni wyddai'r dyn a daflodd farworyn o'r tanllwyth
I'r cae yn ymyl y tŷ
Pwy oedd crëwr y weithred a gyflawnodd;
Ond yr oedd yn ufudd i iau arfer,
A wnaeth un bobl
O blant y pridd yr holl ffordd
O India i An Sruthán

(C & C 46)

*   *   *

Ganed Ruaraidh Mac Thòmais neu Derick Thomson, a
defnyddio'r ffurf Saesneg ar ei enw, yn Lewis ym 1921. Yn
wahanol i Ó Direáin, na chafodd ond addysg gynradd, cafodd
Thomson addysg uwchradd ac addysg brifysgol, ac ef yn awr
yw Athro Astudiaethau Celtaidd Prifysgol Glasgow, ac un
o'r prif ysgolheigion ym maes llenyddiaeth Aeleg yr Alban.
Fel bardd y mae'n dechnegydd rhagorol, ac y mae'i gerddi
wedi'u trwytho ag ysbryd o gariad angerddol at y diwylliant
Gaeleg ac at ei ynys enedigol fel crud y famiaith. Yn union fel
Ó Direáin, efallai'n fwy felly, y mae'n mynegi'r teimlad o fod
wedi ymddieithrio ymhell oddi wrth y gymdeithas wladaidd.
Yn ddiau, y mae hyn yn rhannol oherwydd dylanwad y
gyfundrefn addysg, sydd ar y gorau wedi tueddu i fod yn
ddifater ynghylch yr Aeleg, o leiaf tan yn ddiweddar.

Yn achos Ó Direáin, gellir gweld i'w berthynas â'i ynys, perthynas bersonol yn bennaf, ddatblygu'n werthfawrogiad o hanes a thraddodiad y gymdeithas wladaidd fel agwedd ar hanes a thraddodiad Iwerddon, a'i hymdrech yn erbyn y fersiwn Saesneg o ddiwylliant Ewropeaidd. Yn yr un modd, fel unigolyn, y mae'n symud o'i weld ei hun yn alltud unig wedi'i wahanu oddi wrth ei deulu a'i gyfeillion i'w weld ei hun yn hytrach yn sumbol o'r artist mewn cymdeithas faterol, ddi-dduw a diwreiddiau. Yn achos Thomson, ymddengys fod symud i'r cyfeiriad arall. O fyfyrio am hanes a thraddodiad yr Alban, ac o'r pryder am adfywio cenedl a oedd fel pe bai wedi llithro i lesmair o ddifaterwch ynglŷn â'i gorffennol, y mae'n symud i archwilio'n fanwl ysgogiadau mewnol ei bobl ei hun fel microcosm o'r ymdrech ehangach, ac o'i bersonoliaeth ranedig ei hun, gan edrych ymlaen at y byd newydd, a chan edrych yn ôl â chynhesrwydd a hoffter, fel mab sydd wedi ymadael â chartref ei rieni i wneud ei gartref ei hun mewn man arall.

Yn ei gasgliad cyntaf, *An Dealbh Briste*,[12] ymddengys fod Thomson yn pryderu'n anad dim am yr Alban, ac yn fwyaf arbennig am yr Alban Aeleg, fel cenedl sydd wedi colli'i hewyllys i fyw. Yn *Smuaintean an Coire Cheathaich* (Meddyliau ym Mheiran y Niwl) y mae'n annerch y bardd mawr Gaeleg o ddiwedd y ddeunawfed ganrif, Donnchadh Bàn Mac an t-Saoir:

Nam bu bheò thu an dràsda, 's tu fuireach 'san àit so,
Có a dh'éisdeadh ri'd bhàrdachd, 's có thuigeadh do cheòl,
Cuid a' truailleadh do chainnt 's cuid de 'd dhaoine 'ga
                                                h-àicheadh,
Is sgread aig a ghràisg ud nach ceannaich i lòn.

Pe bait yn fyw'n awr, ac yn byw yn y lle hwn,
Pwy a wrandawai ar dy farddoniaeth a phwy a ddeallai dy
                                                gerddoriaeth,
A byddai rhai o'th bobl yn ei gwadu,
A byddai'r dihirod hynny'n gweiddi na phrynai ginio.

(DB 8)

---

[12] Ruaraidh Mac Thòmais, *An Dealbh Briste* (Serif Books Ltd., Edinburgh, 1961).

Y mae *Faoisgneadh* (Ffrwydro) o'r un casgliad yn gerdd sy'n mynegi cenedlaetholdeb mewn dull braidd yn rhethregol. Ynddi, disgwylir y dydd pan fydd yr Alban yn deffro o'i chwsg ac yn llunio dyfodol sydd yn deilwng o'i gorffennol arwrol.

> A theò-chridh na h-Albann,
> Bris cochull an reodhaidh tha'd shuaineadh . . .
>
> O! galon boeth yr Alban,
> Tor y plisgyn o rew 'r wyt wedi dy gau ynddo . . .
>   (DB 11)

Y mae amryw gerddi yn y casgliad hwn sydd yn mynegi pryder neu hyd yn oed anobaith am y dyfodol. Cynrychiolir y diwylliant Gaeleg gan gyfres o ddelweddau cartrefol—cae ŷd yn disgwyl cael ei fedi, rhosyn yn tyfu ar glogwyn sydd yn marw os yw'n cael ei drawsblannu mewn gardd. Portrëedir nerth dinistriol anobaith yn *A chionn's gu bheil* (Gan fod y llun wedi'i dorri):

> A chionn's gu bheil an dealbh briste
> Cuiridh mi bhuam e, chan eil buannachd
> Ann a bhith 'ga amharc, no slàinte
> A chionn's gu bheil am balla sgàinte.
>
> A chionn's gu bheil an snaidhm fosgailt
> Ruithidh an ròp troimh mo làmhan.
> Chan fhiach dhomh an lìon a chàradh
> A chionn's gu bheil am bàta sgaoilte.
>
> A chionn's gu bheil a' gheug air crìonadh
> Cha chuir mi todhar ris a chraoibh so,
> Is ni mi geamhradh de'n fhoghar
> A chionn's gun chaill mi na gadhair.
>
> A chionn's gu bheil am bruadar sgoilte
> Cha chuir mi mo chrìdh air cluasaig,
> Cha chunnt mi na h-eòin bhreaca
> A chionn's gu bheil an nead creachte.

Gan fod y llun wedi'i dorri fe'i rhoddaf i'r neilltu;
Nid oes budd o edrych arno, nac iachâd, gan fod y wal wedi'i
                                                        chracio.
Gan fod y cwlwm wedi'i ddatod rhed y rhaff rhwng fy mysedd;
Dibwrpas yw imi drwsio'r rhwyd gan fod y cwch wedi llithro
                                                        o'i angorfa.
Gan fod y gangen wedi gwywo ni roddaf wrtaith o gwmpas y
                                                        goeden hon, a
Gwnaf aeaf o hydref gan fy mod wedi colli'r cŵn.
Gan fod y breuddwyd wedi'i hollti, ni roddaf fy mhen ar y
                                                        gobennydd,
Ni chyfrifaf yr adar brithion gan fod y nyth wedi'i hysbeilio.
                                                        (DB 47)

Yn *Láraichean* (Adfeilion), y mae pentref 'a gymerodd gam
yn ôl' yn ysbrydoli meddyliau am yr angen am frys i gadw
gweddillion traddodiad:

> Tha a t-seann bhean a dh'innis an uiridh dhomh
> Beagan de dh'eachdraidh a' bhaile,
> A' cnuasachd làithean an earraich,
> 'S a bualadh a' choirc anns an t-sabhal,
> 'S 'ga bhleith leis a' bhrà a ghléidh i,
> 'S a' cuimhneachadh obair a' chorrain
> Anns an fhoghar a bh'againn,
> 'S tha 'n geamhradh gu bhith againn.

[Y mae'r hen wraig a ddywedodd wrthyf llynedd hanes bach
am y pentref, yn lloffa dyddiau'r gwanwyn, ac yn dyrnu'r
ceirch yn yr ysgubor, ac yn eu malu yn y felin law y mae hi
wedi'i chadw, ac yn cofio gwaith y cryman yn yr hydref a fu
gennym, ac y mae'r gaeaf bron arnom.]   (DB 41)

Y mae'r hen wraig fel sumbol o drosglwyddo traddodiad yn
ymddangos eto yn *An Tobar* (Y Ffynnon), ac yno wynebir y
perygl o golli'r traddodiad yn llwyr:

> Dh'fhaodadh nach eil anns an tobar
> Ach nì a chunnaic mi 'm bruadar
> Oir nuair chaidh mi an diugh g'a shireadh
> Cha d'fhuair mi ach raineach is luachair

'S tha sùilean na caillich dùinte
'S tha lì air tighinn air an luathghair.

[Efallai'n wir nad yw'r ffynnon ond yn rhywbeth a welais
mewn breuddwyd, oherwydd pan euthum i chwilio amdani
heddiw ni chefais ond rhedyn a brwyn, ac y mae llygaid yr
hen wraig wedi cau, ac y mae gorchudd wedi dod dros eu
llawenydd.] (DB 42)

Trafodir y thema o drosglwyddo traddodiad o genhedlaeth
i genhedlaeth mewn modd teimladol yn *Troimh Uinneig a'*
chithe (Trwy ffenestr y lluwch eira). Gwêl y bardd ei fab ifanc
yn edrych drwy ffenestr ar yr eira'n disgyn:

chì mi 'na shùilean-san greadhnachas gach geamhradh
a thàinig ariamh air mo dhaoine:
faileas an t-sneachda an sùilean m'athar
's mo sheanair 'na bhalach a' ribeadh dhìdeigean

Is chì mi troimh uinneig a' chithe so,
s' anns an sgàthan tha mire ris,
am bealach tha bearradh nan linntean
eadar mise, 's mi falbh nan sgàirneach

agus mo shinnsrean, a-muigh air àirigh
a' buachailleachd chruidh-bainne 's ag òl a bhlàthaich
Chì mi faileas an tighean 's am buailtean
air fàire an uaigneis
's tha sud mar phàirt de mo dhualchas

Iadsan a' fàgail staid a' bhalaich,
's a strì ri fearann, 's a'treabhadh na mara
le neart an guaillibh
's ag adhradh, air uairibh;
is mise caitheamh an spionnaidh, ach ainneamh,
a' treabhadh ann an gainneamh

Yr wyf yn gweld yn ei lygaid y gorfoledd
Y dôi pob gaeaf ag ef i'm pobl
Adlewyrchiad eira yn llygaid fy nhad
A'm taid yn fachgen yn rhwydo adar drudwy
Ac yr wyf yn gweld drwy ffenestr y lluwch eira hwn

Ac yn y gwydr sydd, gan ddawnsio, yn ei adlewyrchu,
Fwlch y bryniau'n torri drwy'r cenedlaethau
Sydd yn gorwedd rhyngof, ar y llethr garegog,
A'm hynafiaid allan yn yr hafod,
Yn bugeilio gwartheg godro ac yn yfed llaeth enwyn
Yr wyf yn gweld adlewyrchiad eu tai a'u caeau
Ar y gorwel unig
Ac y mae hynny'n rhan o'm hetifeddiaeth.
Pan ddaeth diwedd i'w bachgendod
Ymdrechasant â'r tir, ac aredig y môr
Â nerth eu hysgwyddau
Ac addoli weithiau;
Treuliais eu nerth, gan mwyaf, yn aredig yn y tywod.

(Nua-Bhàrdachd Ghàidhlig 149)[13]

Y mae *Geodha air chul na greine* (Pwll yng nghysgod yr haul) yn gerdd rymus dros ben ac wedi'i llunio'n dda. Ynddi, defnyddir pwll tawel cysgodol, wedi'i ynysu rhag cynnwrf y môr mawr, yn ddelwedd o'r cyflwr meddwl sydd yn ymateb i boen a cholled drwy'u goddef yn dawel. Y mae'r eog yn sumbol o'r grym artistig wedi'i gau i mewn, yr ewyllys a'r nerth i ymwrthod â'r fath oddefgarwch:

Thréig am bradan an cuan ann an linn a' bhàigh chiùin so,
a' lorg na h-aibhne òig ud, 's nan gluaiste clach
reubadh beithir airgeadach beò a' ghliocais 's an eolais
uisgeachan balbha criostail nan sgarbh 's nan lach.

Cefnodd yr eog ar y môr pan wnaethpwyd y bae tawel hwn, gan chwilio am yr afon ifanc honno, a phe symudid carreg byddai'r fflach sydyn ariannaidd o ddoethineb a gwybodaeth yn rhwygo dyfroedd crisial mud y mulfrain a'r hwyaid gwylltion.

(Nua-Bhàrdachd Ghàidhlig 145)

Y mae *An Rathad Cian*[14] (Y Ffordd Bell), casgliad diweddaraf Thomson, yn gyfres o gerddi byrion yn ymdrin â thema

---

[13] Domhnall Macamhlaigh (Donald Macaulay) (ed.) *Nua-bhàrdachd Ghàidhlig* [Modern Scottish Gaelic Poems] (Southside, Edinburgh, 1976). Nid oedd *Eadar Samhradh is Foghar*, ail gasgliad Thomson, o fewn fy nghyrraedd.
[14] Ruaraidh Mac Thòmais, *An Rathad Cian* (Gairm, Glaschu, 1970).

cefndir ynysol y bardd. Y mae'r gerdd agoriadol, *An Uilebheist*
(Yr Anghenfil), yn fath o swyn:

> Ag éirigh á muir uaine
> cobhar-shrianagach an Fhoghair,
> air d'uilinn,
> O uilebheist mo dhomhain,
> tha mi tighinn thugad le m'adhradh,
> le mo shuilean prabach, leis a chainnt
> a dh'ionnsaich mi aig d'altair . . .

> Yn codi ar dy benelin o fôr gwyrdd ewynfrith yr Hydref
> O! anghenfil fy myd, dof atat â'm haddoliaeth, â'm llygaid
> lluddedig,
> â'r iaith a ddysgais wrth dy allor . . .
>> (RaCi 1)

Yn *Dh'fhairich mi thu le mo chasan* (Fe'th deimlais â'm traed),
cyferbynnir gallu'r plentyn i dderbyn profiad, fel pe bai drwy
broses gorfforol, ag agwedd fwy deallusol yr oedolyn:

> Dh'fhairich mi thu le mo chasan
> Ann an toiseach an t-samhraidh
> m'intinn an so anns a' bhaile
> a' strì ri tuigse, 's na brògan a' tighinn eadarainn . . .

> is bhon a tha an saoghal a bh'againn
> a' leantainn ruinn chon a' cheum as fhaide
> chan fhiach dhomh am poll sin a ghlanadh
> tha eadar ordagan a' bhalaich . . .

> [Fe'th deimlais â'm traed/yn yr haf cynnar/y mae fy meddwl
> yma yn y ddinas/yn ymdrechu i wybod/ond daw'r esgidiau
> rhyngom . . . a chan fod y byd a adwaenem/yn ein dilyn mor
> bell ag yr awn ni/nid oes eisiau imi olchi i ffwrdd y llaid
> hwnnw/rhwng bysedd traed y bechgyn . . .]
>> (RaCi 7)

Y mae *Chaill mi mo chridhe riut* (Collais fy nghalon iti) yn
mynegi cariad y bardd at yr ynys mewn iaith synhwyrus.

Darlunnir yr ynys fel cariad wyryfol, a darlunnir gwahaniad
y bardd oddi wrthi a dirywiad y diwylliant fel dyfodiad y gaeaf:

> . . . ach thàinig a sin am bruaillean
> is fras air na gruaidhean
> is mas robh fhios agam dé chanainn
> thàinig an lìth donn air a raineach,
> 's cha robh a chridh agam na chanadh
> gun do chaill mi sìoda mìn a chanaich.

> . . . ond yna daeth pryder
> a dagrau ar ruddiau,
> a chyn y gwyddwn beth i'w ddweud
> taenodd arlliw gwinau dros y rhedyn
> ac nid oedd gennyf galon i ddweud
> fy mod wedi colli sidan llyfn plu'r gweunydd.

> (RaCi 9)

Yn *Fàs is taise* (Tyfiant a gwlybedd), disgrifir effaith bywyd
modern a mudo:

> Ceo mhìn 'na laigh' air na buailtean,
> sgeallan as a' choirc, a' breacadh nan raon,
> stealladair gos frasadh,
> is seileasdair a' bòcadh, buidhe ann am bruaich dìg:
> fàs is taise.
> Có chanadh gu bheil am baile so ri uchd bàis?
> Tha nighean bheag, le sùilean sgèanach
> a' cluiche air tricycle
> Dh'fhalbh an liùdhag
> is thàinig an dolla á Hong Kong
> is falbhaidh tusa cuideachd
> air slighe an fhortain 's an TV
> 's bidh a' chreathail a' breothadh anns an t-sabhal ùr le
> mullach zinc air.

> Niwl tenau yn gorwedd dros y dolydd,
> Grawn ceirch, yn britho'r caeau,
> Cawod ar syrthio,
> a blodau'r gellhesg yn ffrwydro ar agor, yn felyn wrth
> lan ffos:
> tyfiant a lleithder,
> Pwy a ddywedai fod y pentref hwn ar farw?

Mae merch fach â llygaid disglair
Yn chwarae ar dreisicl
Mae'r ddol a wnaethpwyd gartref wedi mynd
Ac y mae'r ddol o Hong Kong wedi dod
Ac fe ei dithau
Ar ffordd ffortiwn a'r TV
A bydd y crud yn pydru yn yr ysgubor newydd â tho sinc.

(RaCi 19)

Ceir y defnydd eironig hwn o eiriau benthyg diweddar o'r Saesneg i gyfleu effaith y diwylliant newydd unwaith eto yn *Cotriona Mhór* (Cotriona Fawr)

. . . clàr mór an aodainn mar chloc air stad
air madainn Earraich,
gam chur ri uair a' bhaile
leis a ghliocais sin
nach robh an eisimeil leabhraichean,
leis an àbhachdas, leis a' ghearradh-cainnt
a bha a' leum á cridhe a' chinnidh
mus deach a chéiseadh
mus deach a' valve ùr ann
a chumadh ag obair e anns an t-saoghal ùr . . .

. . . cylch mawr wyneb fel cloc wedi stopio
ar fore o Wanwyn,
yn fy nghadw at amser y pentref
â'r doethineb hwnnw a ffynnodd heb lyfrau,
â'r hwyl, y medrusrwydd-gyda-geiriau
a neidiodd o galon yr hil
cyn iddi gael ei rhoi mewn cas
cyn dodi'r falf newydd ynddi
i'w chadw i fynd yn y byd newydd . . .

(RaCi 38)

Tua diwedd y gyfres, ceir cydnabod y ffaith na ellir mynd yn ôl. Ni all y bardd ddychwelyd i'w ieuenctid nac i ynys ei ieuenctid, ac ni all yr ynys ddychwelyd i'r gorffennol. Yn *An galair* (Y clefyd), meddai'r bardd *Chaidh mi amach á tarraing do phlanaid*, yr wyf wedi mynd allan o dynfa dy blaned; y mae'r ynys fel smotyn ar wydr ysbienddrych. Erys y cof:

Nuair a thig an dorch
ort, a' toirt air falbh Mùirneag

's Beinn Phabail is Hòl,
nuair a bhios do chaoraich nan laighe,
am feur dorch ann am brù na h-oidhche,
's a ghealach ùr gun éirigh,
tilgidh mi'n t-ultach mhònach-s' air an teine
's ni e solus.

pan ddaw'r tywyllwch
arnat, gan fynd i ffwrdd â Mùirneag
a Bryn Bayble a Hòl,
pan fo'th ddefaid yn gorwedd,
y glaswellt yn dywyll yng nghroth y nos,
a'r lleuad newydd heb godi eto,
taflaf y goflaid hon o fawn ar y tân
a gwna ef oleuni.

(RaCi 51)

ac o *Ged a thillinn a nis* (Hyd yn oed pe dychwelwn yn awr):

. . . Tha mi gu bhith na mo charragh-cuimhne.
A' chuimhne ga mo bheathachadh,
a' toirt orm fàs
anns an uaimh dhorch so,
a' feitheamh tilleadh mara
's a crùbadh fo m'eallach
anns an uaimh uaine so gun ghealach.

Yr wyf yn bwriadu bod yn garreg goffa,
cof yn fy mwydo,
yn gwneud imi dyfu
yn yr ogof dywyll hon,
yn aros am i'r llanw ddychwelyd,
ac yn crymu dan fy llwyth
yn yr ogof ddileuad hon.

(RaCi 53)

Caiff y gerdd olaf yn y gyfres *An ceann thall* (Y Diwedd) fod hefyd yn ddiweddglo i'r cyfraniad bach hwn:

So an ceall thall, ma tha,
thàinig mi mach ás do theampall,
ás a' cheò chùbhraidh,
á tùis na h-ùrnaigh,
le mo bhilean loisgte,

le mo dhrùis coisgte,
chuir mi orm mo bhrògan
is leig mi dhìom do phògan
chuir mi a' chuibhle
air falbh fo'n chuibhrig,
is thriall mi maille
ris a' chridh a chailleadh.

Dyma'r diwedd, felly,
Deuthum allan o'th deml,
o'r niwl persawrus,
o arogldarth gweddi,
â'm gwefusau wedi'u deifio,
fy chwant wedi'i atal,
gwisgais f'esgidiau
ac ymadael â'th gusanau
rhoddais yr olwyn dan do
a theithio ymlaen, ynghyd
â'r galon a gollwyd.

(RaCi 56)

(Cyfieithwyd gan Rhisiart Hinks)

LLYFRYDDIAETH

YR

ATHRO J. E. CAERWYN WILLIAMS

gan

Gareth O. Watts*

Y Llyfrgell Genedlaethol

1936

Breuddwyd Pawl a Phurdan Padrig (traethawd M.A., Cymru), Bangor, 1936.

Cynhadledd Myfyrwyr Diwinyddol Cymru: Y Gymdeithas Gristionogol yn y byd diweddar. *Yr Efrydydd*, 1 (Y drydedd gyfres), 175–7.

Sbectolau a phethau eraill. *Omnibus*, 44, 70–1.

1937

Diwylliant gwerin Cymru. TN, 8, 9–12.

Ieuenctid a llenyddiaeth. *Omnibus*, 45, 68–9.

1938

Drych yr Ufudd-dod. B, 9, 115–24.

Dwy Efengyl Apocryffa yn y Gymraeg. *Y Cyfarwyddwr*, 16, 382–4.

Ystorya Titus Aspassianus. B, 9, 221–30.

1939

Y Blaid Lafur a Chymru. TN, 15, 14–18.

1940

Drych yr Ufudd-dod. B, 10, 239. [gw. B, 9, 115–24].

Gweledigaethau y Bardd Cwsg, [gan] Ellis Wynne. Visions of the Sleeping Bard; translated by T. Gwynn Jones. [Newtown]: Gregynog Press. (Paratowyd y testun Cymraeg gan J.E.C.W.).

Y Llyfr Gwyn o Hergest a Llanstephan 3. B, 10, 120–4.

1941

Hen Gymraeg *ar: ir;* Cymraeg Canol *yr (er)*. B, 11, 14–21.

Trobwynt mewn barddoniaeth. *Y Traethodydd*, 96, 83–7.

1942

Rhyddiaith grefyddol Cymraeg Canol. *Y Traethodydd*, 97, 36–43.

1944

Bucheddau'r Saint. B, 11, 149–57.

Purdan Padrig. CLlGC, 3, 102–6.

*Dymunaf ddiolch i Mrs. Mair Jones a Mr. Brynmor Jones am eu cymorth.

1946

Ymryson ac ymddiddan y Corff a'r Enaid [gyda thestun rhyddiaith o'r 'Ymddiddan']. CLlGC, 4, 184–8.

Adolygiad: Aneirin Talfan DAVIES, Y tir diffaith, 1946. BAC, 21 Awst, 7.

1947

Beirniaid y chwith a'r ddeau. *Y Llenor*, 26, 88–93.

Crefydd a diwylliant. *Y Fflam*, i/4, 15–18.

Gvyrthyeu Seint Edmund Archescop Keint. CLlGC, 5, 58–67.

1948

*Dē yn y Gymraeg. B, 13, 1–10.

Edward Llwyd. *Lleufer*, 4, 83–8.

Nodiadau: HGym. *cant; dias* yn Havod 26.35. B, 13, 20–2.

Nodiadau (gyda D. M. Jones): W. *medel*, I. *meithel*, OCo. *midil*. B, 13, 23–5.

Syr J. Morris-Jones: Salm i Famon. *Undeb*, 4, 11–13; 5, 8–12.

Adolygiad: Aneirin Talfan DAVIES, Eliot-Pwschin-Poe: tair rhaglen arbennig ar gyfer Radio Cymru, 1948, *a* David THOMAS, Dyddiau i'w cofio a sgyrsiau eraill, 1948. *Lleufer*, 4, 155–6.

Adolygiad: Thomas F. O'RAHILLY, Early Irish history and mythology, 1946. *Y Traethodydd*, 103, 44–7.

Adolygiad: Thomas PARRY, Hanes ein llên, 1948. *Y Cymro*, 24 Rhagfyr, 4.

Adolygiad: Iorwerth C. PEATE, Ym mhob pen . . . ysgrifau, 1948. *Y Llenor*, 27, 137–41.

1949

Storïau ac ysgrifau, gan Pádraic Ó Conaire; trosiadau o'r Wyddeleg [gyda rhagymadrodd] gan J.E.C.W. [Aberystwyth]: Y Clwb Llyfrau Cymreig. xiii, 96 tt.

Amodau cymdeithasegol llenyddiaeth. *Lleufer*, 5, 111–16.

Astudio rhyddiaith. *Undeb*, Hydref, 11–14.

Buchedd Ddeiniol Sant. TCHSG, 10, 123–35.

Islwyn. *Y Llenor*, 28, 225–45.

Nodiadau: *chwerig; llyfedigrwydd; ar untu; ar neilltu.* B, 13, 72–4.

Ystorya Adaf ac Eua y wreic. CLlGC, 6, 170–5.

Adolygiad: Emyr HUMPHREYS, The voice of a stranger, 1949. *Y Cymro,* 28 Hydref, 4.

Adolygiad: Gwyn THOMAS, All things betray thee, 1949. *Y Cymro*, 8 Gorffennaf, 4.

1950

Benedisite: chwedl werin Lydaweg. AArf, Mawrth, 11–14.

Charles Edwards: 'Y Ffydd Ddi-ffuant'. *Undeb*, Gwanwyn, 3–7.

Irish translations of Visio Sancti Pauli. *Éigse*, 6, 127–34.

Kate Roberts. *Comhar* ix/3, 9–10; ix/4, 19–22.

Adolygiad: H. M. CHADWICK, Early Scotland, 1949. LlC, 1, 67–9.

Adolygiad: Geiriadur Cymraeg-Saesneg a Saesneg-Cymraeg, gan T. Gwynn Jones ac Arthur ap Gwynn. *Y Cymro*, 1 Medi, 7.

Adolygiad: D. J. WILLIAMS, Storïau'r tir du, 1949. *Y Cymro*, 26 Mai, 7.

Beirniadaeth: Cyfieithu o'r Lladin i'r Gymraeg—Rhagymadroddion y Dr. John Davies i'w ramadeg a'i eiriadur. [Yn] Cyfansoddiadau a beirniadaethau Eisteddfod Genedlaethol 1950, Caerffili. t. 218.

1951

Efengyl Nicodemus yn Gymraeg. B, 14, 108–12.

Personau a phethau. *Y Drysorfa*, 121, 50–3.

Sylwadau ar y trosiad. *Y Llenor*, 30, 119–41.

Adolygiad: Geiriadur Prifysgol Cymru, Rhan 1, 1950. *Y Cymro*, 2 Chwefror, 7.

Adolygiad: SOPHOCLES, Antigone; troswyd o Roeg gan W. J. Gruffydd, 1950. *Y Cymro*, 27 Ebrill, 7.

Beirniadaeth: Cyfieithu neu gyfaddasu tair o gerddi Horas. [Yn] Cyfansoddiadau a beirniadaethau Eisteddfod Genedlaethol 1951, Llanrwst. tt. 228–9.

Beirniadaeth: Ysgrif fer ar 'Crwydro' neu 'Dynwared'. [Yn] Cyfansoddiadau a beirniadaethau Eisteddfod Gadeiriol Môn 1951, Porthaethwy. t. 37.

1952

Barddoniaeth y Dr. R. Williams Parry. *Y Traethodydd*, 107, 145–60.

Chwedl mochyn Mac Dathó: [cyfieithiad o *Scéla mucce Meic Dathó*]. *Yr Einion*, 4, 118–26.

Efengyl Nicodemus (Peniarth 5, ff. xxx-xxxvjb). B, 14, 257–73.

Llysieuyn y Wyry, gan Jakez Riou; troswyd o'r Llydaweg gan J.E.C.W. *Y Traethodydd*, 107, 63–7.

Nodiadau: *ger;* yr *yn* traethiadol. B, 15, 33–7.

Old Welsh, Middle Welsh and Middle Breton *rac*, Middle Cornish *rag*. EC, 6, 11–20.

Adolygiad: F. FALC'HUN, L'histoire de la langue bretonne d'après la géographie linguistique. (Thèse présentée pour le Doctorat ès-lettres à l'Université de Rennes). I. Texte. II. Figures. L1C, 2, 63–6.

1953

Bardd myfyrdod: sylwadau ar farddoniaeth T. H. Parry-Williams. *Yr Einion*, 5, 48–70.

Emañ fel cyplad yn y Llydaweg. B, 15, 189–90.

Erthyglau: Y Tywysog Louis-Lucien Bonaparte, Gwynfardd Brycheiniog, Hywel Swrdwal, Robert Owen (Eryron Gwyllt Walia), Tudur Aled, Tudur Penllyn. [Yn] Y Bywgraffiadur Cymreig hyd 1940. Llundain: Anrhydeddus Gymdeithas y Cymmrodorion.

Tŷ Satan, gan Jakez Riou; trosiad o'r Llydaweg gan J.E.C.W. BAC, 1 Ebrill–19 Awst.

Adolygiad: Brut y Tywysogion or The Chronicle of the Princes (Peniarth Ms. 20 version); translated with introduction and notes by Thomas Jones, 1952. *Y Cymro*, 19 Mehefin, 9.

Adolygiad: T. J. MORGAN, Y treigladau a'u cystrawen, 1952. LlC, 2, 186–94.

Review: F. FALC'HUN, L'histoire de la langue bretonne d'après la géographie linguistique. (Thèse présentée pour le Doctorat ès-lettres à l'Université de Rennes). I. Texte. II. Figures. *Éigse*, 7, 62–6.

Beirniadaeth: Cyfieithiad mydryddol—Detholiad o 'Everlasting mercy' (John Masefield). [Yn] Cyfansoddiadau a beirniadaethau Eisteddfod Gadeiriol Môn 1953, Gwalchmai. tt. 37–8.

1954

Yr ebol glas a storïau eraill o'r Wyddeleg, ynghyd â rhagair a geirfa. Dinbych: Gwasg Gee. 80 tt.

Y beirdd llys yn Iwerddon. (*Adolygiad:* The book of O'Hara: Leabhar Í Eadra; edited by Lambert McKenna, 1951). LlC, 3, 1–11.

Cystrawen y frawddeg Lydaweg. B, 15, 243–60.

Edward Lhuyd fel ieithegydd. LlC, 3, 122.

Epistola Lentuli yn Gymraeg. B, 15, 280–1.

Y Frythoneg a'r Gymraeg. LlC, 3, 82–93.

The preposition *ar* in Irish. *Celtica*, 2, 305–24.

Adolygiad: The Annals of Inisfallen (Ms. Rawlinson B. 503); edited with translation and indexes, by Seán MacAirt, 1951. LlC, 3, 59–60.

1955

Agoriad Cyfarwyddyd. B, 16, 87–93.

Morgan Llwyd. *Y Traethodydd*, 110, 97–116.

Nodiadau: *Demoniacus: sach diauol; 'ny bu hyll dihyll na heu diheu'* [CA 13.324]. B, 16, 104–8.

Beirniadaeth: Ysgrif 'Gweld bai'. [Yn] Cyfansoddiadau a beirniadaethau Eisteddfod Gadeiriol Môn 1955, Llangefni. tt. 41–3.

1956

Yr Athro J. Lloyd-Jones, M.A., D.Litt. (Hydref 14, 1885–Chwefror 1, 1956). *Y Traethodydd*, 111, 97–102.

Cedwch eich tafodiaith. *Môn*, i/11, 5–7, 17.

Mona, gan Jakez Riou; trosiad o'r Llydaweg gan J.E.C.W. *Y Genhinen*, 6, 220–5.

On the uses of Old Irish *fri* and its cognates. *Celtica*, 3, 126–48.

Yr ysgolhaig a fu'n llysgennad i'r Cymry [Yr Athro J. Lloyd-Jones]. *Y Cymro*, 9 Chwefror, 11.

Beirniadaeth: Trosi i'r Gymraeg un o ddramâu W. B. Yeats. [Yn] Cyfansoddiadau a beirniadaethau Eisteddfod Genedlaethol 1956, Aberdâr. tt. 185–8.

1957

Awen Môn: sylwadau ar rai o feirdd y sir. *Môn*, ii/1, 14–18, 23–4.

Cymraeg y Morrisiaid. *Y Traethodydd*, 112, 69–82, 107–21.

Disgrifio pobl. *Lleufer*, 13, 117–22.

Goronwy Owen yn 1757. *Y Traethodydd*, 112, 145–50.

Gŵyl y Sacrament Fendigaid, gan Jakez Riou; trosiad o'r Llydaweg gan J.E.C.W. *Y Genhinen*, 7, 175–84.

Nodiadau: *ei rhoi hi ar do; lleccyn; mae fal; llibindio; inclin (inclyn) gair*. B, 17, 175–80.

Portread—Thomas Parry. BAC, 20 Chwefror, 3.

Ynys y deri a'r derwydd. *Y Cymro*, 9 Awst, 14.

Adolygiad: Rhyddiaith Gymraeg. Yr ail gyfrol. Detholion o lawysgrifau a llyfrau printiedig 1547–1618, 1956. *Y Cymro*, 14 Chwefror, 9.

1958

Traddodiad llenyddol Iwerddon. Caerdydd: Gwasg Prifysgol Cymru. 235 tt.

Cofio Ambrose Bebb. BAC, 23 Ionawr, 5.

The National Eisteddfod. WU, 3, 60–6.

Nodiadau: *hawntus; syfi; llygoden goch*. B, 17, 261–8.

Vocabulary selection and language teaching; summary of paper read at symposium on Irish language under auspices of I.N.T.O. at U.C.D., July, 1958. MN, iii/9, 11–13.

Review: Pierre TRÉPOS, Le pluriel breton, 1957. AL, 10, 165–7.

1959

Anglesey's contribution to Welsh literature. TAAS, 1959, 1–20.

An tAor i bhfiliocht na scol, le Máirín Ní Mhuirgheasa agus J.E.C.W. *Inniu*, 5 Meitheamh.

Articles: Prince Louis-Lucien Bonaparte, Gwynfardd Brycheiniog, Hywel Swrdwal, Robert Owen (Eryron Gwyllt Walia), Tudur Aled, Tudur Penllyn. [In] The dictionary of Welsh biography down to 1940. London: The Honourable Society of Cymmrodorion.

Y cais, gan Jakez Riou; trosiad o'r Llydaweg gan J.E.C.W. *Y Genhinen*, 9, 96–100.

Early Welsh literature. [In] Wales through the ages. Volume 1, From the earliest times to 1485; edited by A. J. Roderick. Llandybïe: Christopher Davies. pp. 42–9.

Paradocs. *Y Traethodydd*, 114, 20–32.

Pedair Cainc y Mabinogi: 1. [Cyffredinol]. 2. Pwyll Pendefig Dyfed. 3. Branwen ferch Lŷr. *Lleufer*, 15, 3–8, 54–62, 127–34.

Transitus Beatae Mariae a thestunau cyffelyb. B, 18, 131–57.

Adolygiad: Buchedd Dewi o lawysgrif Llanstephan 27; gyda rhagymadrodd a nodiadau gan D. Simon Evans, 1959. L1C, 5, 105–18.

Adolygiad: Proinsias MAC CANA, Branwen daughter of Llŷr; a study of the Irish affinities and of the composition of the second branch of the Mabinogi, 1958. BAC, 12 Chwefror, 7; 19 Chwefror, 7.

Adolygiad: Gomer M. ROBERTS, Y Pêr Ganiedydd. Cyfrol II, Arweiniad i'w waith, 1958. CCHMC, 44, 14–19.
Adolygiad: Syr Ifor WILLIAMS, I ddifyrru'r amser, 1959. *Y Goleuad*, 7 Hydref, 4.

1960

An Irish Harrowing of Hell. EC, 9, 44–78.
Pedair Cainc y Mabinogi: 4. Manawydan fab Llŷr. [5]. Math fab Mathonwy. *Lleufer*, 16, 19–26, 175–82.
Adolygiad: Ar C'hembraeg hag ar skol (*Skol*, 10, 1960). BAC, 23 Mehefin, 7.
Adolygiad: Collins-Spurrell Welsh dictionary; re-edited by Henry Lewis, 1960. BAC, 2 Mehefin, 7.
Beirniadaeth: Baled. [Yn] Cyfansoddiadau a beirniadaethau Eisteddfod Genedlaethol 1960, Caerdydd. tt. 78–9.
Beirniadaeth: Y Fedal Ryddiaith—Cyfrol o ryddiaith wreiddiol. [Yn] Cyfansoddiadau a beirniadaethau Eisteddfod Genedlaethol 1960, Caerdydd. tt. 123–9.

1961

Aderyn y gwirionedd a chwedlau eraill o Lydaw; ynghyd â rhagymadrodd a geirfa. Dinbych: Gwasg Gee. 160 tt.
Edward Jones, Maes-y-plwm. TCHSDd, 10, 98–166.
Adolygiad: A. O. H. JARMAN, The legend of Merlin, 1960. *Lleufer*, 17, 15–16.
Adolygiad: Llyfr Iorwerth: a critical text of the Venedotian Code of medieval Welsh law; transcribed and edited with introduction and notes by Aled Rhys Wiliam, 1960. BAC, 13 Ebrill, 7.
Beirniadaeth: Trosi unrhyw ddrama hir fodern o Iwerddon, Ffrainc neu'r Almaen. [Yn] Cyfansoddiadau a beirniadaethau Eisteddfod Genedlaethol 1961, Dyffryn Maelor. tt. 177–8.

1962

The Battle of Catterick. ULR, 8, 18–26.
Y Beibl fel gair Duw: sylwadau a symbylwyd gan lyfr Sigmund Mowinckel, *The Old Testament as word of God;* translated by Reidar B. Bjornard. *Diwinyddiaeth*, 13, 71–81.
Crwydro Cymru. *Taliesin*, 3, 92–103.
Edward Jones, Maes-y-plwm. Dinbych: Gwasg Gee. 74 tt. (Cyhoeddwyd gyntaf yn TCHSDd, 10, 98–166).
L'Enfant Sage ac *Adrian et Epictitus* yn Gymraeg. i. Hystoria Adrian ac Ipotis. ii. Ymddiddan Adrian ac Epig. B, 19, 259–95; 20, 17–28.
Gweledigaeth Owen Morgan Edwards. *Taliesin*, 4, 5–29.
Welsh versions of *Visio Sancti Pauli*. EC, 10, 109–26.
Adolygiad: Gwassanaeth Meir, sef cyfieithiad Cymraeg Canol o'r *Officium Parvum Beatae Mariae Virginis;* wedi'i olygu gan Brynley F. Roberts, 1961. *Diwinyddiaeth*, 13, 82–9.
Adolygiad: Frank Price JONES, Crwydro Dwyrain Dinbych, 1961. TCHSDd, 11, 122–3.

1963

Byd pobl. [Yn] Llên a llafar Môn; golygydd J. E. Caerwyn Williams. Llangefni: Cyngor Gwlad Môn. tt. 108–16.

Robert Jones, Rhos-lan: yr hanesydd. TCHSG, 24, 153–95.

Sylwadau ar Gymraeg y Morrisiaid. [Yn] Llên a llafar Môn . . . tt. 132–59.

1964

Bardd myfyrdod: sylwadau ar farddoniaeth Syr T. H. Parry-Williams. [Yn] Llên doe a heddiw; golygydd J. E. Caerwyn Williams. Dinbych: Gwasg Gee. tt. 63–88. (Cyhoeddwyd gyntaf yn *Yr Einion*, 5, 48–70.)

Yr Hengerdd. 1. Aneirin, bardd Brwydr Catraeth. 2. Taliesin, bardd Urien Rheged. 3. Canu Llywarch Hen a Heledd. *Lleufer*, 20, 55–62, 125–34, 158–68.

Nodiadau: *'Gwen wrth Lawen yd welas neithwyr, | [Cat g]athuc ny techas, | Oer adrawd, ar glawd gorlas'* (CL1H i.14); *'Kyndylan Powys borffor wychyt, | Kell esbyt, bywyt ior, | Keneu Kyndrwyn kwynitor* (CL1H xi. 12); Llofan Llaw Ddifro. B, 21, 26–30.

Ychwaneg am Robert Jones, Rhos-lan, a'i deulu. TCHSG, 25, 66–80.

1965

Crefydd ym Môn tua 1750. *Y Cofiadur*, 34, 3–26.

Cyflwyniad: Gwyn THOMAS, Y weledigaeth haearn. Dinbych: Gwasg Gee. tt. 7–9.

Cyflwyniad i'r rhaglen. [Cyfarfod dathlu canmlwyddiant geni Syr John Morris-Jones, 1864–1929]. *Môn*, ii/9, 3–4.

Lan, arwerthwr y lludw, gan Jakez Riou; y trosi a'r cyfaddasu o'r Llydaweg gan J.E.C.W. *Taliesin*, 10, 44–54.

Morris Davies, Bangor. CCHMC, 50, 65–80.

Nodiadau: *lleudir; kyfedwynt y gynrein kywym don* (CT ii. 21). B, 21, 224–32.

Syr John Morris-Jones: y cefndir a'r cyfnod cynnar. Rhan 1. THSC, 1965, 167–206.

Traethodyn gan Robert Jones, Rhos-lan. TCHSG, 26, 72–4.

Yr wythnos. *Y Traethodydd*, 120, 41–4.

1966

Ffydd Moses. *Y Drysorfa*, 136, 201–6.

Medieval Welsh religious prose. [In] Proceedings of the Second International Congress of Celtic Studies held in Cardiff, 1963. Cardiff: University of Wales Press. pp. 65–97.

Morris Davies, Bangor [parhad]. CCHMC, 51, 13–23.

Naws y ganrif. [Yn] Gwŷr llên y ddeunawfed ganrif a'u cefndir: pedair ar hugain o sgyrsiau radio; wedi'u golygu gan Dyfnallt Morgan. Llandybïe: Llyfrau'r Dryw. tt. 11–18.

Nodiadau: [1] Mallaen, Dinllaen, Lleyn. [2] Llygoden goch. [3] Defnydd arbennig ar eiriau: Cym. *hen*, Gwydd. *sean*. B, 22, 37–45.

Nodiadau: [1] *Ronwen: Rhawn Gwynion*. [2] *Gredyf gwr oed gwas* (CA 1.1.). B, 21, 301–5.

Patrick H. Pearse, 1879–1916. *Taliesin*, 12, 21–8.
Sir Ifor Williams, 16 April 1881–5 November 1965. SC, 1, 141–6.
Syr John Morris-Jones: y cefndir a'r cyfnod cynnar. Rhan II. THSC, 1966, 16–72.
Adolygiad: A. O. H. JARMAN, Sieffre o Fynwy: Geoffrey of Monmouth, 1966. *Y Traethodydd*, 121, 188.

1967

The Penguin book of Welsh verse; translated by Anthony Conran in association with J.E.C.W. Harmondsworth: Penguin Books. 286 pp.
Adolygiad: Pennar DAVIES, Rhwng chwedl a chredo, 1966. *Diwinyddiaeth*, 18, 78–9.
Adolygiad: John FOSTER, Men of vision, 1967. *Y Traethodydd*, 122, 143–4.
Adolygiad: Rhigyfarch's Life of St. David: the basic mid twelfth-century Latin text with introduction, critical apparatus and translation, by J. W. James, 1967. BAC, 13 Gorffennaf, 3.
Beirniadaeth: Y Fedal Ryddiaith—Cyfrol o ryddiaith wreiddiol. [Yn] Cyfansoddiadau a beirniadaethau Eisteddfod Genedlaethol 1967, Y Bala. tt. 126–37.

1968

The poems of Taliesin; edited and annotated by Sir Ifor Williams. English version by J.E.C.W. Dublin: Dublin Institute for Advanced Studies. lxviii, 176 pp. (Mediaeval and Modern Welsh series; 3).
Cymdeithas Dafydd ap Gwilym, Mai 1886–Mehefin 1888. [Yn] Astudiaethau amrywiol a gyflwynir i Syr Thomas Parry-Williams gan Staff Adran Gymraeg Coleg Prifysgol Cymru, Aberystwyth, wedi eu golygu gan Thomas Jones. Caerdydd: Gwasg Prifysgol Cymru. tt. 137–81.
Adolygiad: Pennar DAVIES, Rhwng chwedl a chredo, 1966. LlC, 10, 126–31.
Review: Rhigyfarch's Life of St. David: the basic mid twelfth-century Latin text with introduction, critical apparatus and translation, by J. W. James, 1967. CHC, 4, 183–5.

1969

Nodiadau: *difod, diw, pyddiw.* B, 23, 217–33.
Problem geirfa. *Taliesin*, 19, 58–72.
Rhagair: Meirion PARRY, Casgliad o enwau blodau, llysiau a choed. Caerdydd: Gwasg Prifysgol Cymru. tt. 7–9.
Review: Myles DILLON and Nora K. CHADWICK, The Celtic realms, 1967. MAe, 38, 295–9; CHC, 4, 403–6.
Review: D. Ellis EVANS, Gaulish personal names: a study of some Continental formations, 1967. CHC, 4, 406–8.

1970

Arddulleg Ffurfiolwyr Rwsia. [Yn] Ysgrifau beirniadol, V. Dinbych: Gwasg Gee. tt. 276–96.
Beirdd y Tywysogion: arolwg. LlC, 11, 3–94.

Fy nyled i D.J., cyfarwydd sir Gaerfyrddin. *Taliesin*, 20, 17–31.
'Irlandese letteratura'. 'Irlandese lingua'. [Yn] Enciclopedia Universale. Milano.
J. R. Jones. *Y Traethodydd*, 125, 202–3.
Nodiadau: *anant; ffriw*. B, 24, 44–55.
The poetry of T. H. Parry-Williams. PW, vi/1, 5–13.
Syr Ifor Williams. [Yn] Report of the Proceedings of the Thirty-Seventh Conference of Library Authorities in Wales and Monmouthshire, Aberystwyth, 1970; edited by Leslie M. Rees. Swansea: Convening Committee. pp. 27–32.
Adolygiad: R. T. JENKINS, Edrych yn ôl, 1968. *Y Traethodydd*, 125, 51–3.
Adolygiad: R. T. JENKINS, Yng nghysgod Trefeca: ysgrifau ar hanes crefydd a chymdeithas yng Nghymru yn y ddeunawfed ganrif, 1968. *Y Traethodydd*, 125, 126.
Adolygiad: Alun LLYWELYN-WILLIAMS, Nes na'r hanesydd? Ysgrifau llenyddol, 1968. *Y Traethodydd*, 125, 175–7.
Adolygiad: Meddai Syr Ifor; golygydd Melville Richards, 1968. *Y Traethodydd*, 125, 127–8.
Review: Dán na mBráthar Mionúr; Cuthbert Mhág Craith a chuir in eagar, 1967. SC, 5, 176–7.
Review: Pádraig Ó RIAIN, Clár na lámhscríbhinní Gaeilge sa Bhreatain Bhig, 1968. SC, 5, 178.
Review: Melville RICHARDS, Welsh administrative and territorial units, 1969. SC, 5, 178–9.

1971

Introduction: Literature in Celtic countries (Taliesin Congress lectures); edited by J. E. Caerwyn Williams. Cardiff: University of Wales Press. pp. 5–19.
Nodiadau: *a oedd o of; yrdang*. B, 24, 267–71.
Syr Ifor Williams: cyfnod y paratoi. *Y Traethodydd*, 126, 117–37.
Adolygiad: T. J. MORGAN, Hirfelyn tesog, 1971. *Barn*, 110, 49.

1972

The court poet in medieval Ireland. London: Oxford University Press. 51 pp. (Sir John Rhŷs memorial lectures; 1971). (Also published in *Proceedings of the British Academy*, 57 (1971), pp. 85–135.)
Diawl yn y tŷ, gan Jakez Riou; cyfieithiad J.E.C.W. [o *An ti Satanazet*]. Dinbych: Gwasg Gee. 133 tt.
Y storïwr Gwyddeleg a'i chwedlau. Caerdydd: Gwasg Prifysgol Cymru. x, 256, [11] tt.
Cefndir ysgrifennu creadigol. [Yn] Ysgrifennu creadigol (Darlithiau Taliesin); golygydd Geraint Bowen. Llandysul: Gwasg Gomer. tt. 11–49.
Cyflwyniad: Gwilym Rees HUGHES, Cysgod llygliw. Llandysul: Gwasg Gomer. tt. 9–11.
Jean Raymond François Piette, 3 February 1921–18 December 1971. SC, 7, 174–7.

Marw yr Athro Thomas Jones. *Y Cymro*, 23 Awst, 3.

Nodiadau: Cymraeg *dydd:* Gwyddeleg *lá:* Lladin *dies = dies mortis.* B, 24, 477–81.

Olwen: nodiad. [Yn] Ysgrifau beirniadol, VII. Dinbych: Gwasg Gee. tt. 57–71.

Twf cenedlaetholdeb yng Nghymru'r Oesoedd Canol. [Yn] Gwinllan a roddwyd; golygydd Dewi Eirug Davies. Llandybïe: Christopher Davies. tt. 60–84.

Welsh *yn ei eistedd, yn ei orwedd, yn ei sefyll.* [In] Indo-Celtica: Gedächtnisschrift für Alf Sommerfelt; hrsg. von Herbert Pilch & Joachim Thurow. München: Max Hueber. (= Commentationes Societatis Linguisticae Europaeae; 2). pp. 206–18.

Adolygiad: R. M. JONES, System in child language, 1970. *Y Traethodydd*, 127, 202–5.

Adolygiad: Gomer M. ROBERTS, Portread o ddiwygiwr (Darlith Davies, 1968), 1969. *Y Traethodydd*, 127, 123–5.

Review: Kenneth Hurlstone JACKSON, The Gododdin: the earliest Scottish poem, 1969. SC, 7, 194–200.

Beirniadaeth: Chwe ysgrif bortread. [Yn] Cyfansoddiadau a beirniadaethau Eisteddfod Genedlaethol 1972, Sir Benfro. tt. 163–9.

1973

Buchedd Catrin Sant. B, 25, 247–68.

The court poet in medieval Ireland. (Sir John Rhŷs memorial lecture). [In] *Proceedings of the British Academy*, 57 (1971). London: Oxford University Press. pp. 85–135.

Beirniadaeth: Y Fedal Ryddiaith—Cofiant i gymeriad dychmygol. [Yn] Cyfansoddiadau a beirniadaethau Eisteddfod Genedlaethol 1973, Dyffryn Clwyd. tt. 137–8.

1974

Yr Athro Thomas Jones, M.A., D.Litt. SC, 8/9, 325–8.

Beirniadaeth lenyddol John Gwilym Jones. [Yn] John Gwilym Jones: cyfrol deyrnged; golygydd Gwyn Thomas. Llandybïe: Christopher Davies. tt. 113–56.

Cystrawen ferfenwol arbennig. B, 26, 21–9.

Nodiadau: Cymr. *llawn ei wala:* Gw. *lán a dhóthain (dhóithin)*; Breuddwyd Mair: Aisling Mhuire. B, 25, 393–402.

Nodiadau: *offeren, offeiriad.* B, 26, 38–42.

Rhyddiaith grefyddol Cymraeg Canol. [Yn] Y traddodiad rhyddiaith yn yr Oesau Canol (Darlithiau Dewi Sant); golygydd Geraint Bowen. Llandysul: Gwasg Gomer. tt. 312–408.

T. C. Edwards a'i gyfraniad i ddiwinyddiaeth Cymru. *Diwinyddiaeth*, 25, 3–28.

T. H. Parry-Williams: the poetry of wit. PW, 10, 15–26.

Welsh versions of *Purgatorium S. Patricii.* SC, 8/9, 121–94.

Adolygiad: David JENKINS, Thomas Gwynn Jones: cofiant, 1973. *Y Traethodydd*, 129, 300–3.

Adolygiad: Marian Henry JONES, Hanes Siloam, Brynaman, 1972. *Y Traethodydd*, 129, 153.

1975

Atgofion am T. H. Parry-Williams. Cyflwyniad. *Y Traethodydd*, 130, 245–7.

Dewi Machreth Ellis. *Barn*, 149, 665.

Ennill gwlad a cholli iaith?: profiad Iwerddon. *Taliesin*, 30, 8–30.

Estynnodd derfynau'r iaith [Aneurin Davies, Cyncoed]. *Y Faner*, 24 Hydref, [t.3].

Saunders Lewis: yr ysgolhaig a'r beirniad. [Yn] Saunders Lewis; golygyddion D. Tecwyn Lloyd a Gwilym Rees Hughes. Llandybïe: Christopher Davies. tt. 20–71.

T. H. Parry-Williams: Oxoniensis. *Y Traethodydd*, 130, 330–9.

Adolygiad: Rheinallt Nantlais WILLIAMS, Faith facing facts (Pantyfedwen Trust lectures), 1973. *Y Traethodydd*, 130, 75–8.

1976

Aberteifi 1176. *Taliesin*, 32, 30–5.

Gŵyl y Sacrament Fendigaid, Llysieuyn y Wyry, Y cais, Mona, gan Jakez Riou; cyfieithiadau o'r Llydaweg gan J.E.C.W. [Yn] Storïau tramor, III; golygydd R. M. Jones. Llandysul: Gwasg Gomer. tt. 118–43.

Y Marchogion, y Macwyaid a'r Ford Gron. [Yn] Ysgrifau beirniadol, IX. Dinbych: Gwasg Gee. tt. 191–254.

MIW *neu, neut* as copula. *Celtica*, 11, 278–85.

Morris Davies, Bangor, 1796–1876. SG, 64, 71–6.

Nodiadau: *serch* 'er'. B, 26, 416–23.

Richard James Thomas, 1908–1976. *Y Faner*, 11 Mehefin, [t.2].

Rhyddiaith ysgolheigion a haneswyr. [Yn] Y traddodiad rhyddiaith yn yr ugeinfed ganrif (Darlithiau Dewi Sant); golygydd Geraint Bowen. Llandysul: Gwasg Gomer. tt. 283–347.

Thomas Jones, 1910–72. SC, 10/11, 1–4.

Ystori Alexander a Lodwig, gan Thomas Jones a J.E.C.W. SC, 10/11, 261–304. (Rhagymadrodd, tt. 261–77; Nodiadau, tt. 289–304, gan J.E.C.W.).

Adolygiad: B'le mae Ewrop?; golygwyd gan Dafydd Glyn Jones a John Ellis Williams, 1976. *Taliesin*, 33, 130–1.

Adolygiad: Kate ROBERTS, Yr wylan deg, 1976. *Taliesin*, 32, 122–4.

Review: John MORRIS, The age of Arthur: a history of the British Isles from 350 to 650, 1973. SC, 10/11, 454–86. (Review by D. P. Kirby and J.E.C.W.).

1977

Canu crefyddol y Gogynfeirdd: darlith goffa Henry Lewis a draddodwyd yn y Coleg ar Dachwedd 23, 1976. Abertawe: Coleg y Brifysgol. 39 tt.

Barddoniaeth Gwilym Ryfel. [Yn] Ysgrifau beirniadol, X. Dinbych: Gwasg Gee. tt. 106–23.

Emyn 137: Dulcis Iesu memoria. *Y Traethodydd*, 132, 11–16.
Nodiadau: *trwydded, trwyddyd* 'ymborth'. B, 27, 224–34.
Thomas Parry: portread y Faner. [Yn] Ysgrifau beirniadol, X. Dinbych: Gwasg Gee. tt. 14–18.
Yng nghysgod *Dail pren*. [Yn] Waldo: cyfrol deyrnged i Waldo Williams; wedi'i golygu gan James Nicholas. Llandysul: Gwasg Gomer. tt. 105–76.
Adolygiad: Bobi JONES, Gwlad llun, 1976. *Y Traethodydd*, 132, 158–9.
Adolygiad: Alun LLYWELYN-WILLIAMS, Gwanwyn yn y ddinas, 1975. *Y Traethodydd*, 132, 155–8.
Review: The Oxford book of Welsh verse in English; chosen by Gwyn Jones, 1977. LlLl, Summer, 25–6.
Beirniadaeth: Trosi i'r Gymraeg ddeunydd cyfrol o farddoniaeth o un neu ragor o'r ieithoedd Celtaidd. [Yn] Cyfansoddiadau a beirniadaethau Eisteddfod Genedlaethol 1977, Wrecsam a'r cylch. tt. 82–3.

1978

The poets of the Welsh princes. Cardiff: University of Wales Press on behalf of the Welsh Arts Council. [4], 74 pp. [Writers of Wales].
Dau air: dau syniad? [*Eglwys; church*]. *Y Traethodydd*, 132, 55–6.
'Marwnad Cunedda' o Lyfr Taliesin. [Yn] Astudiaethau ar yr Hengerdd. Studies in Old Welsh poetry, cyflwynedig i Syr Idris Foster; golygwyd gan Rachel Bromwich a R. Brinley Jones. Caerdydd: Gwasg Prifysgol Cymru. tt. 208–33.
Y Parchedig Athro Emeritus Bleddyn Jones Roberts, M.A., D.D. *Y Traethodydd*, 133, 186–90.
Richard James Thomas. SC, 12/13, 412–15.
Sir Thomas Parry-Williams. SC, 12/13, 405–12.
Review: Antiquitates Indogermanicae: Studien zur Indogermanischen Altertumskunde und zur Sprach-und Kulturgeschichte der indogermanischen Völker: Gedenkschrift für Hermann Güntert zur 25. Wiederkehr seines Todestages am 23. April 1973. Hrsg. von Manfred Mayrhofer, Wolfgang Meid, Bernfried Schlerath, Rüdiger Schmitt, 1974. SC, 12/13, 491–2.
Review: Hereditas; essays presented to Professor Séamus Ó Duilearga; edited by Bo Almqvist, Brendán Mac Aodha and Gearóid Mac Eoin, 1975. SC, 12/13, 503.
Review: The Irish Adam and Eve story from *Saltair na Rann*. Vol. 1: text and translation, by David Greene and Fergus Kelly, 1976. SC, 12/13, 506.
Review: T. S. Ó MÁILLE, Liosta focal as Ros Muc, 1974. SC, 12/13, 505.

1979

(gyda Máirín Ní Mhuiríosa) Traidisiún liteartha na nGael. Baile Átha Cliath: Clochomhar Tta. xxi, 400 lch.
Yr Athro Emeritus T. J. Morgan. [Yn] Ysgrifau beirniadol, XI. Dinbych: Gwasg Gee. tt. 9–14.
Balchnoe. *Y Traethodydd*, 134, 139–41.

Cerddi'r Gogynfeirdd i wragedd a merched a'u cefndir yng Nghymru a'r Cyfandir. LlC, 13 (1974/9), 1–112.

Guto'r Glyn. [In] A guide to Welsh literature, volume II; edited by A. O. H. Jarman and Gwilym Rees Hughes. Swansea: Christopher Davies. pp. 218–42.

Gutyn Owain. Ibid. pp. 262–77.

Adolygiad: Iorwerth C. PEATE, Rhwng dau fyd, 1976. *Y Traethodydd*, 134, 106–7.

GWAITH GOLYGYDDOL

Cylchgronau:

Studia Celtica, 1 (1966) – .

Y Traethodydd, Cyd-olygydd: 120 (1965)–124 (Ebrill, 1969).
 Golygydd: 124 (Gorffennaf, 1969) — .

Geiriadur Prifysgol Cymru:

Aelod o'r Bwrdd Golygyddol: Rhan xix (1965)–Rhan xxii (1968).
 Golygydd Ymgynghorol: Rhan xxiii (1970) — .

Llyfrau:

Barddoniaeth Bangor 1927–1937: cyfrol o farddoniaeth a sgrifennwyd gan fyfyrwyr Coleg y Brifysgol, Bangor, yn ystod y deng mlynedd diwethaf, ynghyd â rhagymadrodd gan Tom Parry. Y dethol a'r golygu gan J.E.C.W. [Aberystwyth]: Gwasg Aberystwyth, 1938. xviii, 82 tt.

Braslun o hanes llên Powys, gan Enid Roberts. Dinbych: Gwasg Gee, 1965. 113 tt. (Astudiaethau Bangor; 2).

Literature in Celtic countries (Taliesin Congress lectures). Cardiff: University of Wales Press, 1971. 218 pp.

Llên a llafar Môn, [gan Trefor M. Owen ac eraill]. Llangefni: Cyngor Gwlad Môn, 1963. 159 tt.

Llên doe a heddiw, gan Kate Roberts ac eraill. Dinbych: Gwasg Gee, 1964. 88 tt. (Astudiaethau Bangor; 1).

Ysgrifau beirniadol, i–xi. Dinbych: Gwasg Gee, 1965–1979. Golygyddol: ii, 7–11; iii, 7–10; iv, 7–11; v, 7–14; vi, 7–15; vii, 11–21; viii, 7–15; ix, 7–12; x, 9–11; xi, 9–14.

BYRFODDAU

AA	J. Morris, *The Age of Arthur* (London, 1973).
AArf	*Athro Arfon.*
AAYH	R. Bromwich ac R. Brinley Jones (gol.), *Astudiaethau ar yr Hengerdd* (Caerdydd, 1978).
AC	*Archaeologia Cambrensis.*
AELISD	D. M. Ellis, 'Astudiaeth o enwau lleoedd . . . Sir Drefaldwyn' (traethawd M.A. anghyhoeddedig Prifysgol Cymru [Aberystwyth], 1935).
AL	*Archivum Linguisticum.*
AP	I. Williams (gol.), *Armes Prydain* (Caerdydd, 1955).
ARD	Máirtín Ó Direáin, *Ar Ré Dhearóil* (Baile Átha Cliath, 1942).
A-SE	F. M. Stenton, *Anglo-Saxon England*² (Oxford, 1955).
B	*Bwletin y Bwrdd Gwybodau Celtaidd/Bulletin of the Board of Celtic Studies.*
BAC	*Baner ac Amserau Cymru.*
BBC	J. Gwenogvryn Evans (gol.), *The Black Book of Carmarthen* (Pwllheli, 1907).
BBCSG	T. Jones, *The Black Book of Carmarthen Stanzas of the Graves* (London, 1967).
BC	*Y Bywgraffiadur Cymreig hyd 1940* (Llundain, 1953).
BEH	B. Colgrave and R. A. B. Mynors (gol.), *Bede's Ecclesiastical History of the English People* (Oxford, 1969).
BL	British Library (llawysgrif).
BM	I. Williams (gol.), *Breuddwyd Maxen* (Bangor, 1927).
BN	Bibliothèque Nationale (llawysgrif).
Br Rhon	G. Melville Richards (gol.), *Breudwyt Ronabwy* (Caerdydd, 1948).
BWP	R. Bromwich (gol.), *The Beginnings of Welsh Poetry: Studies by Sir Ifor Williams* (Cardiff, 1972).
C	Llyfrgell Ganol Caerdydd (llawysgrif).
CA	I. Williams (gol.), *Canu Aneirin* (Caerdydd, 1938).
CC	Máirtín Ó Direáin, *Cloch Choirnéil* (Baile Átha Cliath, 1966).
C & C	Máirtín Ó Direáin, *Crainn is Cairde* (Baile Átha Cliath, 1970).
CCHMC	*Cylchgrawn Cymdeithas Hanes y Methodistiaid Calfinaidd.*
CD	J. Morris-Jones, *Cerdd Dafod* (Rhydychen, 1925).
CG	Máirtín Ó Direáin, *Coinnle Geala* (Baile Átha Cliath, 1942).
CHC	*Cylchgrawn Hanes Cymru/Welsh History Review.*
CLlGC	*Cylchgrawn Llyfrgell Genedlaethol Cymru/National Library of Wales Journal.*
CLlH	I. Williams (gol.), *Canu Llywarch Hen* (Caerdydd, 1935).
CM	Theodorus Mommsen (gol.), *Chronica minora saec. IV. V. VI. VII*, III ('Monumenta Germaniae Historia', no. xiii; Berlin, 1898).
Co	G. Webster, *The Cornovii* (London, 1975).
CODEPN	E. Ekwall, *Concise Oxford Dictionary of English Place-Names* (Oxford, 1960).
CP	H. Bradshaw, *Collected papers* (Cambridge, 1889).
CPNS	W. J. Watson, *A History of the Celtic Place-Names of Scotland* (Edinburgh, 1926).
CR	Myles Dillon and N. K. Chadwick, *The Celtic Realms*² (London, 1972).
CRol	*Le Chanson de Roland.*
CS	J. Carney and D. Greene (gol.), *Celtic Studies: essays in memory of Angus Matheson* (London, 1968).
CT	I. Williams (gol.), *Canu Taliesin* (Caerdydd, 1960).
Cy	*Y Cymmrodor.*

D   J. Davies, *Antiquae linguae Britannicae . . . Dictionarium Duplex* (Londinium, 1632).
DA   Máirtín Ó Direáin, *Dánta Aniar* (Baile Átha Cliath, 1943).
DB   Ruaraidh Mac Thòmais, *An Dealbh Briste* (Dùn Éideann, 1951).
DGG   I. Williams a T. Roberts (gol.), *Dafydd ap Gwilym a'i Gyfoeswyr*[2] (Caerdydd, 1935).

E   J. Morris-Jones a J. Rhŷs (gol.), *The Elucidarium and other tracts in Welsh from Llyvyr Agkyr Llanddewivrevi* (Oxford, 1894).
EC   *Études Celtiques.*
EEW   T. H. Parry-Williams, *The English Element in Welsh* (London, 1923).
ELl   I. Williams, *Enwau Lleoedd* (Lerpwl, 1945).
ERE   J. Hastings (gol.), *Encyclopaedia of Religion and Ethics* (Edinburgh, 1910).
EWGT   P. C. Bartrum (gol.), *Early Welsh Genealogical Tracts* (Cardiff, 1966).
EWS   W. M. Lindsay, *Early Welsh script* (Oxford, 1912).

G   J. Lloyd-Jones, *Geirfa Barddoniaeth Gynnar Gymraeg* (Caerdydd, 1931–63).
GDG   T. Parry (gol.), *Gwaith Dafydd ap Gwilym* (Caerdydd, 1952; ail argraffiad 1963; trydydd argraffiad 1979).
GG   A. Hughes, *Gemau'r Gogynfeirdd* (Pwllheli, 1910).
GMW   D. Simon Evans, *A Grammar of Middle Welsh* (Dublin, 1964).
Gog   E. Anwyl (gol.), *The Poetry of the Gogynfeirdd* (Denbigh, 1909).
GOSP   K. H. Jackson, *The Gododdin: The Oldest Scottish Poem* (Edinburgh, 1969).
GP   G. J. Williams ac E. J. Jones (gol.), *Gramadegau'r Penceirddiaid* (Caerdydd, 1934).
GPC   *Geiriadur Prifysgol Cymru* (Caerdydd, 1950–).
GrM   Robert Graves, *The Greek Myths* (Harmondsworth, 1955).

H   J. Morris-Jones a T. H. Parry-Williams (gol.), *Llawysgrif Hendregadredd* (Caerdydd, 1933).
HE   William Owen [-Pughe] (gol.), *The Heroic Elegies of Llywarç Hen* (London, 1792).
HGC   H. Lewis (gol.), *Hen Gerddi Crefyddol* (Caerdydd, 1931).
HPVE   G. Witchard Goetinck (gol.), *Historia Peredur vab Efrawc* (Caerdydd, 1976).
HW   J. E. Lloyd, *A History of Wales*[3] (London, 1948).

IGE   H. Lewis a T. Roberts ac I. Williams (gol.), *Cywyddau Iolo Goch ac eraill* (Bangor, 1925; ail argraffiad Caerdydd, 1937).

J   Coleg yr Iesu, Rhydychen (llawysgrif).

L   H. P. R. Finberg, *Lucerna* (London, 1964).
LBW   B. Colgrave (gol.), *The Life of Bishop Wilfrid by Eddius Stephanus* (Cambridge, 1927).
LCP   J. Thirsk (gol.), *Land, Church and People* (Reading, 1970).
LEWP   I. Williams, *Lectures on Early Welsh Poetry* (Dublin, 1944).
LHEB   K. H. Jackson, *Language and History in Early Britain* (Edinburgh, 1953).
LP   H. Lewis a H. Pedersen, *A Concise Comparative Celtic Grammar* (Göttingen, 1937).
LSSAHST   *Lichfield and South Staffordshire Archaeological and Historical Society Transactions.*

LlB	S. J. Williams a J. E. Powell (gol.), *Llyfr Blegywryd* (Caerdydd, 1942).
LlC	*Llên Cymru.*
LlGC	Llyfrgell Genedlaethol Cymru (llawysgrif).
LlLl	*Llais Llyfrau.*
MA	*The Myvyrian Archaiology of Wales* (London, 1801–7; second edition Denbigh, 1870).
MAe	*Medium Aevum.*
MLR	*Modern Language Review.*
MN	*An Múinteoir Náisiúnta.*
MS	A. Dornier (gol.), *Mercian Studies* (Leicester, 1977).
N	National Library of Wales/Llyfrgell Genedlaethol Cymru (llawysgrif).
OBWV	T. Parry (gol.), *The Oxford Book of Welsh Verse* (Oxford, 1962).
OM	Máirtín Ó Direáin, *O Mórna agus Dánta Eile* (Baile Átha Cliath, 1957).
Owein	R. L. Thomson (gol.), *Owein* (Dublin, 1968).
PBA	*Proceedings of the British Academy.*
PKM	I. Williams (gol.), *Pedeir Keinc y Mabinogi* (Caerdydd, 1930).
PLlH	P. K. Ford (gol.), *The Poetry of Llywarch Hen* (Berkeley, 1974).
PW	*Poetry Wales.*
R	J. Gwenogvryn Evans (gol.), *The Poetry in the Red Book of Hergest* (Llanbedrog, 1911).
RB	J. Rhŷs a J. Gwenogvryn Evans (gol.), *The Texts of the Bruts from the Red Book of Hergest* (Oxford, 1890).
RC	*Revue Celtique.*
RaCi	Ruaraidh Mac Thòmais, *An Rathad Cian* (Glaschu, 1970).
RD	Máirtín Ó Direáin, *Rogha Dánta* (Baile Átha Cliath, 1949).
SC	*Studia Celtica.*
SG	*Seren Gomer.*
SHF	Société de l'histoire de France.
SSAHST	*South Staffordshire Archaeological and Historical Society Transactions.*
T	J. Gwenogvryn Evans (gol.), *The Text of the Book of Taliesin* (Llanbedrog, 1910).
TAAS	*Transactions of the Anglesey Antiquarian Society and Field Club.*
TC	T. J. Morgan, *Y Treigladau a'u Cystrawen* (Caerdydd, 1952).
TCHSDd	*Trafodion Cymdeithas Hanes Sir Ddinbych.*
TCHSG	*Trafodion Cymdeithas Hanes Sir Gaernarfon.*
The Celts	T. G. E. Powell, *The Celts* (London, 1958).
THSC	*Transactions of the Honourable Society of Cymmrodorion.*
TLlM	G. J. Williams, *Traddodiad llenyddol Morgannwg* (Caerdydd, 1948).
TN	*Tir Newydd.*
TRHS	*Transactions of the Royal Historical Society.*
TYP	R. Bromwich (gol.), *Trioedd Ynys Prydein* (Cardiff, 1961).
ULR	*University of Leeds Review.*
WG	J. Morris-Jones, *A Welsh Grammar* (Oxford, 1913).
WH	I. C. Peate, *The Welsh House*[3] (Liverpool, 1946).

WM	J. Gwenogvryn Evans (gol.), *The White Book Mabinogion* (Pwllheli, 1907).
WTLC	T. P. Ellis, *Welsh Tribal Law and Custom in the Middle Ages* (Oxford, 1926).
WU	*Welsh Unity.*
WVBD	O. H. Fynes-Clinton, *The Welsh Vocabulary of the Bangor District* (Oxford, 1913).
Wy	LlGC Wynnstay (llawysgrif).
YB	*Ysgrifau Beirniadol.*
YCM	S. J. Williams (gol.), *Ystorya de Carolo Magno* (Caerdydd, 1930).

MYNEGAI I AWDURON

(ynghyd â geiriau a ffurfiau)

British Library Cataloguing in Publication Data

Bardos
   1. Welsh poetry—History and criticism
   I. Gruffydd, R. Geraint
   II. Williams, J. E. Caerwyn
   891.6′61008   PB2281
   ISBN 0–7083–0799–X